高 等 学 校 试 用 教 材

房 地 产 法 规

孟广中　主编

顾云昌

国中河　主审

中国建筑工业出版社

图书在版编目（CIP）数据

房地产法规/孟广中主编. -北京：中国建筑工业出版
社，1997
高等学校试用教材
ISBN 7-112-03178-8

Ⅰ.房… Ⅱ.孟… Ⅲ.房地产-法规-中国-高等学校-教
材Ⅳ.D922.181

中国版本图书馆 CIP 数据核字（97）第 04920 号

　　房地产法规是房地产开发、经营和管理工作的行为准则。从事房地产经济工作，实现房地产管理的规范化和法制化，促进房地产业健康发展，必须全面掌握和正确运用国家有关房地产的法律规定。

　　本书以房地产的开发经营全过程为主轴，比较系统地阐述了我国房地产所有权、土地使用　城市规划、房屋拆迁、房地产开发企业、房地产市场、房地产税收以及涉外房地产等有关法规。为便于在实践中掌握和运用房地产法规，本书对上述法规制定的背景、立法目的、原则和理论根据等作了概括的分析说明。

　　本书是房地产经营与管理专业全日制大专教材，也可供从事房地产实际工作和科研人员参考使用。

高 等 学 校 试 用 教 材
房 地 产 法 规
孟广中　主编

顾云昌
国中河　主审

*

中国建筑工业出版社出版(北京西郊百万庄)
新华书店总店科技发行所发行
北京建筑工业印刷厂印刷

*

开本：787×1092 毫米　1/16　印张：13½　字数：325 千字
1997 年 12 月第一版　　2005 年 12 月第六次印刷
印数：8,001—9,000 册　　定价：**14.00** 元
ISBN 7-112-03178-8
TU·2447(8318)

前 言

我国改革开放的大潮和社会主义市场经济体制的建立,带动了房地产业的迅猛发展。房地产市场初步形成,房地产开发方兴未艾,人民居住生活水平迅速提高。随着房地产经济的发展,和向市场经济模式转换,以及国家法制建设的加快,我国房地产法律制度日臻完善。

为了适应新的形势的要求,在全国高等学校建筑与房地产管理教学专业指导委员会的组织下,我们编写了这本房地产法规。作为大专教材,体现房地产法规的完整性和体系性,本书以房地产开发经营全过程为主干,介绍有关房地产法规,注意房地产法规的科学性和系统性,突出重点,照顾一般,作深入浅出的阐述,务使本书成为理论性和实用性并重的教材。

本书由城市建设与房地产管理有关高等院校教师编写。其中,第一、二、六章由天津市房地局职工大学孟广中编写,第三、四、五、九章由福建建筑工程专科学校许静编写,第七章由苏州城市建设环境保护学院张连生编写,第八章由天津市房地局职工大学孟昭瑞编写,第十章由哈尔滨建筑工程大学何伯洲编写,第十一章由苏州城市建设环境保护学院徐建明和天津市房地局职工大学孟昭瑞编写。

本书由建设部政策研究中心顾云昌、建设部体改法规司国中河同志主审。苏州城市建设环境保护学院沈范荣同志、湖南城建学院张协奎同志在协调写作方面作了大量工作。在编写过程中受到建设部、有关城市房地局及大专院校领导的关怀、支持和指导,同时,一些专家、学者的论著给我们提供了有益的帮助,对此一并致以衷心的感谢。

本书因编写时间仓促,编者分散不便联系,加以水平所限,不妥和错误之处在所难免,热切祈望提出批评指正,以便修改补充。

目　　录

第一章 绪 论

房地产法规，是调整房地产法律关系的行为规范。房地产法规从广义上说，是指房地产法的整体而言。

房地产是房屋财产和土地财产的合称，是房屋和土地在经济方面的商品体现。房屋和土地反映物质的属性和形态，而房产和地产则体现商品形式的价格。

房屋和土地具有不可分性。在物质形态上，房地联结为一体，房依地建，地为房载；在经济形态上，房地产的经济内容和运动过程也具有内在的整体性和不可分性。

房屋和土地具有不可移动性，或者一经移动就要丧失极大的价值，故法律上通称为不动产。但广义上的不动产还包括其他建筑物、构筑物等。

法律规范，是指由国家制定或认可，体现国家统治阶级的意志，以国家强制力保证实施的行为准则。法律规范，一般有三个组成部分，一是假定，指明规范适用的条件；二是处理，即行为规则本身指明允许怎样做，应当禁止怎样做；三是制裁，指明违反规范的法律后果。

房地产法规是我国统一法律体系中的一个重要法律。房地产法规不是以调整的行为命名，而是以调整的对象命名，由于房地产的概念外延庞大，涉及的经济现象非常复杂，房地产法必须对有关房地产各方面的行为，包括开发建设、流通和消费各种经济活动和民事行为都要作出规范，因而必须加强立法工作，统筹兼顾，逐步建立起完整的房地产法律体系。

第一节 房地产法规概述

一、房地产法规的概念

房地产法规是调整公民之间、法人之间、其他经济组织之间，他们相互之间以及他们和政府之间的房屋财产关系和土地财产关系法律规范的的总称。

房地产法规有广义和狭义之分。广义的房地产法规是指调整房地产关系的法律、法规、规章和政策的总体而言；狭义的房地产法规是指我国关于房地产的基本立法，即《中华人民共和国房地产法》。目前，我国已经公布和实施了《中华人民共和国城市房地产管理法》，在此基础上通过进一步实践和探索，将能够尽快地把我国房地产统一的大法制订出来。

二、房地产法规调整的对象和特征

（一）房地产法规调整的对象

房地产法规调整的对象是调整人（包括法人，下同）与人之间的因房地产所发生的各种关系。即通过国家强制力来规范人们的行为和彼此发生的权利义务关系，把房地产关系中相关的人们行为限制在符合国家和社会需要的秩序范围内，对于违反房地产法规的行为给予相应的处罚。

房地产法规调整的房地产关系主要有：

（1）房地产产权产籍的确认、登记和管理关系；

（2）房地产开发建设、规划设计、征用土地、房屋拆迁、建筑施工、竣工验收等关系；

（3）房屋的使用和维修养护等关系；

（4）房地产的流通、买卖、租赁、交换、土地使用权的让渡等关系；

（5）房地产的继承、抵押、典当、融资、税收等经济关系；

（6）涉外房地产诸关系。

（二）房地产法规的基本特征

1. 房地产法规主体具有多样性

房地产法规主体的种类有多种多样，有国家、企业单位、事业单位、人民团体和公民个人等。另外，居住在我国境内的外国人和无国籍人，遵守我国法律规定，在法律允许的范围内，也可以取得房地产法律关系主体的资格。

2. 房地产法规调整范围具有广泛性

房地产法调整的范围非常广泛，即对房屋财产和土地财产的调整。包括房地产的开发建设、维护使用、买卖、租赁、交换、融资等，范围广泛。

3. 房地产法规调整房地产关系具有综合性

房地产法规是由国家有关的法律、法规所构成的有机的统一整体。在调整房地产关系方面，具有综合性的特点。包括宪法和《民法通则》；还适用《继承法》、《土地管理法》、《城市规划法》、《国营企业法》等法律；以及国务院发布的各类房地产行政法规；国务院各部门发布的部门规章；各省、自治区、市发布的地方法规和地方规章等，各种法规在调整房地产关系时，互相结合、共同完成。因而，房地产法规具有综合性。

三、房地产法律关系

法律关系就是法规在调整人们行为过程中形成的特殊社会关系，即法律上的权利义务关系。只有当人们按照法规的规定进行实际活动，并且形成权利义务关系时，才构成法律关系。

房地产法律关系同一般的法律关系一样是一种思想关系，属于上层建筑，它是客观的社会关系的上层建筑以法律为形式的确定，是法律所规定或认可的社会关系。同时，法律关系的思想意志性还表现为：每一个具体法律关系，都是通过参加者意思表示而实现的。但这种意志必须受统治阶级整体意志的规范。在各种各样的情况和关系中，房地产法律关系只有符合统治阶级的需要，有利于社会秩序安定，符合国情和传统情况才被法律认可接受，并对不利于统治、秩序安定的情况和现象明令禁止，甚至规定罚则。

（一）构成房地产法律关系的要素

其要素是由法律关系的主体、客体和内容三个要素组成的，缺一不可。

1. 房地产法律关系主体

是指在房地产法律关系中，享受权利和承担义务的参加者或当事人，包括：

（1）国家　国家，在一定情况下，可以成为房地产法律关系的主体。国家是国有土地所有权的权利主体，又是国有房产的所有者。国家虽然不直接行使房地产的占有、使用、收益和处分的权利，但是授权给房地产管理部门，代表国家行使房地产的经营和处分等权利。

（2）法人　法人，是指具有民事权利能力和民事行为能力，依法独立享有民事权利和承担民事义务的组织。包括机关法人、企业法人、事业法人、社会团体法人等。

（3）公民　我国公民，是指具有我国国籍，以及港、澳、台同胞，依法享有权利和承担义务的人。

（4）居住在我国的外国侨民和无国籍人。

2．房地产法律关系的客体

房地产法律关系的客体，是指房地产法律关系主体享有权利和承担义务指向的对象和标的，包括：

（1）房屋　指能够向人们提供生产、生活等用途的建筑物。

（2）土地　指能够向人类提供培育力和承载力的空间地域和场所。

（3）行为　指房地产开发、建设、经营、管理、交换、使用、维修、服务等行为。

3．房地产法律关系的内容

房地产法律关系的内容，是指主体享有的权利和承担的义务，人们只有通过法律关系才能享受权利和承担义务，并受到法律的确认和保护。

房地产法律关系中，主体的权利和义务是对应的关系，相辅相成、互相联系、互相依存、不可分割，没有不承担义务的权利，也没有不享受权利的义务。

（二）房地产法律关系的产生、变更和消灭

房地产法律关系的产生、变更和消灭是由法律规定的一定情况的存在，即由法律事实引起的。

1．法律事实

法律事实，是指能够引起法律关系的产生、变更和消灭，具有法律意义的自然现象和行为，是引起法律关系的原因或条件。法律关系则是由法律事实引起的法律后果。

2．法律事实的种类

法律事实的种类可以分为行为和事件两类：

（1）行为　行为，是指作为法律事实的行为，是法律关系主体的有意识的活动。包括房地产法律行为、房地产行政行为、房地产司法行为。

1）房地产法律行为，是指房地产法律关系主体，为产生、变更和消灭一定房地产法律关系而实施的行为。包括作为和不作为的行为，亦即积极和消极的行为。

根据行为性质，房地产法律行为又分为合法行为和违法行为。合法行为是符合国家法律政策规定，并受法律保护的行为；违法行为是违反国家政策法律规定，并受到禁止的行为。

2）房地产行政行为，是指房地产行政管理机关行使其管理职权而实施的带有强制力保证的行政指令、如房地产的产权、产籍管理、房地产行业管理等行政行为，都属于这一类。

3）房地产司法行为，是指由公安、检查、司法机关依法实施的行为。如人民法院对房地产诉讼作出的裁定和判决等。

（2）事件　事件，指与人们意志无关的客观事实，即指人们不可预见或不可抗拒的自然现象和社会现象。如出生、死亡、自然灾害等。均可引起法律关系的产生、变更和消灭。

（三）房地产法律关系的构成

房地产法律关系的构成是指在调整房地产活动中存在几种法律关系，一般有以下三种调整方法。

1. 房地产民事法律关系

在房地产有关各项活动中，民事活动是最基本、最普遍的内容，是房地产法规最突出体现的方面。

（1）民事法律关系的特征。民事法律关系是指民事法律规范在调整平等主体之间，在占有、支配、交换和分配物质财富过程中所发生的权利义务关系。我国的《民法通则》是我国民事法律关系主要体现，是其他法律、法规在调整横向经济关系时的基本依据，也是房地产法规必须参照的基本依据。

民事法律关系的内容和性质决定于它所调整社会关系的性质。从民法的产生和发展来看，与商品生产和交换紧密联系，因而民法实质上是一定社会商品经济关系的法律表现，民法是调整平等主体财产关系和人身关系法律规范的总称。包涵许多方面的法律制度，其特征主要体现在民法调整的对象和基本原则。

（2）民法调整的对象。我国民法调整的对象是"平等主体的公民之间、法人之间、公民和法人之间的财产关系和人身关系。"民法对现实生活中所产生的各种民事关系或民事活动分别予以确认、保护、限制和制裁，以使其正常进行，维护当事人合法权益和社会利益。

我国民法的表现形式有直接渊源和间接渊源。直接渊源指由各级国家机关制订颁布的各种成文的民事法律文件；间接渊源指经国家认可的民事习惯。直接渊源主要有宪法；民法通则；国务院发布的具有民事规范内容的法规、决议和命令；最高法院的法律适用性文件；国务院各部委发布的有关民事行为特定规范的命令、指示和规章；地方人民代表大会和人民政府以及地方自治机关，在法律规定权限内制定发布地方性法规和规章中，有关民事内容的行为规范和国家认可的民事习惯。

民法调整的财产关系，是指人们在生产、流通和消费过程中形成的具有经济内容的社会关系。民法只调整平等主体的横向财产关系。其特点是：

1）当事人的法律地位平等；

2）当事人的意思表示自愿；

3）在通常的情况下是等价有偿的。

民法调整的人身关系，是指与特定人身不可分离的而没有直接财产内容的社会关系。平等主体间的人身关系，包括因公民的生命、健康、人身自由、姓名、名誉、荣誉、肖像和法人名称、人格等因素而产生的人身关系；还有因血缘、婚姻而产生的人身关系；以及因著作、发明、发现、专利、商标等而产生的人身关系。其特点是：

1）具有人身属性，并与人身不可分离；

2）不具有直接的财产内容，不能以金钱来衡量；

3）其中一部分与财产没联系，也有一部分与财产有联系，但都可以成为发生财产关系的前提或依据。

（3）民法的基本原则：

1）平等原则。基本涵义是① 民事主体的法律地位一律平等；② 民事主体在具体民事活动中平等地享受民事权利和承担民事义务；③ 民事主体的民事权利受法律的平等保护。

2）自愿原则。包括① 当事人有依法进行或不进行某种民事活动的自由，他人不得干涉；② 当事人有选择行为相对人、行为内容和行为方式的自由。

3）公平原则。具体的内容是：① 民事主体参加民事活动的机会均等；② 民事主体在民事权利的享有和民事义务的承担上对等，不能显失公允；③ 民事主体在承担民事责任上要合理，通常在有过错时，才承担民事责任，如双方均无过错时，应合理分担民事责任。

4) 诚实信用原则。具体内容是：① 当事人实施民事行为时必须真实说明客观实情，不许弄虚作假；② 当事人对于已经进行的民事行为必须遵守诺言，实际地、适当地履行义务；③ 当事人必须善意地进行民事活动，在主观上没有损害他人和国家利益，或进行不正当竞争的行为。

5) 保护合法民事权益原则。具体涵义：① 当事人可充分行使自己的民事权利，以实现自己的民事利益；② 尊重他人的权益，履行自己的义务，不得非法侵犯他人的权益；③ 自己的合法权益受到侵犯时，有权向法院提起诉讼，请求予以保护。

6) 维护国家和社会利益原则。具体内容有：① 民事活动必须遵守法律、法规和国家政策；② 民事活动应当遵守社会公德，不得损害公共利益；③ 民事活动应服从国家计划，不得扰乱社会经济秩序。

以上民法调整的财产关系和人身关系中，房地产的经济活动一般均属财产关系的调整范围，都要接受民法的调整。同时，有关房地产各种行政规范中，凡涉及财产关系的规定，也必须与民法精神和原则一致，根据民法精神来制定。

另外，有些房地产事务也属于民法调整的人身关系范畴。如房屋安全使用问题即与公民生命权、健康权相关联。再如房产的继承权也关系到各种亲权方面的特定人身关系。可见，民法的调整内容和房地产各类活动存在着广泛的联系。

2. 房地产经济法律关系

（1）经济法律关系的概念。经济法律关系是指在国家协调经济运行过程中发生的经济关系，包括国家机关、企业、事业单位和其它社会组织之间，以及他们与公民之间，在经济活动中依次形成的权利和义务关系。经济法律关系的外延非常广泛，主要体现在以下三个方面：

1) 国民经济管理中所发生的社会关系，即指纵向隶属性质的经济关系。这种经济关系通过领导、组织和管理形式来体现，包括计划、调节、调配、统计、审计、检查、监督等一系列管理职能。通过经济法的调节，使具有业务隶属关系的上下级机关和单位，明确权利义务。

政府计划部门每年研究制定商品住宅开发建设计划和销售计划，房管机关制定的售房评价标准和租金标准等。

2) 社会经济组织之间在经济活动中发生的横向经济关系，它们之间的地位是平等的，它们在国家计划直接控制或间接指导下，在一定范围内进行着广泛的、多样的经济活动。

3) 国家机关、企、事业单位和其它社会组织内部经济活动的经济关系，即上述主体内部各层次之间存在的经济关系，在房地产方面也是广泛存在的，它不仅用于调整经济内实体与国家之间的经济关系，也用于调整经济组织内部各层次之间的责、权、利关系，这些规章制度和计划，是经济组织管理和经营房地产所必须依照的根据。

（2）经济法律关系与民事、行政法律关系的联系与区别。

经济法律关系是客观存在的，但是由于与民事法律关系和行政法律关系存在着广泛的交叉和渗透，长期以来一直通过民事法律规范和行政法律规范来调整。经济法作为一个独立的法律部门，只是在改革开放以来才形成的。

经济法律关系中,有关经济实体之间的经济交往和经营协作活动中的横向经济关系,与民事法律关系存在着关联性和一致性。民法中使用的基本概念,某些调整原则也是一致的,但是纵向经济关系,则民法是无法调整的。总之,经济法与民法的调整对象各有侧重。在调整对象方面,民法调整公民和法人之间相互发生的财产关系,而经济法则调整社会经济组织从事经济活动的各种经济关系,包括经济组织之间的横向经济关系。如经济合同等都与国家计划和国民经济管理的其它制度有着直接和间接的联系,而不以调整公民之间发生的财产关系为目的。在调整原则方面也有不同之处,经济法律关系除调整平等主体经济关系外,还调整上下级经济从属关系,当事人之间的权利义务并非都是对等的。下级组织完成上级规定的各项经济计划和指标,按规定取得合法权益,不存在等价平等的关系。

经济法律关系与行政法律关系在调整方向上的直接目的是不相同的,行政法律关系以调整和维护社会各方面的管理秩序(包括经济管理秩序在内)为目的,法律关系的主体由行政管理机关与管理对象所组成;而经济法律的任务是领导、组织、协调和管理经济及经营协作,通过管理经济活动和经营管理活动,实现国家组织经济和发展生产的职能。在法律关系主体方面,经济法律关系主要由国家机关、社会组织、经济组织及其内部组织作为法律关系主体。调整方法采取经济的、行政的和民事的综合调整的手段,而行政法律关系只通过行政手段进行调整。以依法行政的方式进行。

四、房地产行政法律关系

行政是国家的组织活动。在阶级社会中,国家作为统治阶级意志的工具,组织生产和生活秩序,是国家主要职能之一,这种职能的实施就是行政。我国的行政职能由国务院和各级人民政府来实施。国务院和法律规定的地方人民代表大会及其常务委员会享有行政法规和地方法规的立法权。

行政机关是依据法律规定授予行政权的机构,包括国务院和地方各级人民政府,以及他们所设立的机构。如中央各部、委,地方政府的各委、办、局、处等。

行政机关通过行政行为进行职能活动。其行政行为分为抽象行政行为和具体行政行为。抽象行政行为指行政机关制定和发布具有普遍约束力的规范性文件的行为,以确立行政法律秩序。如国务院制定行政法规,以及省、直辖市和国务院规定的较大城市人民政府制定的地方规章等。具体的行政行为是指行政机关针对具体情况依法直接采取的影响特定的对象权利义务的行为。

具体的行政行为表现有三种形式,即采取行政措施;给予行政处罚;实施强制执行。行政行为对被管理者的权益产生直接影响,包括取得权益和丧失权益。其中行政措施又分为权利性行为和义务性行为。

具体的行政行为按照受法律的约束程度,分为羁束性行政行为和自由裁量行政行为。羁束行政行为指法律、法规对行为的范围、方式、手段等所作的具体规定。行政机关在进行管理活动时只能执行,而无裁量余地。行政机关如果违反羁束行政行为的规定,就属违法行政。自由裁量行为是指行政机关在法律、法规没有明确规定,或规定有幅度的情况下,按照规定的原则或职权范围,进行权衡裁量的行为。对于自由裁量行政行为,只要行政决定不失公正,司法机关均予支持。

(1)行政法律关系的成立。行政法律关系是指国家行政机关依法实施行政管理,与对方主体发生的各种社会关系。行政法律关系是不平等之间的法律关系,是纵向的管理与被管理的法律关系。这种法律关系的主体，一方是法律、法规授予管理权的行政机关或组织；相对一方的主体，是处于接受管理地位的公民、法人或其它组织。在行政法律关系中，行政机关当事人的目的和任务，是实现国家管理职能，其行政行为也是一种法律行为，即法律所确认，自身具有发生法律效果的力量，理论上称作"行政执法"和"行政法律效力"。

（2）行政法律关系具有以下特点：

1）行政机关的当事人有依法行政的义务。依法行政的内容和要求是：第一，行政机关必须有法律授权，并且，必须在法律授权范围内从事行政管理，否则即属越权行为。第二，行政机关的行政行为必须符合法律、法规以及规章的规定，否则即属无效行为。第三，行政活动要按法定的程序进行，逾越法定程序的行为亦属无效行为。第四，行政手段必须符合法律规定的方式，不准滥施行政措施。

对行政机关行政活动的监督，包括：权力机关的监督、共产党组织的监督、人民群众的监督、行政机关自身的监督，以及司法监督等。

2）相对一方有接受行政管理，认真执行行政管理的义务。行政行为是一种法律行为，行政机关，无论其级别高低，在其授权范围内和管辖范围内的行政行为和处理决定，都是有行政法律效力的，而相对一方的当事人，无论是公民、法人或其它组织，也无论其机构的级别高低都必须接受行政管辖机关的行政管理。

3）行政机关依法行政具有主动性。相对一方的当事人有权对具体的行政行为提请复议或起诉。成立行政法律关系不同于民事法律关系，不属于平等主体之间的自愿行为。关于哪些行为需要行政管理和如何进行，均由法律、法规、规章规定。有规定的、行政机关不执行即为失职；没有规定的，行政机关擅自执行即为滥用职权，即使该行为符合情理、有益社会，行为的性质也不属于行政行为，其结果也没有法律效力。如房地产行政机关出于公益，为群众联系换房等，只要法规规章没有明确规定这方面的职责要求，就不属于行政行为，而属于职权范围外的利民活动。由此可见，行政机关进行行政执法必须依法办事，该管、该办的都要主动进行。这与法院民事审判工作所采取的"民不举、官不究"的方法不同。无论相对一方当事人是否提出要求，或者是否愿意，行政机关都有依法主动行政的职责。

行政行为大量属于自由裁量范畴，如发生失误，相对一方当事人不服行政行为时享有提请行政机关复议权和向人民法院提出起诉权。这项权利，任何机关、组织均须遵守，不得借口加以剥夺和限制。否则，根据情况和后果要受到法律制裁。

（3）房地产行政管理的内容。房地产行政管理是国家行政职能之一。行政作为上层建筑必须适应经济基础的需要，符合客观经济规律的要求。总之，要受国家制度和房地产经济发展的制约。因而，在我国各个历史时期，其具体的内容，不尽相同。

1990年5月，国务院下发了31号文件，其中 对房地产机关授权行政的内容有：

1）房政管理。即关于房屋一切活动的行政管理。包括：① 房屋产权产籍管理；② 城镇个人建房、合作建房管理；③ 房屋所有权管理；④ 房屋修缮管理；⑤ 城市房屋拆迁管理；⑥ 城市小区规划、建设管理等。

另外，房地产管理机关的行政内容还包括立法、科教、科研、落实私房政策等一些抽象的行政行为，或属行政行为之外的政策行为或法律行为等。

2）房地产经营管理。在这里专指政府职能的管理。其实际意义在于政府行政管理中的经济管理方面，主要包括：① 房地产开发建设的经营管理；② 房产交易的市场管理；③ 房屋租赁管理；④ 地产转让管理。

3）房地产行业管理。房地产行业管理与上述房政管理和经营管理的内容都有交叉，但管理的角度不同，它是房地产行政管理内容的一个独立方面。其内容有：① 行业体制与工程（任务）计划的管理；② 企业资质审查；③ 企业评等定级考查和监督；④ 工作质量与服务质量的监督、奖励与行政处罚。

目前，房地产行业主要有：房地产开发公司，房屋修缮、装饰公司，房屋经营（信托）公司，房屋拆迁公司，房屋管理、综合服务公司等。以上除开发公司管辖归口各地不同外，其余都由房地产行政机关归口行政管理。此外，除上述法人外，还有合伙经营和个体经营等。

（4）房地产行政管理的特点：

1）行政范围宽，涉及方面广，建国初期，房地产行政管理的面很宽。当时，一些城市的公私各类用房都由房管局的前身——房屋管理委员会统一行政管理。管理的方面侧重在流通和消费领域。以后管理范围逐渐缩小，公房分割条条块块，转由单位单纯进行资产管理和使用管理。房地产行政的社会管理职能全然被忽视，房地产管理局成为直管公房的经营单位。自改革开放以来，房地产行政职能对经济的作用逐渐被人们重视，随着商品经济的发展，迫切要求强化行政管理，以适应经济形势的需要。

2）行政管理涉及对方当事人的重大财产权益。房地产是人们生产、生活的重要物质财富。房地产所有权和使用权的行使，关系着当事人各方面的权益，一旦权益受到限制或被剥夺，相对方当事人必然极力主张和维护自己的权利，因而会出现大量的行政争议和行政案件。

3）行政法规与房管政策错综交叉。在房地产行政管理中，包括大量的政策形式的管理内容，是客观形成和长期存在的。法律和政策虽然都是指导人们的行为规范，但其性质不同，我国以政策代法律有长期的历史，许多文件政策与法律界限难予划分，这种长期交叉并存的现象，使房地产行政管理更加复杂。

4）具有强烈的属地主义的特征。一般的行政管理都有区域性的特点，但各地区适用的法律、法规主要依靠国家统一制定的法令和法规。而房地产方面则不同，无论司法管理或行政管理，无论国内地区间或国际惯例的法律适用，均采取"不动产适用不动产所在地的法律"。因而，房地产的法律适用原则具有强烈的属地主义特征。因为，不动产的开发建设、流通和使用消费形式，各个地区在自然、经济条件、传统习惯等方面有着显著的不同，法律、法规作为上层建筑必须适应经济基础和客观环境的需要，从而使房地产案件的处理更为复杂。

5）直接掌管部分国有房产。当代各国政府为了保护和稳定社会住房秩序，其管理职能的渠道主要通过：第一，立法、行政执法和司法；第二，利用市场机制调节社会住房；第三，组织各社会机构、经济实体和其它组织，完善各自的住房事务；第四，根据社会住房的特别需要，通过财政给予支持；第五，政府直接掌握或控制一定比例的房产，用于社会和政府的特殊需要。

政府房地产行政机关代表政府直接经管一部分国家房产，使房地产管理局既具有行政机关的性质，又具有公益事业单位的作用，在工作内容和资金运用方面又与直管企业及其他经营单位密切相关。政府房管机关直接经营部分公产房屋，是保证社会住房秩序的一种普遍的形式，这一特点，增加了房地产案件的复杂性。

第二节　房地产法规体系

法规体系是指国家各个法律部门所构成的有机统一的整体，也就是以宪法为基础，由各个法律部门组成的一个内容谐和、形式完整、有机统一的法律规范的整体。

法律部门是以调整不同性质、不同类别的社会关系进行划分的，如行政法律、民事法律、经济法律、诉讼法律等。个别法律部门是从法律层次和调整方法方面作出划分的，如宪法、刑法。所以，法律部门就是调整某一类社会关系法律规范的总称。

一个法律部门的内容，即一类法律关系的构成，是由法律制度集合而成的，这些不同的法律制度，就是同属于一类法律关系的行为规范。如"公民的合法财产受法律保护"，与公民因过错侵害他人财产的，应当承担民事责任"。是两个不同的法律制度，但它们同属民事法律规范，属民法部门调整的内容。

一、房地产法律体系的概念

房地产法律体系即指房地产事务涉及的有关法律、法规、规章、制度的集合体制。它表达了房地产方面各种行为规范所具有的集合性、层次性和有机结构的统一性。有利于从体系角度综观全局，认识各种规范的交叉和关联，对于房地产立法、法的适用及法学研究都有重要意义。

房地产法律体系主要由行政法律部门、民事法律部门和经济法律部门中，有关房地产内容的法律制度所构成。

二、房地产法律体系的层次

从广义概念出发，房地产法律包括中央和地方所有立法机关、行政机关、司法机关制定或颁布的有关房地产方面的行为规范。按我国实际情况看，房地产法律体系可分为7个层次。

（1）宪法有关内容。

（2）法律，可分为基本法和普通法：

基本法有关内容。如《民法通则》有关规定。

普通法有关内容。《如土地管理法》、《城市规划法》、《继承法》等。

（3）行政法规。指国务院制定或批准颁发的规范性文件，如《城市私有房屋管理条例》、《城市房屋拆迁管理条例》等。

（4）地方法规。指省、自治区、直辖市人民代表大会及其常委会制定或批准颁布的规范性文件。

（5）部门规章。指国务院所属各部委以及直属机关制定和颁布的规范性文件，如《城市房屋产权产籍管理办法》、《异产毗连房屋管理规定》等。

（6）地方政府规章。指省、自治区、直辖市、省会城市或国务院规定的较大城市制定和颁布的规范性文件，如《上海市房地产抵押办法》、《广东省城市房屋拆迁管理规定》等。

（7）其他政府规章和规定。与地方政府规章属同一类型规范，主要指没有立法权的中小城市政府或人大颁发的房地产管理制度和规范。

以上有关的法律规范，由高层次到低层次，均对各方面发生的房地产的社会关系和行为发挥着调整作用。但是各层次的法律效力不同，低层次的规定必须与高层次规定精神相一致，不能抵触。

另外，还有大量不能列入房地产法体系的规章，也发挥着重要的调整作用。这些规章可以大体分为两类：

（1）房地产行政机关的规范性管理文件。这类文件涉及面广，数量很大，我国大、中、小城市房地产主管机关都有几项或系统的管理文件，对某方面的事务作出系统的规范，以贯彻实施法律、法规的原则精神，使之具体化，便于执行和操作，同时也使群众能清晰准确地理解规范，遵守法律。

这类文件是房地产行政管理机关必要的职能的体现，但它不属于法律规范，也不属于规范性法律文件，其内容虽然也有地域约束力，但其约束力不出自文件本身，而源于所根据的法律规范。如一些城市源于实施细则所制定的管理规则等。

（2）自管房产单位及房产经营管理单位所制定和执行的规范性管理文件。

从目前我国房地产管理情况来看，社会化程度很低，各单位封闭式的房地产管理占主要形式，因而，单位制定房产管理规范是必要的，合法的。同时，由于单位自管房中已有很大一部分人通过更换使用权迁入属于其他单位的职工，故管理带有一定的社会性。当然，单位制定的房地产管理规则、办法等不属于行政管理性质，而属于资产管理性质，它不代表国家的意志，只代表本单位的意志。

单位制定的资产管理性质的文件在其管辖范围内是有约束力的，其依据应是我国的民法通则。因为单位与房屋使用人确立的租赁关系是属于民事法律关系，通过协议或合同建立，从而产生约束力，是受我国法律保护的。

三、房地产法规与其它部门法的关系

（一）房地产法规与《宪法》

《宪法》是国家根本大法，是法律体系中的核心，具有最高的法律效力，是制定其它法律的根据和立法基础。房地产法规的制定必须以宪法为依据，把《宪法》有关房地产的规定具体化、条理化，其内容不得与宪法有关规定相抵触，否则，必须修改或废止。可见，宪法是制定房地产法的立法基础。

（二）房地产法规与《民法通则》

《民法通则》是国家仅次于《宪法》的基本法之一。《民法通则》是调整平等主体之间的公民之间、法人之间，以及公民和法人之间的财产关系和人身关系的法律规范。是进行民事活动中必须遵守的基本准则，这些准则反映了我国现实的社会主义商品经济关系，因此，也是房地产法必须遵循的准则。

（三）房地产法规与经济法

经济法是调整经济管理关系以及与管理关系密切联系的经济协作关系法律规范的总称。经济法是我国上层建筑的重要组成部分，是国家领导、组织和管理经济的重要工具。经济法对于保护、巩固和发展社会主义公有制，保护其他经济形式的合法权益，促进生产力的发展、培育、发展和维护社会主义市场经济秩序，强化企业自我法律约束，保证科技成果的应用，推动和发展我国涉外关系等方面具有重要作用。房地产法规在调整经济关系方面必须遵循有关规定，结合自身特点，加以具体化，使之体现在房地产经济管理和经济协作关系之中。

（四）房地产法规与行政法

行政法是规定有关国家行政机关的组织职责、活动原则、管理制序和工作程序的法律规范。行政法调整的对象是国家行政机关在行政活动中所发生的各种社会关系。在房地产立法中，主管房地产的各级行政机关、房地产企业、事业单位以及其它房地产经济关系的当事人的职责任务、活动原则、管理制度、工作程序等都必须按照行政法的规定进行。所以房地产法规与行政法的关系也是非常密切的。

（五）房地产法规与《城市规划法》

城市规划是一定时期城市发展的计划。城市规划法是我国城市规划、城市建设和城市管理的重要法律，是保证城市土地合理利用，协调城市空间合理布局的基本准则，是进行房地产开发利用和建设的依据。城市规划法为实现一定时期的城市经济建设和社会发展目标，确定城市性质、规模、发展方向和各项建设综合布署发挥主导作用。房地产法规是调整城市范围内的房地产经济活动，它的地区范围要受《城市规划法》的制约。房地产开发必须按照规划要求选址和布局，以免造成互相干扰和浪费。因此，房地产法规必须符合城市规划法的要求，使房地产开发建设活动纳入城市规划的统一安排和统一管理之下。

（六）房地产法规与《土地管理法》

《土地管理法》是科学管理城乡土地的一部专门法，它规定了以保护耕地，节约建设用地，珍惜和合理利用一切土地为目标，加强土地的统一管理，保护土地的所有者和使用者的合法权益不受侵犯。《土地管理法》有关土地所有权和使用权的规定、国家建设用地的规定、国有土地可依法让渡及有偿使用等原则和房地产开发、经营活动关系密切。房地产立法在土地开发建设、流转、消费以及权属管理等规定都必须和《土地管理法》做好搭接。

房地产法规除与上述部门法有密切联系外，还与《税法》、《金融法》、《环境保护法》等等很多法律法规都有密切的联系。

第三节　我国房地产法规的建立

中国古代的法律是诸法合体、刑民不分的。调整房地产关系的法律规范同样在诸法合体之中。20世纪初期，我国商品经济有了一定的发展。财产、商品转移增多，要求民刑分立，专门设立调整一定范围财产关系和人身关系的法规，主要是规定由于经济利益而形成的权利义务关系。1929年～1930年间国民党政府公布了民法总则等，内容包括权利主体、物权、债、继承等。当时，民法是调整房地产关系的主要法律规范。有关规定约占民法典条款的$\frac{1}{3}$。

解放初期，我国房地产法是在党的领导下，废除了国民党"六法全书"的基础上，根据马克思的《司法原则的指示》。确定了解放区的司法原则，在人民的法律还不完备的情况下，司法机关的办事原则是：有纲领、法律、命令、条例、决议、规定者，应予遵循；没有上述规定者，应遵循新民主主义的政策。

新中国建立后，党和政府开始建立社会主义法律体系。调整房地产关系的法律规范也逐步建立。在党的十一届三中全会以前，调整房地产关系的法律规范以政策法令为主；其后，由法规，政策并重，逐步走向以法规为主。

一、我国制定房地产法规的指导思想和原则

（一）指导思想

我国是社会主义性质的国家，我国现行的各种法律规范都体现着马列主义毛泽东思想的原则和精神实质。因而房地产立法活动必须做到以马列主义、毛泽东思想指导房地产法规的立法活动，并以适当的方式把马列主义、毛泽东思想体现到法规中去。如1982年新宪法，在序言中明确指出：中国各族人民将继续在中国共产党领导下，在马克思列宁主义、毛泽东思想指导下，坚持人民民主专政、坚持社会主义道路，不断完善社会主义各项制度。发展社会主义民主，健全社会主义法制，……因而，在实施法律规范的条文中体现了马列主义、毛泽东思想的原理和精神实质。

（二）房地产法规的立法原则

法规立法的原则具有多层次、多样化。我国房地产法规的立法原则至少有三个层次，即法律规范立法的基本原则，立法的方法原则和房地产法规所独有的原则等。

1. 我国房地产法规立法总的政治原则

坚持四项基本原则、坚持改革开放是两个基本点。四项基本原则是我国立国之本，立法之本；坚持改革开放的总方针，是十一届三中全会以来党的路线的新发展，它赋予四项基本原则以新的时代内容。坚持这两个基本点，对于建设具有中国特色的社会主义，实现四个现代化，是我国房地产法律规范工作的基本原则。

2. 房地产法规立法的方法原则

（1）从我国的实际情况出发。房地产法规的制定，必须从我国社会主义经济基础和社会生产力发展的实际情况和水平出发，从房地产的生产（开发建设）、流通、消费的实际需要出发，把中央和地方制定的法律法规总结提高，使之条理化，并通过法定程序制定长期适用的法规。

（2）领导和群众相结合，走群众路线。房地产法规的制定要贯彻从群众中来，到群众中去。才能体现人民群众的意志，经过上下结合，层层审查，再按法律程序，由立法机关审议通过公布施行。

（3）原则性和灵活性相结合。法律规范的制定要明确、具体、周密、严谨。但为了保证法规符合全国各地实际情况，必须坚持原则性与灵活性相结合，有些一时不能实现的，要逐步加以实现。

（4）吸收国外的有益经验，取其精华，为我所用。

3. 房地产立法所必须遵循的一般原则

（1）振兴房地产业，为发展生产、满足人民生活需要服务。

（2）建立社会主义房地产市场经济体制，保障房地产经济长期稳定协调发展。

（3）维护房地产公有制经济和其它经济形式的合法地位。

（4）要贯彻兼顾国家、集体和个人利益的原则。

（5）确认房地产经济管理的民主集中制原则。实行房产与地产统一管理；实行统一管理与分级管理相结合；以及房地产企业内部贯彻统一领导与民主管理相结合的原则，是办好社会主义房地产事业的保证。

（6）在横向的房地产经济关系方面，要贯彻平等互利、协商一致、等价有偿的原则。

二、我国房地产立法的分期

建国以来、随着房地产经济的发展，我国房地产立法，大体经历了四个阶段

第一阶段，国民经济恢复时期（1949年～1955年）。在解放初期，对土地改革、确定新的房地产管理和税收制度方面颁布了几个法规，如1949年《公房公产统一管理的决定》，1950年《中华人民共和国土地改革法》、《城市郊区土地改革条例》、《城市房地产税暂行条例》、《契税暂行条例》等，并且发布了许多政策性文件。主要内容是接收旧政府房地产档案资料，确认房地产权属，代管无主房，没收敌伪产，打击房地产投机和各种非法活动，建立新政权房地产管理机构。

建国初期，根据新民主主义革命的政治经济纲领，国家对于封建地主、官僚资本、反革命战犯和其他反动分子以及国民党政府的房地产采取剥夺的政策。先后由政务院颁布了《关于没收战犯、汉奸、官僚资本家及反革命分子财产的指示》。另外，关于房地产管理方面政务院公布《国家建设征用土地办法》，政务院核发修正中南行政委员会《关于城市房产权的几项原则规定》，以及政务院《关于填发土地房屋所有证的指示》等。这些政策法令加强了国家对房地产经济的组织和管理。

1954年宪法对公有财产的保护、对私有房屋的保护和土地征用作了规定。

第二阶段，十年建设时期（1956年～1966年）在对资本主义工商业进行社会主义改造期间，主要以私改为内容，通过对出租的私产房屋进行社会主义改造，采取赎买政策，逐步发展成房地产以公有制为主体的所有制关系，确立了城市房地产的社会主义公有制。在此期间，中央先后发布了四个文件：1956年中共中央批发中央书记处第二办公室《关于目前城市私有房产基本情况及进行社会主义改造的意见》；1958年人民日报刊登了《中央主管机关负责人就私有出租房屋的社会主义改造对新华社记者发表的谈话》；1964年国务院批转国家房管局《关于私有出租房屋社会主义改造问题的报告》，1964年批转侨委、国家房管局《关于港澳同胞出租房屋进行社会主义改造问题的报告》。这些文件对于调整房地产经济关系起着重要的推动作用。

第三阶段，十年动乱期间（1966～1978年），房地产政策法规，遭到"左"的思想的干扰，公、私产房屋受到非法强占和破坏，房地产立法陷于停顿状态。

以上期间，工作局限在房地产行政管理与直管公房的维修养护方面。住房制度按照产品经济模式实行福利制，由国家包下来，不能实现房地产经济的良性循环；土地实行无偿使用，土地价值得不到实现，国家投入大量的资金，有去无还，还要大量补贴修缮费，成了沉重的包袱。所有这些，都是由于实行产品经济，不遵循价值规律，扼杀市场机制造成的恶果，致使房地产业陷于萎缩状态。

第四阶段，这一阶段是房地产立法的"崭新阶段"，数量之多，层次之高，内容之广是前所未有的。

党的十一届三中全会以后，经济体制改革，对外开放、对内搞活的方针政策为房地产业注入了生机活力，房地产法制建设促进了房地产经济的复苏，并得到迅速发展，住宅紧缺得到缓解，房地产开发初见成效，住房制度改革、土地使用制度改革带动了房地产市场的恢复和发展，房地产经营机制逐步建立，房地产行政管理得到加强，主要表现在以下方面：

（一）城镇住宅建设有较大发展

随着经济体制改革的深入开展，住宅建设投资由国家包的状况逐步改变。1983年5月由国务院批准，原城乡建设环境保护部发布《城镇个人建造住宅管理办法》规定了建造个人住宅可以采取自建公助等办法。1992年2月14日国务院住房制度改革领导小组、建设部、国务院税务局发布《城镇住宅合作社管理暂行办法》，从法律上规定了由国家、地方、企业、个人共同投资解决城镇居民住宅投资的体制。在居民住房方面采取多渠道、多途径的办法加快住宅建设，另一方面政府下决心解决居民住房困难户问题。1990年9月11日，建设部、全国总工会印发了《解决城镇居住特别困难户住房问题的若干意见》规定了住房困难户的标准、解困房源、以及建设解困房屋的各种优惠政策，取得了显著成效，居民居住水平有了较大提高，居住条件有了明显改善。

（二）住房制度改革深入开展

建国后，多年来对于城市居民住房一直实行"福利制、低租金、国家包、大锅饭"的制度。使国家投入大量的资金，有去无还，居民住房问题得不到缓解，国家还需要补贴大量的修缮费，成为沉重的包袱。80年代初期，进行了房屋属性的研究，认识到住房的商品属性，必须进行住房制度改革，实现住房商品化。1982年4月，国务院原则同意了原国家建委、原国家城市建设总局《关于城市出售住宅试点工作座谈会情况的报告》，并选定在烟台、蚌埠、唐山等部分城市先行试点，总结经验，逐步推广。1988年2月国务院印发了《关于在全国城镇分期分批推行住房制度改革实施方案的通知》，准备在全国范围内推开。1991年11月国务院办公厅发布《关于全面推进城镇住房制度改革的意见》规定了住房制度改革的目标及实施步骤，并要求直辖市、省会城市、沿海城市及有条件的城镇，在1992年底以前率先进行全面配套的住房制度改革，其余城市凡有条件的，力争在1992年底以前起步。1994年7月国务院又发布了"关于深入城镇住房制度改革的决定"等，所有这些政策法规，对住房制度改革，实现住房商品化和社会化起到了重要的推动作用。

（三）土地有期有偿使用制度改革

1988年《中华人民共和国宪法》修改后明确规定城市土地属于国家所有，土地使用权可以依法转让。一改建国以来，我国一贯实行的土地无偿划拨的制度。1990年国务院发布了《中华人民共和国城镇国有土地使用权出让和转让暂行条例》和《外商投资开发经营成片土地暂行管理办法》为城市土地使用权进入房地产市场提供了法律依据。自从1987年11月深圳市首次公开招标出让土地使用权以来，相继在沿海开放城市向内地城市以及全国各地蔓延。用土地使用权出让的收益进行城市建设已经为人们所接受。目前建设部正在草拟《城市土地经营管理条例》等法规，以便更好地运用法律手段规范国有土地有期有偿使用制度。

（四）房地产综合开发逐步走上正轨

1984年10月，国家计委、原城乡建设环境保护部联合发布的《城市建设综合开发公司暂行办法》中规定各城市可以成立综合开发公司。1987年5月《国务院关于城市建设工作的通知》指出：城市建设应当实行"统一规划、合理布局、综合开发、配套建设。"为建立良好的房地产开发制度打下基础。90年代初期，房地产开发得到迅猛发展，综合开发已成为城市建设的主导方式。在城市规划方面《中华人民共和国城市规划法》规定：城市规划要统筹兼顾，合理安排。为确定城市规模和发展方向，实现城市经济和社会发展目标，合理地制定城市规划和进行城市建设，适应社会主义现代化建设的需要。1989年9月建设部颁布了《城市综合开发公司资质等级标准的通知》，从而规定了综合开发公司的资质条件，划分了等级及不同的经营范围。1989年12月建设部发布了《全国房地产开发企业升级实施办法（试行）》，规定了房地产开发企业考核标准、升级程序等，对于规范房地产开发企业的行为，促进房地产开发健康发展，起到了积极地推动作用。

（五）房地产市场得到恢复和发展

房地产市场在我国存在的历史比较悠久。建国以后，由于我国实行高度集权的计划经济体制，排斥市场机制，到1987年以前，房地产市场局限于私房买卖、租赁和公房交换。公房租赁虽然大量存在，但是，不是以价值规律为基础的交易行为，所有以上这些都是在行政管理部门干预下进行的，并不是作为真正的商品进入市场流通。1988年以后，开始树立了社会主义商品经济的观点，建立了房地产市场。

1988年7月建设部发布了《关于建立和健全房地产交易所的通知》。1988年8月建设部、国家物价局、国家工商行政管理局联合发布了《关于加强房地产交易市场管理的通知》，进一步建立和健全房地产市场机制、加强了房地产市场管理。1992年7月建设部发布了《城市房地产市场估价管理暂行办法》，同时，国家物价局、建设部、财政部、中国人民建设银行联合发布了《商品住宅价格管理暂行办法》，使房地产市场管理逐步完善，使房地产交易行为朝向法制化、制度化进一步发展。

（六）房地产行政管理工作不断加强

1985年开始了第一次全国房屋普查。在此基础上，1987年4月，原城乡建设环境保护部发布了《城镇房屋所有权登记暂行办法》，建立了城镇房屋所有权登记制度。

这一阶段，公布的法律、法规内容很多，涉及到房地产的权属管理、开发建设、经营维修、综合服务等社会关系的调整。加强了国家运用法律手段对房地产经济的组织和管理，对于促进房地产业的发展起到重要作用。其中，主要的房地产管理法规有：

（1）1980年国务院转发《关于用侨汇购买和建设住宅暂行办法》，以调整华侨、港澳同胞以及中国血统外籍人在中国购建住宅的各种关系。

（2）1982年《中华人民共和国宪法》公布。宪法是我国根本大法，是一切立法的基础，1982年新宪法的公布为房地产业提供立法的原则和依据。

（3）1983年国务院批准建设部公布《城镇个人建造住宅管理办法》，调整城镇或管区内个人建造住宅的各种关系。

（4）1983年国务院公布《城市私有房屋管理条例》，调整城市私有房产所有权登记、买卖、租赁、代管、维修等方面的关系。

（5）国务院批准建设部公布《关于外国人私有房屋管理的若干规定》，以调整外国人在中国境内私有房产登记、转移、代理等方面程序上的关系。

（6）1986年公布《中华人民共和国土地管理法》，以调整土地的所有权和使用权、土地利用和保护、国家建设用地等方面的关系。1988年根据宪法修正案"土地的使用权可以依照法律的规定转让"的规定，相应地修改了《土地管理法》有关条文，增加了土地使用权可以依法转让的内容。

（7）1986年公布了《中华人民共和国民法通则》，以调整平等主体之间的社会关系。

（8）1986年国务院发布《房地产税暂行条例》、《城市维护工程建筑税暂行条例》，以调整房地产开发建设和房屋所有权人纳税方面的关系。

（9）1987 年国务院颁布《关于加强城市建设工作》的通知，以调整城市房地产综合开发基础设施建设等方面的关系。

（10）1988 年国务院办公厅颁发《关于鼓励职工购买公有旧住房的通知》，以调整职工购买旧住房涉及的所有权和使用权等问题。

（11）1989 年公布《中华人民共和国城市规划法》，以调整城市规划以及涉及房地产开发建设等方面的关系。

（12）1990 年国务院发布《中华人民共和国城镇国有土地使用权出让和转让暂行条例》，以调整城市建设用地及拆迁安置补偿等方面的关系。

（13）1994 年 7 月 5 日第八届全国人大常委会第八次会议通过并颁布了《中华人民共和国城市房地产管理法》，这部大法的颁布实施，标志着我国房地产业的发展迈入一个法制管理的新时期，必然把我国房地产经济的发展推向一个新的水平。

第四节 房地产立法展望

法规的建立，从其发展趋势来看，总是从粗到细，从不完善到完善，从诸法合体向专业化、科学化发展。

我国早期的法律是诸法合体民刑不分的法典，调整房地产关系的法规在诸法合体之中。20 世纪以后，随着我国城市商品经济的发展，要求民刑分立，民法从诸法合体之中分离出来，成为调整房地产关系的主要部门法。

建国以来，特别是 1979 年以来，房地产经济活动范围日益扩大，从流通领域扩展到生产领域和消费领域，房地产业已经成为连接生产、流通和消费三个环节的先导性、基础性的行业，由于房地产关系的广泛性、复杂性和重要性，调整房地产关系的法规，不仅需要调整平等主体之间财产关系和人身关系的民法，也需要调整在国家协调经济运行过程中发生经济关系的经济法，以及调整在国家实施行政管理活动过程中所发生的社会关系的行政法，从而形成行政法、经济法和民法共同调整房地产关系的完整体系。

为了加快房地产法的建设，我国房地产立法采取国家与地方并举，齐头并进的方式。一方面由中央制定全国性的房地产法、住宅法，以及与之配套的法律规章，地方上根据国家房地产法律、法规，结合本地区具体情况制定实施细则和办法等；同时，地方也可根据宪法、基本法和行政法规制定地方性法规，提前出台，为中央立法作好准备，互相推动和促进。

当前，对制定全国性房地产行政法规与部门规章初步作了规划，其中有的已经公布实施，有的正在草拟和修订，共计 10 个方面，具体情况如下：

（1）《城市房地产综合开发条例》正在草拟；下设相关的部门规章有 5 个：

1）《房地产开发企业管理办法》1984 年，国家计委和城乡建设环境保护部以［1984］2233 号文公布了《城市建设综合开发公司暂行办法》，目前准备在原有基础上进一步修订。

2）《城市综合开发公司工程质量责任暂行规定》已草拟初搞。

3）《城市房地产开发管理暂行办法》，建设部 1995 年 1 月 13 日以 41 号文发布，于 1995 年 3 月 1 日起施行。

4）《城市住宅小区竣工综合验收办法》正在草拟。

5)《城市房产交易价格管理办法》，国家计委 1994 年 11 月 11 日计价字（1994）1714 号文公布。

6)《城市商品房预售管理办法》，建设部第 40 号令，1995 年 1 月 1 日起施行。

（2）《城镇地产经营管理试行办法》已拟初稿。下设一个部门规章：

《关于加强城镇地产价格评估工作的意见》已经草拟。

（3）《城市房屋拆迁管理条例》已于 1991 年 1 月 18 日国务院第 78 号令颁布。

下设一个部门规章：

《城市房屋拆迁单位管理规定》于 1991 年 7 月 4 日建设部第 12 号令发布。

（4）《城市私有房屋管理条例》于 1983 年 12 月 17 日，国务院以国发 [1983] 194 号文件颁布。

（5）《城市公有房屋管理规定》，1994 年 3 月 11 日建设部第 34 号令公布。

《城市公有房屋管理条例》与《城市私有房屋管理条例》下设 8 个部门规章：

1)《城市房屋产权产籍管理暂行办法》已于 1990 年 12 月 31 日由建设部第 7 号令公布实施。

2)《城市异产毗连房屋管理规定》于 1989 年 11 月 21 日由建设部发布，1990 年 1 月 1 日起施行。

3)《城市房屋修缮管理规定》于 1991 年 7 月由建设部发布，自同年 8 月 1 日起施行。

4)《城市危险房屋管理规定》于 1989 年 11 月由建设部颁布，1990 年 1 月 1 日起施行。

5)《城市新建住宅小区管理办法》1994 年 3 月 11 日建设部第 33 号令公布。

6)《城市锅炉供暖管理办法》正在修订。

7)《城市房屋档案管理办法》尚待起草。

8)《房地产测绘管理办法》有待草拟。

（6）《城镇房地产交易管理条例》正在草拟。

下设三个部门规章正在草拟或修订：

1)《城市房地产估价管理办法》正在草拟。

2)《房地产估价师注册试行办法》正在草拟。

3)《房地产抵押管理暂行办法》正在修订。

（7）《房地产经营企业管理规定》正在草拟。

（8）1984 年城乡建设环境保护部发布了《关于外国人私有房屋管理的若干规定》目前正在修改补充。

（9）《涉外房地产开发经营管理规定》正在草拟。

（10）《城市房地产纠纷仲裁条例》已起草初稿。

除房地产法律体系之外，有关住宅法体系也正在建立，一些条例和部门规章有待调研筹备、起草拟订。

第二章 城市房地产管理法

第一节 房地产法概述

《中华人民共和国城市房地产管理法》(以下简称《房地产法》),于 1994 年 7 月 5 日,经八届全国人大常委会第八次会议通过,自 1995 年 1 月 1 日起施行。《房地产法》是房地产的大法,它的公布实施是我国房地产法制史上的一件大事,它改变了我国房地产管理法制建设滞后的局面。全面、正确贯彻执行房地产法,按照它的规定结合相关配套的房地产法规去规范房地产的管理行为和企业行为等各种行为,必将对我国房地产业的进一步健康发展,起着积极地推动和保障作用。

一、房地产法立法简况

房地产业是第三产业的重要组成部分,房地产经济在国民经济中占有重要的地位,在房地产的开发建设、流通和消费过程中涉及到各方面的关系和利益。由于历史的原因,建国以后,我国城市土地长期采取行政划拨的方式,房屋采取低租分配制度,房地产经营活动不发达,房地产交易市场不活跃。特别是在"文革"期间房地产法制遭到破坏,一些房地产权利人的合法权益受到损害,在一定程度上影响了房地产业的发展。

党的十一届三中全会以来,在"改革、开放"路线、方针的指引下,我国房地产业正在迅速地从产品经济模式向社会主义市场经济模式转变,从而得到迅速恢复和发展,截至目前,已经初步形成了一个包括房地产开发建设、经营管理、修缮服务等集多种活动为一体的,具有高附加值的基础性、先导性行业。它对促进国民经济的发展和增加财政收入、改善人民物质文化生活等方面起着重要作用。同时,房地产业还以实物地租形式向城市建设提供了大量的建设资金,已经成为城市建设不可缺少的资金来源渠道。综观改革开放十多年来,各地城市面貌发生的巨大变化,与我国房地产经济的崛起,有着直接的关系。

实践证明,发展房地产业可以改善投资环境和人民居住生活条件,可以为国家财政提供积累,可以为城市建设开拓资金渠道,可以带动相关产业的发展,以及有利于促进产业结构与消费结构的全面调整。1992 年,中共中央、国务院关于加快发展第三产业的决定中指出,房地产业是"投资少、收效快、效益好、就业容量大、与经济发展关系密切的"重要行业。

但是,由于我国房地产业形成不久,在计划经济向市场经济迅速转化过程中立法滞后。据统计,到 1992 年 6 月底,全国已有房地产方面的法规 500 余个,其中国家级的 8 个、部门规章 110 多个,其余为地方性法规。这些法规的颁布实施,虽然发挥了良好的作用,可是由于最根本的房地产法还没有制定,缺少国家的法律依据,各方面的规定存在着不协调的情况。

房地产立法的滞后,制约了房地产业的健康发展,一方面阻碍了房地产经济的依法开展,另一方面在缺乏强有力的行为规范的情况下,房地产经济活动出现了一些盲目性和投机性，以致出现了不少问题。如滥设开发区，建设用地供应总量失控，国家土地资源大量流失。据不完全的统计，截至 1992 年 9 月底，全国各地兴办各类开发区 1951 个，规划面积 1.5 万 km²，占用耕地面积 2000 余万亩。其中已开发面积 307.6km²，仅占规划面积的 2%。在这些开发区中，未经合法批准，而是由地（市）县、乡一级自行兴办的 1724 个，占开发区总数的 88.4%，有的开发区一划就是几平方公里，甚至几十平方公里，由于无法筹措大量的基础设施投资，圈地后只能撂荒，浪费了大量耕地；又如土地供应方式单一，无偿无期供应占主导地位，据不完全的统计，1992 年出让土地 1999 幅，面积 1.14 公顷，其中有偿出让的仅占 1%，其余均属行政划拨，由于有偿出让的比例很小，难以形成市场规模、阻碍了公开公平的竞争，使国有土地收益金大量流失，也助长了不正之风；再有土地没有分等定级标准，价格比较混乱。如厦门市出让给台商某块工业用地，每平方米仅为 10 元，不仅收益差，反过来还要影响其他地块的出让价格；另在房地产开发方面，房地产开发公司增长过速，投资结构不尽合理，且开发企业过多过滥，近年以来，房地产开发企业数量猛增，据不完全的统计，1991 年约 3000 家，到 1993 年猛增至 20000 多家，并且还在迅速增长。由于利益驱动，一些外商涌入，加入开发行列。国内的一些工业企业、商贸企业、金融机构，甚至党政机关、群众团体，打着各种名义纷纷开办房地产开发公司。尽管开发公司的数量大增，实际搞房地产开发的不是很多，其中不乏搞抄卖地皮、抄卖房产，从中渔利，造成市场秩序混乱；在房地产市场管理方面，由于价格机制不健全，交易行为不规范、交易价格混乱，房价上涨过猛，如北京城区商品住宅售价，10 年上涨将近 10 倍，群众很难承受；在房地产权属管理方面，"证"出多门，房地权属证明不统一，产权人的合法权益不能依法保障；再有部分外销商品房代理收入的所得税漏征，使国家蒙受损失；在房地产交易中、中介组织和经纪人的法律地位与行政管理没有确立；住房社会化、商品化制度推行不利等等。总之，新的形势迫切要求加强法制建设，以适应房地产业的形成和发展，以及缓解当前房地产市场经济发展过快，行为不规范等问题，因而制定房地产法已成为当务之急。

上述情况引起了国内外各界人士的关注，国务院领导对控制房地产业的发展形势作了重要批示，国家计委、建设部、国家土地局等国家机关和有关省、市的领导在珠海召开了会议，在总结经验和发现问题的基础上印发了国发（1992）第 61 号文件《关于发展房地产业若干问题的通知》，对房地产业 14 个方面的问题，提出了加强宏观调控和管理的各项措施。其中把加强房地产业的法制建设作为专门问题提出，要求"建立健全房地产法律体系，做到依法办事"，为房地产法的制定提供了政策依据。

（一）关于《房地产法》的起草过程

早在 80 年代初期，建设部关于房地产工作就开始酝酿立法。当时考虑经济建设恢复不久，房地产管理刚刚起步，新形势下的内容和矛盾尚未充分暴露，制定房地产法尚缺乏立法条件。1992 年，我国房地产业的迅猛发展已经形成高潮，房地产市场经济无法可依的情况已经充分暴露，根据国务院提出的关于加强宏观调控和管理的各项措施，加强房地产业法制建设的通知精神，于 1992 年 12 月建设部受全国人大委托，开始了房地产法的起草工作，经过深入研究和反复修改，于 1993 年又经前后两次召开专家论证会和由专题调查组进行调研等，到 1993 年 8 月完成《房地产法》（送审稿），并列入国务院 1993 年立法计划。

房地产法的立法工作受到了我国决策机构的高度重视，经过反复认真的审查、修改、通过立法程序，于 1994 年 7 月 5 日颁布了《中华人民共和国城市房地产管理法》。

《房地产法》的公布实施，为加强城市房地产管理，维护房地产市场的秩序，保护权利人的合法权益，促进房地产业的健康发展，提供了法律保障，标志着我国房地产业的发展进入法制管理的新时期。

（二）房地产法立法目的、指导思想和原则

1. 房地产法的立法目的

房地产法立法的直接目的是通过立法，强化我国城市房地产经济活动的管理制度，实现房地产市场秩序的规范化和法制化。其根本目的是，依法保障包括国家利益在内的各方面当事人的正当合法权益，从而使我国房地产业在良好的法制环境中健康、蓬勃的发展。

房地产法立法目的中的核心环节是，规范房地产市场的管理秩序。

2. 房地产法的立法指导思想和原则

（1）符合建立社会主义市场经济体制的总目标。立法起点要高，要站在国家立场，维护国家的最高利益。

（2）以调整房地产经济关系为主，兼顾调整行政关系和民事关系。条文严谨，重点突出，兼顾一般，面向产业，面向社会，不能包罗万象，对某些问题做原则性规定，而针对某些问题又要做具体硬性的规定，以利于法律的正确适用。

（3）顾全大局，做好衔接。《房地产法》要以宪法为依据，与土地管理法、城市规划法等重要法律协调好，做好衔接。

（4）面对现实、适当超前，有利发展。《房地产法》既要解决当前急需解决的矛盾，也要考虑超前性，以利于房地产的长远发展。

（三）关于房地产法的名称

鉴于本法主要是调整房地产开发经营方面的法律规范，为了切实贯彻保护耕地，节约建设用地的基本国策，农村集体所有的土地不准许用于开发经营房地产，所以本法调整范围主要是在城市规划区范围内。此外，关于房地产是物权的主要方面问题，全国人大常委会已将《物权法》列入立法计划，房地产方面的实体权益也要在《物权法》中具体规定，为了协调好法律之间的关系，本法主要是着重规定城市房地产活动的管理制度，属于管理法的性质，故本法定名为《城市房地产管理法》。

（四）适用范围

房地产法的适用范围，包括适用法律的区域范围和行为范围，如前所述，房地产法的适用区域范围，限制在我国城市规划区以内的国有土地范围。城市规划区是指《城市规划法》规定的，"城市市区、近郊区及城市行政区域内，因城市建设和发展需要实行规划控制的区域。"

另外，关于在城市规划区以外的国有土地范围内的工矿区、农场、林场、港口、军事用地等，取得房地产开发用地的土地使用权，从事房地产开发、交易活动以及实施房地产管理和房地产经济活动，应当参照本法的规定执行。

关于行为的适用范围，包括从取得建设用地，到房地产开发建设、市场流通和管理消费等房地产经济活动的全过程均适用本法。

关于对"人"的效力，本法没有作限制性规定，故根据适用法律的一般原则，本法规定的各项权利义务，适用于任何单位、组织和个人，包括在我国境内的外籍人。

（五）房地产权利人的权利和义务

房地产权利人的各项法定权益涉及面广泛，凡属权利人合法的房地产权益均受国家法律的保护。

关于房地产权利人应当履行的基本义务，主要可归纳为三个方面：

第一，是要守法，权利人各项活动行为要合法；

第二，依法纳税，是权利人向国家应尽的义务；

第三，不得利用自身的房地产权益损害国家、社会和他人的合法权益。

当前，我国房地产经济的法制状态，正处在新旧制度转化的过渡阶段，法制不完善、不健全和不稳定是客观存在的，因而使房地产活动依法进行和依法保护变得非常复杂和困难。本法的颁布对于改善房地产活动的法制状态有着重要的意义，无论行为人和执法人均需严肃认真执行。

（六）关于城市房地产行政主管部门

房地产行政主管部门的职权划分，是近年以来争议比较大的问题。

房地产业本来是房产与地产有机结合的整体产业，过去城市房地产一直是由建设部门（房地产管理部门）一家管理。1986年土地管理部门成立之后，出现了城市土地的双重管理。由于城市规划直接联系着土地，土地的合理利用和集约使用也直接联系着地上建设的开发与管理，加以房屋与土地物质形态密切相连，权属管理和流通形式难以分割，致使两个部门在建设用地方面管理交叉，带来一定混乱，引起诸多矛盾，诱发新的纠纷。例如两个部内管理重复、收费重复，发放产权证件两个部门分管，浪费人力物力，遇有意见不一致，甚至陷入困境，群众往返徒劳，意见很大，严重的损害了政府的形象和威信。建设部门认为土地管理部门的职责是以资源角度加强土地集约使用与合理利用，对于城乡建设等专业用地实施政策性管理与检查监督，使宏观管理与微观管理有机结合，协调一致，做好土地管理工作。因此，城市土地应结合城市建设与房地产经营管理的实际操作，由建设部门实行专业管理，土地管理部门无需再重叠进行管理；土地管理部门则认为，土地是国家的重要资源，土地管理部门要完成土地资源的保护、利用与发展，必须对全国土地从宏观到微观全面负责，实行统一管理。为了解决这方面的问题，1990年以来，国务院对两个部门的分工作了不少工作，协调了分工。分工的原则是：土地出让工作由土地管理部门主要负责，规划、建设和房地产管理部门参与，配合土地出让工作。房地产开发与市场管理由建设和房地产管理部门负责。城市房地产的地改工作由土地管理机关进行，房改工作由房地产机关进行。同时，允许地方根据实际情况和需要设置适合的机关，管理房地产工作，不要求与中央对口，从而缓解了矛盾，但是，显然这方面的矛盾还没有得到根本解决。从地方情况看，经过不断的实践和摸索，不少城市等不及自上而下的理顺、开始自行调整管理体制，解决城市土地的双重管理问题。有些城市已经将城市房地产管理部门与土地管理部门合并，对房地产进行统一管理。总之从发展的趋势看，城市房地产应该实行统一管理是大势所趋，也是符合规律和国外通行作法的。

二、房地产法的主要内容

房地产法的主要内容包括确定房地产业的法律地位、住宅建设的基本原则、房地产开发用地制度、房地产开发企业经营原则、房地产市场行为以及房地产权属登记制度等。

（一）确定房地产业的法律地位

党的十一届三中全会以前，我国房地产经济没有合理的投入产出的运行机制，没有独立的经营地位，没有市场经济，房地产开发建设形式落后，运行体制极不完整，事实上不存在一个房地产业。80 年代以来，房地产业的形成和发展，同社会主义市场经济的建立和发展紧密相联，在这个过程中，房地产经济进行着土地有偿使用制度改革、房屋商品化与住房制度改革，以及房地产综合开发建设体制的改革和建立，使房地产业朝向社会主义市场经济方向迅猛发展，成长壮大。

产业的形成和发展需要社会认识产业自身的法律地位，才能与相关产业密切配合，协调运作，共同在国民经济发展中发挥作用。房地产业是一个新兴的行业，要得到社会各界的认可和支持需要一个认识过程，房地产业发展至今，框架、体系基本形成，但它在社会主义经济中的性质、地位和作用，不少人还认识不清，对房地产的开发、流通到物业管理的有机过程知之甚少，因而通过本法予以明确。

房地产业是经济发展的基础性、先导性产业，是国民经济支柱产业之一。房地产业的发展。不仅可以为城市经济发展提供基本物质基础和前提，而且有利于改善人民居住生活条件，为国家开辟一条重要财源。房地产业在国民经济和社会发展中具有重要的地位和作用。

（二）确定住宅建设的基本原则

发展住宅建设，缓解供需矛盾，是房地产业的主要任务。要实现 2000 年居住小康水平的目标，任务艰巨而繁重。我国城镇需要建房 30 多亿平方米、改造住房 30 多亿平方米，另外还需对大量城市基础设施进行配套建设，总共需要投资不下万亿元。城市住宅建设联系着国计民生，仅靠政策措施和行政手段推动显然是不够的。

住宅建设任务的长期性和确定性，要求以法律的形式将解决人民住房问题的各种制度予以确定。因而，本法明确规定了住宅建设的基本原则是，"国家根据社会、经济发展水平，制定优惠政策，发展普通标准住宅建设，改善居民的居住条件。"同时还规定了国家扶持发展的普通住宅，县级以上人民政府可以通过无偿划拨形式，提供建设用地的使用权。

（三）确定房地产开发用地制度

房地产开发是房地产再生产的龙头，而建设用地的取得又是房地产开发的前提条件。当前，我国国有土地有期有偿使用制度改革正在推行和深化，各地房地产开发用地取得的途径和方式很不一致。在有偿出让与无偿划拨并存；协议、招标与拍卖形式并存的现实生活中，由于对取得建设用地的途径和方式缺少法律规范，致使土地供应的随意性很大，国家土地收益流失严重，开发企业投资环境不平等，在一定程度上助长了不正之风。为了实现建设用地的供应，由"人治"向"法治"转换，必须通过立法加以解决。

本法结合我国实际，参照国外作法，确定对开发用地的供应采取有偿出让为主和无偿划拨并存的方式。其中，对土地使用权有期有偿出让，贯彻市场经济的调整原则，除特定情况和经法定程序批准的项目可以采取协议方式取得土地使用权外，其它用地均需通过拍卖或招标方式取得。另外，对土地使用权的行政划拨方式，其用地的范围和用地的项目作了严格的限制和明确的法律界定，以加强宏观控制。

（四）规定房地产开发企业的经营原则

在旧的计划经济体制下，住房建设实行统建统分的制度，严重地影响了各方面建房的积极性和建房进度。改革开放以来，在社会主义市场经济的环境中，房地产开发企业以崭新的面貌活跃在城市建设的前列，充分显示了它的生机和活力。但是由于开发企业出现的时期较短，行业行为很不规范。同时，由旧体制向新体制转换的过程中，开发企业经营内容的性质和方式与政府事务联系紧密，彼此之间权利义务关系复杂，企业经营效益要受控于政府的意志，而企业经营又有较大的活动余地，也出现了不少问题。如开发企业发展过快过滥，囤积浪费国有土地，炒买炒卖房地产等行为，造成消极的后果。

房地产开发企业是一种高投资、高回报、投机性与风险性较强的企业，为保证国家和开发企业的正当合法权益，制止投机和减少企业经营风险，必须通过立法对房地产开发经营原则、方式和程序作出规定。本法以土地使用权出让合同的法律效力为核心，要求土地管理部门和房地产开发企业按照民事法律关系的原则签订合同，遵守合同，正确履行合同，以实现政府的意志，并保证开发企业的权益。本法还对房地产开发企业存在的问题作了控制性的规定。

（五）规范房地产市场行为

我国房地产交易市场正在逐步形成，对外开放，对内搞活是大势所趋。为了加强房地产市场管理，必须作到"市场要开放，管理要严格"，依法规范房地产市场行为，正确引导房地产交易、租赁等活动，注意收益流向和分配。由于房地产市场发生的房地产关系复杂，存在着多层次、多环节的管理问题，只有建立起符合商品经济规律的房地产市场机制，才能增强活力，促进房地产业的发展。由于房地产市场管理制度的改革仍在探索，本法主要是针对前一时期存在的问题，提出调整的原则和管理规定。

本法规定的主要问题，除土地出让市场行为外，还有房地产转让和房屋租赁。其中围绕转让行为的界定，明确什么是房地产转让和房屋租赁行为，哪些情况不准转让，并规定各类转让行为应具备的前提和条件，其目的在于解决房地产转让中存在的国有土地使用权转让收益问题。另外，本法对与房地产市场行为有密切联系的房地产抵押与中介服务，也作了相应的规范。

（六）确定房地产权属登记制度

关于房地产权属管理，我国实行的是登记发证的办法。实践证明，这项制度的效果很好，对房地产管理起到了基础和保障作用。

当前存在的问题是法律依据不完整和管理体制没有理顺。

从登记发证制度来看，在土地方面，土地管理法已经对土地的登记发证制度作了规定；在房产方面，城市私有房屋管理条例仅对城市私有房屋的登记发证制度作了规定，而对城市公有房屋的登记发证管理没有法律依据，因而对城市房产权属管理乃至整个的房产管理是非常不利的。

从我国城市房地产行政管理体制来看，还没有理顺，城市国有土地的产权产籍管理存在着多方面的交叉。各地的房地产权属登记发证的主管机关和管理形式很不统一，有的城市实行两证合一，有的由一个主管机关发两个证，也有的由土地和房管机关分别发证。因此，关于管理体制问题需要法律提出原则，予以调整。

本法对以上两方面的问题都作了明确的规定。

三、房地产法的条文

房地产法的条文分为总则、分则、法律责任和附则四个部分，共计七章七十二条。对于建设用地的供应，房地产开发、房地产交易、房地产权属管理中的主要问题作了明确的规定。以下将分节归纳阐述。

第二节　房地产开发用地

一、土地使用权出让

（一）土地使用权出让的立法解释

土地使用权出让，是指国家将国有土地使用权在一定年期内出让给土地使用者，由土地使用者向国家支付土地使用权出让金的行为。

根据本条所作的立法解释，首先需要明确的是，出让主体及其在出让行为中的法律地位。

国有土地使用权出让的主体是国家，而不是哪个机关、单位或个人。由于我国实行单一制政体，地方人民政府出让国有土地使用权，是代表国家行使地方政权的职能行为，是从分级管理的角度出发所作的管理工作。

在国有土地使用权出让中，国家和各级政府的法律地位，不是以政权或行政权角度出现，而是以特定的权利主体的身份，即国有土地所有权人的身份参与。因此、国有土地使用权出让的法律关系，是土地出租人与承租人的关系。

其次，需要明确的是国有土地使用权出让的基本特征，就是国家将一定期限的土地使用权出让给土地使用人，土地使用人向国家支付土地使用权出让金。国有土地的所有权则仍属国家。

建国后，我国国有土地的使用，一直实行着土地使用权的划拨制度，存在诸多弊端，关于国有土地使用权有偿有限期出让制度于1990年才开始试行并逐步推广。1990年，国务院推出《城镇国有土地使用权出让和转让暂行条例》使有偿使用国有土地作到了有法可依。在经过四年的实践和总结的基础上，本法将国有土地使用权出让制度固定下来，今后还要不断补充和修正。

我国国有土地使用制度实行双轨制的供应制度。以有偿、有限期使用制度为主，同时，从我国实际情况出发，实行无偿、无限期的行政划拨土地使用制度。针对目前国有土地有偿使用权的不规范情况，要强调必须严格依法进行；同时，对无偿划拨土地使用权的范围作了严格、具体的控制。

（二）城市规划区内的集体所有土地出让

城市规划区内的集体所有土地，不能比照国有土地使用权有偿出让的方式进行出让。需要出让的必须经过依法征用，转为国有土地后，该幅国有土地使用权方可有偿出让。

这是一条大的制度，近几年来，在房地产业迅猛发展的形势下，土地使用权出让也迅速展开，在法制不健全、认识混乱、管理薄弱的情况下，"以地生财"的片面认识在一些干部思想中严重存在。一些地区滥设开发区，农村集体组织也通过地方政府协议、分成等各种形式出让集体土地，有的干脆比着国有土地使用权出让的办法出让集体土地，一时间大家都忙着卖地，以致造成严重的后果，事实证明，如果放开出卖集体土地，必然会破坏土地利用总体规划，导致农业用地的流失，甚至无法控制。其次，有市场价值的土地主要在城镇附近，许多是在城市规划区范围内，规划区内集体土地，如任由集体组织自行出让，必然造成无计划、无规划的开发，干扰城市总体规划的制订和落实。再次，由于土地使用权出让价格远远高于国家征用土地的补偿收入，大量的土地在征用前就被集体组织抢先出让卖断，从而使基础设施和公用设施的建设资金流失，严重地损害了国家利益和社会公共利益。为此，在珠海会议后，国务院在 61 号文件中明确规定，集体土地在经征用转为国有土地前不得出让的原则，成为本法的立法依据。

（三）土地使用权出让的原则要求

土地使用权出让，必须符合土地利用总体规划、城市规划和年度建设用地计划。

这是对出让土地使用权所作的原则要求。土地利用总体规划是土地管理部门针对所管辖土地的使用现状以及保护和发展的要求，编制的规划，旨在保障土地合理使用，防止浪费，以充分发挥土地资源的效益。城市规划是城市规划部门针对城市建设和发展编制的规划，旨在对城市建设的控制，保障城市功能的现代化和科学化发展。年度建设用地计划是由建设行政主管部门与土地管理部门会同规划、房地产等管理部门，根据城市发展条件和建设发展需要，按年编制的建设用地计划，其中既包括新征土地，也包括旧区改建用地，是对城市建设用地控制力度较大的近期的计划。本条规定要求出让土地必须符合以上规划和计划。

我国城市规划法和土地管理法对于建设用地的控制都有明确的规定，并且要求"城市规划和土地利用总体规划应当协调。在城市规划区内，土地利用应当符合城市规划。"但是这些规定主要是从规划控制和审批程序角度出发，对于建设用地总量控制力度薄弱。因此前一时期，不少省、市滥设开发区，大量出让土地，致使建设用地供应总量失控。本法提出以上原则要求，特别是由于年度计划的控制比较近期、具体，对建设用地总量的控制可以发挥有力的作用，从而加强了对土地使用权出让的计划控制。

（四）加强国有土地使用权出让面积的宏观调控

为了加强国有土地使用权出让面积的宏观调控，国务院和省级人民政府将对国有土地出让总量作出计划，下达控制指标。县级以上人民政府在下达的指标控制范围内拟订年度土地出让总面积方案，按照国务院规定，报国务院或省级人民政府，经批准后实施。这项计划是年度的短期计划，针对性强，控制严格，可以有效地防止耕地流失和出让建设用地的失控。

（五）土地使用权出让的批准机关和管理机关

土地使用权出让，由市、县人民政府有计划、有步骤地进行（因为省级以上人民政府不负责出让具体地块的实际操作，故予排除）。土地使用权的实施机关是土地管理部门，由城市规划、管理和房地产管理部门配合。出让土地使用权的具体步骤是先按土地使用权出让计划拟定地块出让方案，报经有批准权的人民政府批准后实施。出让方案的主要内容是每幅地块、用途、年限和出让条件、规划设计要求、开发期限、出让形式、出让金等。

对于直辖市的县人民政府及其有关部门行使前款规定的权限，授权由直辖市人民政府规定。

（六）土地使用权出让的方式

土地使用权出让，可以采取拍卖、招标或者双方协议的方式。

拍卖是指政府将出让地块的条件和要求在拍卖场所公开，由经过审查同意开发方案的竞买人当场报价，由价高者得。这种方式主要注重经济效益，适用于比较简单的中小型开发项目。

招标是指出让方将出让地块的条件和要求制成标书，采用公开或不公开的方式向使用土地者发出招标约请，在指定的期限内，由符合条件的使用者以书面形式进行投标，经发标人组织有关专业人士对各投标单位的标书进行议标、决标、择优确定土地使用权受让人。这种方式较拍卖的经济效益要差一点，但也存在着较强的市场竞争性质，并能对各投标单位的实际开发能力、开发方案和报价进行综合比较，择优选定，适用于那些有市场竞争性又没有特殊要求的开发项目。

协议出让是指出让方与要求使用土地者协商土地使用权出让价格和其他权利义务，在取得一致意见后出让土地使用权。这种方式虽也属市场性质，但竞争因素较差，随意性很大，经济效益不好，主要适用于有特定要求的项目或受让人，如开发微利住宅或其他有特殊要求的项目。

以上三种土地使用权出让的形式在平均出让地价方面差异很大，自国有土地使用权出让以来，由于绝大部分出让土地都是采取传统的协议方式进行的，土地的出让价格很低，应该加以限制。本法规定，在范围方面，商业、旅游、娱乐和豪华住宅用地，有条件的，必须采取拍卖、招标方式；没有条件的，可以采取协议方式。为防止贱价出让土地使用权，国家进行下限控制，出让金不得低于按国家规定所确定的最低价，即指公布的基准地价或标定地价。

（七）土地使用权出让的最高年限

土地使用权出让最高年限，授权国务院决定。

关于土地使用权最高年限问题，国务院关于《城镇国有土地使用权出让和转让暂行条例》中已经明确规定：

居住用地 70 年；

工业用地 50 年；

教育、科技、文化、卫生、体育用地 50 年；

商业、旅游、娱乐用地 40 年；

综合或者其他用地 50 年。

因为本法没有废止上项条例，该条例中凡与本法不抵触的内容仍然有效，故目前仍按上述规定解释和执行。

（八）土地使用权出让合同

土地使用权出让，应当签订书面出让合同。以合同形式明确出让和受让双方的权利义务。

土地使用权出让合同由市、县人民政府土地管理部门代表当地政府与土地使用者签订。

本法确定土地使用权出让人与受让人之间的社会关系是民事法律关系性质或反映横向经济关系的经济法律关系，是体现平等、自愿与等价有偿的关系。在这种法律关系中，市、县人民政府处于土地使用权出让主体地位；土地使用者处于土地使用权受让主体地位。双方主体均应对合同规定的权利和义务承担实际责任。土地管理部门则是按当地政府意志履行法定责任。

（九）土地使用权出让金

土地使用者必须按照出让合同，支付土地使用权出让金。即指全面、正确履行合同规定义务；没有全部支付或迟延支付的均属未按照出让合同约定支付的，土地管理部门有权解除合同，并可以请求违约赔偿。是否解除合同或者请求赔偿，土地管理部门要根据实际损失情况及责任情况确定，如土地使用者不予认可的，应当通过人民法院民事判决来解决。

（十）出让土地的提供

土地使用者按照出让合同支付土地使用权出让金的，市、县人民政府土地管理部门必须按照合同约定，提供出让的土地；未按照出让合同出让土地的，即指未全面、正确的履行合同规定的义务，无论是否提供了土地，土地使用者有权解除合同，及要求返还土地使用权出让金和请求赔偿。如果土地管理部门对违约责任持有异议，土地使用者可以请求人民法院审判保护民事权益。

本条规定主要针对有的地方政府不重视土地使用权出让合同的约束力，不按约定条件提供开发用地，如逾期提供土地或不能按约定按时完成地上物拆迁安置等等，以致影响土地使用者贻误投资机会，加大开发资金的投入等，土地使用者可以依法保护自身权益。

（十一）土地用途的变更

土地使用者需要改变土地使用权出让合同约定的土地用途的，其先决条件，一是首先要经城市规划部门批准；二是取得出让方的同意，签订变更协议或重新签订土地使用权出让合同，并且相应调整土地使用权出让金。以上所称城市规划行政主管部门的同意是从城市规划管理的行政角度作出的规定；而所称须经出让方的同意是从民事法律关系的角度提出的要求。

（十二）土地使用权出让金全部上缴财政

土地使用权出让金应当全部上缴财政，纳入政府财政预算，专款专用，用于城市基础设施和土地开发，管理部门不准截流。

土地使用权出让金上缴和使用的具体办法是个十分复杂的问题，目前国家财税改革还在进行，所以本条规定由国务院通盘考虑作出规定。

（十三）土地使用权的法律保障

国家对土地使用者依法取得的使用权给予法律保障，在出让合同约定的使用年限内不予收回。在特殊情况下，根据社会公共利益的需要，可以依照法律程序提前收回，法律程序包括两个方面，一是依照城市规划法，经城市规划部门批准并按规划的要求进行，二是按照城市房屋拆迁管理条例，妥善作好拆迁安置工作。

关于因依法提前收回土地使用权的，应对土地使用者给予相应补偿，包括两个方面：一是要返还未使用土地期间的土地使用权出让金和利息损失，二是对财产损失给予补偿。

（十四）土地灭失，导致土地使用权的灭失

土地灭失是指江河改道、海岛、海滩淹没，以及其他地质地貌自然变化所造成的土地灭失。既然土地灭失了，土地使用权也就不复存在了。土地使用权的灭失如系由于自然灾害造成的后果，必须要由实际权益承受人自己担负风险，而不能要求国家或他人承担。

（十五）土地使用权的续期

对土地使用权期限届满后，土地使用者需要继续使用土地的，应当至迟于期满前一年申请续期。为了保障土地使用者在到期后，在一般的情况下都能继续有偿使用承租的土地，维护居住、生产和经营的连续和安定，减少处理地上物带来的损失（除根据公共利益需要收回该幅土地的）应当予以批准。经批准续期的，应当重新签订土地使用权出让合同，支付土地使用权出让金。

土地使用权出让合同到期后，凡不申请续期或未批准续期的，土地使用权一律由国家无偿收回，终止土地使用权出让合同的权利义务关系。关于对地上建筑物的处理问题，本条暂时作了回避。根据国务院关于《城镇国有土地使用权出让和转让暂行条例》的规定：土地使用权终止时，"土地使用权及其地上建筑物、其他附着物所有权由国家无偿取得"。目前仍然要以该条例为准。

二、国有土地使用权划拨

在我国推行国有土地使用权有期有偿使用制度过程中，对传统的无偿划拨土地的制度是否应予保留，认识不同。有的认为，这是计划经济的产物应予取消；有的认为，从我国目前实际情况出发，无偿划拨土地，有利于扶持需发展的建设项目，参照国外的作法，完全取消是不现实的。本法肯定了后一种观点，但对划拨土地的范围作了严格的限制。

（一）土地使用权划拨的涵义

本条对土地使用权的划拨行为作了以下规定：

（1）划拨行为的主体是国家，接受划拨的主体是土地使用者。

（2）划拨行为的客体是国有土地使用权。

（3）划拨程序是，经县级以上人民政府依据法律规定审查批准。

（4）划拨土地使用权采取两种方式：

1）土地使用者在取得土地使用权之前，已经缴纳了征地、拆迁中的补偿、安置费用；

2）划拨土地使用权，包括征地，拆迁所需的补偿和安置费用均由国家承担，土地使用者完全无偿取得土地使用权。

（5）依照本法规定以划拨方式取得土地使用权的，除法律、法规另有规定外，没有使用期限的限制。

（二）土地使用权划拨的条件

本条规定了四类房屋建设用地，授权县级以上人民政府根据是否"确属必需"的具体情况批准划拨：

第一，国家机关用地和军事用地。

国家机关、军事设施，其建设经费由财政全额负担，因而可以通过划拨方式取得土地使用权。

第二，城市基础设施用地和公益事业用地。如道路、桥梁、管线和广场、绿地、纪念馆等用地，属于完善城市基础设施功能需要，服务于整个城市和社会，没有特定的权益主体，也就没有取得土地使用权的特定义务人，因而，必须由政府通过划拨方式提供土地。另外，非经营性的学校、医院等公益事业，其发展也需要政府和社会支持，故此，政府可以根据经济发展和社会需要情况，为这些建设项目提供划拨土地使用权。

第三，国家重点扶持的能源交通、水利等项用地。

这项规定是针对我国国民经济的薄弱环节或重点发展项目，是国家鼓励投资发展的重点工程，国家必须重点扶持，无偿提供建设用地。

第四，法律、法规规定的其他用地。

即指必须由全国人大或国务院通过规范性文件作出规定，以此作为留有余地的补充。

第三节 房地产开发企业

一、房地产开发的原则

房地产开发要实行全面规划、合理布局、综合开发、配套建设。前一时期，少数房地产开发工作，因为脱离了这些原则出现了种种问题。一方面是政府开发计划脱离城市规划和当地经济实际，盲目追求"以地生财"，随意设立开发区，大量出让土地，扩大投资规模。另一方面是一些开发企业不顾社会效益和环境效益，单纯追求经济效益，造成房地产开发投资过热，城市建设布局失控，交易秩序混乱等严重后果。故首要任务必须严格贯彻执行房地产开发的基本原则。

房地产开发的基本原则可以概括为三个方面：

一是房地产开发必须严格执行城市规划，这是管理好房地产开发的先决条件和必要手段，否则就是盲目建设和胡乱开发。

二是把追求经济效益、社会效益和环境效益，共同作为房地产开发的宗旨，提高生产效率、管理水平，提高规划设计、建筑设计和施工质量水平，以满足社会需要。

三是把总结多年来的城市建设的经验，"全面规划、合理布局、综合开发、配套建设"，作为房地产开发的基本原则提出，以适应社会主义市场经济体制的需要。

二、限期进行房地产开发

前一时期，在房地产开发热中，出让土地过量，破土动工约有一半，其余撂荒，充分暴露了房地产开发经营的风险性。究其原因是国家紧缩银根、贷款紧张，开发企业自有资金不足，市场购买力下降，大量土地无力开发，同时也由于开发企业盲目立项，有的炒买炒卖地皮，给国家和企业造成很大的损失。因此，限期开发，促使开发企业考虑市场需求和自身能力慎重立项和买地是非常重要的。

本法对以出让方式取得房地产开发的土地使用权，规定了限期开发的制度。规定了必须按照土地使用权出让合同约定的土地用途、动工开发期限开发土地。对于超过开发期限没有进行开发的，超过一年的征收土地闲置费，相当于土地使用权出让金20％以下的罚款；超过两年的无偿收回土地使用权。这项规定，目的在于提高土地的利用效能，防止少数开发商盲目立项，囤积土地，迟迟不能开发，甚至炒买、炒卖地皮，扰乱市场价格和秩序的活动。

由于房地产开发，涉及面广，程序复杂，对于闲置土地的情况要进行具体分析，排除不属于开发企业过错的处罚，以保护其正当权益，本法提出三种情况，不属于开发企业的责任，一是不可抗力；二是政府及有关政府部门的行为；三是必需的前期工作造成动工开发迟延的除外。

三、对房地产开发 项目设计和竣工交付使用的要求

房地产开发项目的设计包括项目规划设计、勘查设计、建筑设计和结构设计等一切设计方案和图纸，建筑施工和安装都必须符合国家的有关标准和规范，主要是建设部颁布的各类技术规范。

"房地产开发项目竣工，经验收合格后，方可交付使用。"是指对一般的要求。在目前施工技术日新月异，有些房屋建筑在全部竣工前，有的建成部分已投入使用。故此项原则

还要视具体情况掌握。

四、依法取得土地使用权可依法作价入股、合资、合作开发经营

依法取得土地使用权，包括出让和划拨的土地使用权，除了自用以外，可以依照本法、有关基本法及行政法规的规定，作价入股、合资、合作开发经营房地产。

所谓作价入股是指与他人从事合伙经营或成立合伙企业。所谓合资，主要是指法人而言，可以用合法取得的国有土地使用权作价入股，与他人合资成立新的企业或其他经济实体。所谓合作，是指不以股权式的经济协作方式，不要求必须建立新的经济实体，而是采取一种比较灵活松散的契约式的经济协作方式。

本法对近年来出现的一方出地、一方出资合作建房的形式，在法律上给予肯定。

五、国家鼓励、扶持发展居民住宅建设

住宅建设涉及到人们的居住生活，是社会再生产的必要条件，是一个非常重要的问题，发展居民住宅建设的目的在于逐步改善居民的居住条件。

今后房地产投资的重点，需要放在解决人民住房问题上，要切实解决好中、低收入者的住房问题。本法在总则中提出了发展住宅建设的基本原则：国家要根据社会、经济发展水平，制定优惠政策，扶持发展居民住宅建设，逐步改善居民的居住条件。国家 采取税收等方面的优惠政策鼓励和扶持房地产开发企业开发、建设居民住宅。

发展房地产建设的主要方面是普通标准的居民住宅，这个方向是从社会住房角度出发，不是从解困和社会救济方面提出的，不是低标准的住宅，而是区别于别墅、高档住宅的社会一般性住宅。随着社会经济发展水平的提高，人们的住房需求要与社会经济情况相适应。

保证居民住宅建设发展的措施是国家制订优惠政策。优惠政策包括土地出让金的减免、各项税费的减免、国家提供低息贷款；所采取的措施有，通过行政和计划手段控制开发公司的投资方向面向住宅建设，鼓励合作建房、集资建房和有组织的个人建房等。

发展住宅建设任务是紧迫的和长期性的任务，仅靠行政措施和行政手段推动是不够的，必须用法律形式予以确定，以便为今后具体操作提供法律依据。

六、房地产开发企业

（一）房地产开发企业设立的条件

对于房地产开发企业的资质审查问题，鉴于前一时期少数地区投资过热，市场行为比较混乱，主管部门管理薄弱，部分开发企业资质不够，上的过猛，因而认为对于房地产开发企业需要进行资质审查。但在本法审议过程中，立法机关认为主管部门对房地产开发企业实行资质审查，不符合发展社会主义市场经济的要求，考虑改革的方向和与公司法的衔接，本法中明确规定出设立房地产开发企业应当具备的条件，由工商行政管理部门根据本法法定条件审查决定是否准予登记和发给营业执照。

房地产开发企业是以营利为目的，从事房地产开发和经营的企业。设立房地产开发企业，应当具备下列条件：

(1) 有自己的名称和组织机构；

(2) 有固定的经营场所；

(3) 有符合国家规定的注册资本；

(4) 有足够的专业技术人员；

（5）符合法律、行政法规规定的其他条件。

设立房地产开发企业，应当向工商行政管理部门申请设立登记。工商行政管理部门对符合本法规定条件的，应当予以登记，发给营业执照；对不符合本法规定条件的，不予登记。

设立有限责任公司、股份有限公司，从事房地产开发经营的，还应当执行公司法的有关规定。

（二）房地产开发企业登记后的备案制度

房地产开发企业在领取营业执照后的一个月内，应当到登记机关所在地的县级以上地方人民政府规定的部门备案。

（三）房地产开发企业的注册资本

房地产开发企业的注册资本与投资总额的比例应当符合国家的有关规定（这项比例另行规定）。

当前，房地产开发企业的注册资本与所承担的项目不相适应的情况比较普遍，加大了企业经营风险，并将转嫁给商品房预购人和贷款单位。为保证消费者权益和金融秩序，本法规定：房地产开发企业分期开发房地产的，分期投资额应当与项目规模相适应，并按照土地使用权出让合同的约定，按期投入资金，用于项目建设。

（四）关于对房地产开发企业的管理

目前，房地产开发企业数量增长很快。其原因：

（1）外商大量涌入房地产业，纷纷成立房地产开发公司。

（2）由于利益驱动，超额利润优厚，赚钱容易，效益大大高于社会平均利润水平。

（3）由于土地供应量增加，房地产开发工作量增大。还有很多单位有大量空闲土地，于是组建开发公司自行开发，从而壮大了开发队伍。

对于开发公司发展速度过快的问题如何对待，应该是基本上放开，又要有必要的控制，因为放开有利于房地产经济的发展，有利于市场竞争，促进房地产开发效益提高。另一方面，由于我国法制不健全，管理不严格，可能出现供需失衡，造成市场混乱，因此，对开发公司既不能控制过死，也不能完全放开，而是要适度发展。具体措施是：

（1）由工商行政管理部门严格房地产开发公司的资质审批制度；

（2）创造平等的竞争机制，遵循市场规律，优胜劣汰；

（3）合理控制土地供应量，坚持按计划用地，按项目批地；

（4）完善对房地产增值收益的规范管理，防止增值收益过多地流向企业和个人。

第四节　房　地　产　交　易

一、一般规定

房地产交易包括房地产转让、抵押和房屋租赁等形式。

关于房地产交易有关事项，本法作了如下规定。

（一）在房地产转让时，房地产的权属同时转移

为了贯彻房地产权利主体一致的原则，在房地产转让、抵押时，房屋的所有权和该房屋占用范围内的土地使用权同时转让、抵押。

本条所称房地产转让、抵押包括买卖、交换、赠与、继承等转让行为和抵押行为。房屋所有权和土地使用权必须同时进行转移，"同时"是指时间一致，权利主体一致，不允许房屋所有权和土地使用权分离情况的存在。

（二）房地产价格的确定和公布

为了稳定房地产交易价格，避免交易价格的随意性，房地产行政主管部门必须对市场交易价格进行长期深入的调查和测算，取得一定时期内客观、公平的价格标准，对基准地价、标定地价和各类房屋的重置价格实行定期的确定并公布，以保障房地产交易市场秩序。但是由于这项工作在我国起步较晚，理论和经验不够成熟，具体办法授权由国务院另行规定。

（三）国家实行房地产价格评估制度

房地产转让是房地产市场最主要的活动内容，它不仅关系着当事人的财产权益，也联系着国家的税费收益，为保护各方面的正当权益，中心环节是强化价格管理制度，使之对房地产市场价格发挥稳定和保障作用。根据实践总结成功的经验，本法规定了"国家实行价格评估制度。"并要求：房地产价格评估，应当遵循公正、公平、公开的原则，按照国家规定的技术标准和评估程序，以基准地价、标定地价和各类房屋的重置价格为基础，参照当地的市场价格进行评估。这项制度的建立，对于解决一些长期存在的哄抬房价和瞒价偷税等问题，树立权威公正的价格标准起着重要作用。同时，要进一步加强政府对市场的调控和管理，基本上可以保证房地产转让行为的有序进行。

（四）国家实行房地产成交价格申报制度

关于市场交易价格，包括房屋买卖价格、租赁价格、土地使用权出让价格等。本条要求房地产权利人在转让房地产时，应当向房地产所在地县级以上人民政府规定的部门如实申报成交价格，不得瞒报或者作不实的申报，其目的是禁止房地产交易人利用瞒价偷漏税收，给国家造成损失。

（五）交易权属登记管理

房地产转让、抵押，当事人应当依照本法关于房地产权管理制度的规定办理权属登记。

房地产权属登记管理是房地产行政管理的基础性工作之一，依法进行房地产权登记，审查产权、确认产权，是保护产权人合法权益的重要举措，也是城市管理工作的重要内容之一。

二、房地产转让

（一）房地产转让的涵义

房地产转让，是指房地产权利人通过买卖、赠与或者其它合法方式将房地产转移给他人的行为。

房地产转让包括两种情况：一种是有偿的，主要指买卖和交换；一种是无偿的，主要指赠与和继承。

（二）房地产转让的范围

房地产转让，首先必须产权清楚，同时要依法进行。

下列房地产禁止转让：

（1）以出让方式取得土地使用权的，不符合本法第三十八条规定的条件的；

（2）司法机关和行政机关依法裁定，决定查封或者以其他形式限制房地产权利的；

（3）依法收回土地使用权的；

（4）共有房地产，未经其他共有人书面同意的；

（5）权属有争议的；

（6）未依法登记领取权属证书的；

（7）法律、行政法规规定禁止转让的其他情形。

（三）以出让方式取得土地使用权，转让房地产时，应当符合的条件

以出让方式取得土地使用权的，转让房地产时，应由新产权人承接转让前原产权人享有的产权和应承担的义务，故应当符合下列条件：

（1）按照出让合同约定，已经支付全部土地使用权出让金，并取得土地使用权证书；

（2）按照出让合同约定进行投资开发，属于房屋建设工程的，完成开发投资工程25％以上，属于成片开发土地的，形成工业用地或者其他建设用地条件才准许转让。

转让房地产时，房屋已经建成的，还应当持有房屋所有权证书。

（四）以划拨方式取得土地使用权，转让房地产的审批

以划拨方式取得土地使用权的，转让房地产时，应当按照国务院规定，报有批准权的人民政府审批。有批准权的人民政府准予转让的，应当由受让方办理土地使用权出让手续，并依照国家有关规定缴纳土地使用权出让金。

以划拨方式取得土地使用权的，转让房地产报批时，有批准权的人民政府按照国务院规定，决定可以不办理土地使用权出让手续的，转让方应当按照国务院规定的转让房地产所获收益中的土地收益上缴国家或作其它处理。

（五）房地产转让时，应当签订书面转让合同，合同当中应当载明土地使用权取得的方式

本条规定了房地产转让合同的形式（即应采取书面形式）以及必备的内容（即需载明土地转让前的使用权性质和双方关于土地使用权转让性质的约定）。并需经房地产主管部门认可后生效。

（六）房地产转让时，土地使用权出让合同载明的权利义务随之转移

本条仅针对通过出让取得土地使用权的房地产转让行为，要求在土地使用权出让合同中，规定对于土地使用者的各项权利义务在转让前后保持一致，彻底实现。

（七）以出让方式取得土地使用权的，转让房地产后，其土地使用权的使用年限

为原土地使用权出让合同约定的使用年限减去原土地使用者已经使用年限后的剩余年限。

（八）改变土地用途

以出让方式取得土地使用权的，转让房地产后的收益，受让人改变原土地使用权出让合同约定的土地用途的，必须取得原出让方市、县人民政府规划行政主管部门同意，签订土地使用权出让合同变更协议或者重新签订土地使用权出让合同，相应调整土地使用权出让金。

（九）商品房预售管理

1. 商品房预售条件

为了防止炒卖房产，商品房预售，应当符合下列条件：

（1）已交付全部土地使用权出让金，取得土地使用权证书；

（2）持有建设工程规划许可证；

（3）按提供预售的商品房计算，投入开发建设的资金达到工程建设总投资的 25％以上，并已经确定施工进度和竣工交付日期；

（4）预售商品房应向县级以上人民政府房地产管理部门办理预售登记，取得商品房预售许可证明。

商品房预售的程序是，预售人应当按照国家有关规定，将预售合同报县级以上人民政府房产管理部门和土地管理部门登记备案。

商品房预售所得款项的使用，要求必须用于有关的工程建设。

这些规定规范了商品房预售行为，其目的是保障商品房预购人的合法权益。

2．预售的商品房再转让

关于商品房预售后，商品房预购人所购买的未竣工的预售商品房再行转让的问题，是否准许房地产期货交易，人们看法不一，为了留有余地，本法提出，由国务院规定。

三、房地产抵押

（一）房地产抵押的涵义

房地产抵押不属于房地产交易但与房地产交易有较密切的联系，故在本节中一并阐述。

房地产抵押实践，目前在我国尚处在初始阶段，但从长远来看，随着社会经济的发展，抵押作为债的一种强有力的担保形式，将会越来越多的出现。

抵押是指债务人或者第三人提供其合法的房地产作为抵押物，以不转移占有方式抵押给债权人，提供债务履行担保的行为，在债务人不履行债务时，债权人有权依照法律规定，以抵押物折价或以变卖抵押物的价款优先受偿的一种担保形式。

抵押关系的双方主体分别称抵押人和抵押权人。抵押人可以是债务人，也可以是第三人；抵押权人既是抵押所担保之债的债权人，也是抵押之债的债权人，抵押人或抵押权人可以是自然人、法人或其它社会组织。房地产抵押权是属于民法理论中的他物权其中的担保物权，同时也兼有债权人的属性。

房地产抵押具有的法律特征：

（1）房地产抵押实质上是一种合同，并且是一种诺成性合同。房地产一般都不转移占有。仍由抵押人占有和管理，只由抵押人将房地产权证交给抵押权人保管。

（2）房地产抵押关系成立后即具有物权的性质，可以产生对抗第三人的效力，房地产抵押权人对非法占有、转让的房地产享有追偿权。

（3）房地产抵押权人享有优先受偿权。其实现途径：一是依法以抵押房地产折价；二是依法变卖抵押房地产。由抵押权人向法院申请，并由法院委托特定拍卖机构拍卖。抵押权人受偿后，多余的价值部分应返还给房地产抵押人；对不足部分仍有要求债务人清偿的一般权利。

（4）房地产抵押是一种要式法律行为。

（二）抵押权的设定

依法取得的房屋所有权连同该房屋占用范围内的土地使用权，可以设定抵押权。

以出让方式取得土地使用权，可以设定抵押权。

因为房地产抵押情况不同，土地使用权取得的性质不同，本法作了区别性的规定。对于依法取得房屋所有权连同该房屋占用范围内的土地使用权，无论来源如何，只要房地产权属合法，即可将房地产作为统一的抵押物同时设定抵押权。对于单纯抵押土地使用权，本法要求该土地使用权必须是通过出让取得，通过划拨或以其它方式（如历史遗留或购买私房情况）取得土地使用权，不准许单独设定抵押。

（三）房地产抵押凭证

房地产抵押，应当凭土地使用权证书、房屋所有权证书办理。

（四）房地产抵押合同

房地产抵押，抵押人和抵押权人应当签订书面抵押合同。

房地产抵押实质上是一种合同，是主债权的债权人和债务人或第三人间自愿订立的，以提供房地产作为担保主债履行的从合同。房地产抵押权随主债的转移而转移，随主债的消灭而消灭。

（五）划拨土地的拍卖

设定房地产抵押权的土地使用权是以划拨方式取得的，依法拍卖其房地产后，应当从拍卖所得的价款中缴纳相当于应缴纳的土地使用权出让金的款额后，抵押权人方可优先受偿。

本条内容是为了避免划拨土地使用权房地产的抵押可能给国家权益造成的风险损失，发展和维护国有土地使用权有偿出让制度，对抵押权人作了严厉的限制性的规定。

（六）房地产抵押后新增房屋的处理

房地产抵押合同签订后，土地上新增的房屋不属于抵押财产。需要拍卖该抵押的房地产时，可以依法将土地上新增的房屋与抵押财产一同拍卖，但对拍卖新增房屋所得，抵押权人无权优先受偿。本条规定是对抵押权人法外权益所作的明确限制，对抵押人和抵押人的其他债权人合法权益的保护。

四、房屋租赁

（一）房屋租赁涵义

房屋租赁，是指房屋所有权人作为出租人将其房屋出租给承租人使用，由承租人向出租人支付租金的行为。房屋租赁是一种零星出卖使用权的交换形式。由于房屋价值量大，一次性支付购房款的承受力有限，以及城市人口流动性大等原因，房屋租赁是房屋流通中一个主要形式。在房地产经济中，房屋租赁和房屋买卖并列为两种常见和普遍的活动。近些年来房屋租赁是我国发生量大、问题最多的一种经济形式，各方面要求国家立法，给以支持。当前存在着很多问题，诸如房屋的转租、转让、拖欠和拒付租金、修缮责任问题、拆改房屋和税费征管等问题，侵犯了出租人或承租人的正当权益，又得不到法律保护，需要认真对待，进一步研究解决。

（二）房屋租赁的特点

（1）房屋租赁只转移房屋使用权，不转移房屋所有权，实质是以房屋所有权和使用权的分离、交换过程与消费过程的统一，分期完成物质形态与货币形态变化运动为主要特征的。

（2）出租人把房屋交给承租人使用，房屋修缮由出租人负责。承租人必须按期交纳房租，不得转借他人，租用期满，将房屋归还出租人，租赁关系终止。

（三）房屋租赁类型

包括公房租赁和私房租赁。

（1）本法对住宅租赁和生产、经营用房的租赁实行不同的管理制度。

对于住宅用房的租赁，考虑当前居民承受能力有限，住房比较紧张，为保证群众住房基本要求，规定应当执行国家和房屋所在城市人民政府规定的租赁政策。而租用房屋从事生产、经营活动的，则由租赁双方协商议定租金和其他租赁条款。

（2）营利用房租金中的土地收益。实行国家收缴房屋租赁中土地出租收益制度。对于以营利为目的，房屋所有权人将在以划拨方式取得使用权的国有土地上建成的房屋出租的，应当将租金中所含土地收益上缴国家。具体办法由国务院规定。

（四）房屋租赁合同

1．房屋租赁合同的概念

房屋租赁合同是指出租人将房屋提供给承租人使用，承租人定期交付约定的租金，并在租赁关系终止时，将房屋完好无缺地返还出租人的协议。

2．房屋租赁合同的特征

（1）房屋租赁合同是双务有偿合同；

（2）房屋租赁只转移占有、使用权，不转移收益和处分权；

（3）标的物是特定物。

（4）租赁权受国家法律的保护，禁止任何人的不法侵害。

3．租赁合同的主要条款

包括标的、数量、租赁用途、租赁价格、租赁期限、修缮责任以及违约责任等。

房屋租赁的管理实行向房地产管理部门登记备案制度。

（五）对于住宅用房与生产营业用房租赁的管理

对于住宅用房租赁与生产营业用房的租赁采取不同的管理制度。

对于住宅租赁，应当执行国家和房屋所在城市人民政府规定的租赁政策，包括住房制度改革中的有关政策和住宅租赁的其他政策性规定。

对于生产性和营业性房屋的租赁，无论公产或私产房屋，完全放开，按照市场经济的活动原则办事，采取自愿互利的原则，对租金、租期等双方的权利义务协商议定，签订合同并履行合同。

（六）以营利为目的的房屋出租问题

以营利为目的，房屋所有权人将在以划拨方式取得国有土地使用权的土地上建成房屋出租的，应当将租金中所含土地收益上缴国家，以改变房屋租赁中国有土地收益流失的现象。

五、中介服务机构和人员

中介服务活动是事物联系的纽带和桥梁，是发展变化的中间环节。由于房地产市场的本质属性——非物流性所决定，对于房地产中介服务机构更为需要。因此，完善房地产中介服务体系，发挥其在房地产市场流通中的作用，对于促进我国房地产业的发展具有重要的意义。

（一）房地产中介服务机构

包括房地产咨询机构、房地产价格评估机构、房地产经纪机构等。

1．房地产咨询机构

咨询，是为房地产交易双方提供交易的规则和手续，为客户提供有关研究报告及投资交易建议书等信息资料服务。房地产咨询机构的作用是加强社会经济网络中的信息联系，为达成交易提供初步的可能性。

2．房地产价格评估机构

房地产价格评估就是对物化状态房地产商品价值的货币形式进行科学地测算。

房地产市场的核心问题是房地产商品的价格，它不但是经济问题，也是社会问题，它直接影响着国家的经济建设，也涉及到广大人民的居住生活。但是房地产评估在我国尚属于新的事物，在当前经济体制改革深化发展的阶段各个领域对房地产价格评估都提出了要求。为房地产交易、抵押、拍卖、保险、征地拆迁、清产核资、企业资产承包、企业合资入股以及处理房地产权纠纷等都需要科学、合理地进行房地产估价，所以房地产评估机构的设立已经是刻不容缓的了。

3．房地产经纪机构

房地产经纪机构是一种同商品的买卖双方连接在一起的中间买卖行业，在房地产交换过程中作为供需中介的服务系统，传播、运用市场信息，沟通买卖，并从中获取服务报酬。经纪业本身虽不创造物质财富，对所经纪的商品也不拥有所有权，只是参与社会资源与社会收入的再分配，但是它的地位和作用是非常重要的，因为经纪业集中了大量的市场信息，发挥咨询作用，促进市场流通，创造市场机遇，最终提高了市场效率。所以房地产市场经纪机构（包括经纪人）是不可缺少，也是不可代替的，这是社会主义市场经济发展的必然要求。

（二）中介服务机构应具备的条件

房地产中介服务机构应当具备以下条件：

（1）有自己的名称和组织机构；

（2）有固定的服务场所；

（3）有必要的财产和经费；

（4）有足够数量的专业人员；

（5）法律、行政法规规定的其它条件。

设立房地产中介服务机构，应当向工商行政管理部门申请设立登记，领取营业执照后，方可开业。

（三）评估人员资格认证

本法规定，国家实行房地产价格评估人员资格认证制度。

房地产商品包括各种类型的房屋及设备、各个建筑地块的土地使用权。房地产评估就是遵循商品经济的客观规律，测算物化于房地产商品中的社会必要劳动量，并参照市场供求、社会环境、政策法令等因素，科学地、真实地以货币形态反映房地产商品的现值。

严格的、规范的房地产评估工作，按照一定的规则和程序，并由从事这项工作的专设机构、专业人员来执行。国家主管部门则要制订一系列有关房地产价格评估工作的行政法规，并对评估人员实施资格审查和发证。

1．房地产评估管理的内容

（1）房地产评估法规的制订；

（2）评估管理机构和业务机构的设置；

（3）专业评估人员的资格评审、发证。

房地产评估是一门复杂、专门的新兴学科，涉及到技术学科、管理学科和经济学等专门知识，属于技术经济科学。

2. 房地产评估的主要业务范围

（1）国有土地有期有偿出让地价的评估；

（2）城市住房制度改革中出售公房房价的评估；

（3）房地产交易中以及拆迁补偿等的价格评估；

（4）金融信贷、保险业务中对房地产的价格评估；

（5）企业承包、合股、合资、兼并、倒闭固定资产价格的评估；

（6）房地产纠纷仲裁、法律诉讼等评估。

由于房地产价格评估有关国家税费和当事人的重大经济权益，要求房地产价格评估人员要有一定的专业知识、一定的工作经历和工作经验以及良好的职业道德，因而对评估人员的管理要有别于其他房地产中介服务人员，要通过资格认证制度保证房地产价格评估的公正性和准确性。对未达标人员要进行培训和教育，以尽快形成我国专业素质较好的房地产价格评估队伍。

第五节　房地产权属登记管理

一、国家实行土地使用权和房屋所有权登记发证制度

房地产权属登记发证是房地产管理基础性的工作。房地产权属登记法律制度是指调整因房地产权属登记而发生的社会关系法律规范的总称。我国宪法规定："城市土地属于国有。""国家保护社会主义公共财产。""国家保护公民合法的收入、储蓄、房屋和其它合法财产的所有权。"为了维护宪法，保证宪法的实施，本法确立了土地使用权和房屋所有权登记发证制度，并通过房地产的变动登记实施房地产权属的动态管理。

对于房地产的权属管理，当前各国主要通行两种方式：一种是契证管理制度，即产权人无论以哪种方式取得房地产，均要保留原始凭证，到政府指定部门登记，交纳契税和其他税费。政府对产权来源不作深入审查，不发给权属证书，也不负证明义务，登记人全凭持有的财产来源凭证和交纳契税证明，直接按法律程序维护自身的财产权益。另一种是权证管理制度，政府行政主管机关对产权人房地产来源及合法性、真实性以及财产状况、使用情况等作详细的登记、测绘和存档备案。并对产权变更、建筑和使用情况变更等情况进行变更登记。由行政主管机关颁发房屋所有权和土地使用权证书，它是具有房地产权属证明效力的文书。我国对房地产权管理即实行权证管理制度。实践证明，房地产权属登记发证制度具有强制性、绝对权力和公信力的特点、维护法律的尊严，保护产权人的合法权益、促进安定团结。具有极大的优越性，故本法对这一制度用法律形式予以确定。

房地产权属登记，作为一项国家法律制度，必须以国家在一定阶段的有关法律、法规、政策等规范性文件作为依据。我国现阶段房地产权属登记的法律依据主要是《宪法》、《民法通则》的有关规定、《土地管理法》第九、十、十一条的有关规定和《房地产法》第五十

九条、六十条的有关规定等。

二、关于房地产权属登记的程序管理

当前，我国土地和房地产权属登记管理的分工分别由两个部门负责。

（一）土地使用权登记

《房地产法》第六十条规定，以出让或者划拨方式取得土地使用权，应当向县级以上人民政府土地管理部门申请登记，经县级以上人民政府土地管理部门核实，由同级人民政府颁发土地使用权证书。

（二）房屋所有权登记

在依法取得的房地产开发用地上建成房屋的，应当凭土地使用权证书向县级以上地方人民政府房地产管理部门申请登记，由县级以上地方人民政府房地产管理部门核实并颁发房屋所有权证书。

（三）房地产转让或者变更

房地产转让或者变更时，应当向县级以上地方人民政府房地产管理部门申请房地产变更登记，并凭变更后的房屋所有权证书向同级人民政府土地管理部门申请土地使用权变更登记，经同级人民政府土地管理部门核实，由同级人民政府更换或者更改土地使用权证书。

以上法律另有规定的，依照有关法律的规定办理。

（四）房地产抵押登记

房地产抵押是一种要式法律行为，自1987年全国开展房地产登记发证以来，进行房地产抵押的双方应按规定办理抵押权登记，发给他项权利证书作为凭证。

本法第六十一条规定，房地产抵押时，应当向县级以上地方人民政府规定的部门办理抵押登记。

同时规定因处分抵押房地产而取得土地使用权和房屋所有权的，应当依照本法规定办理过户登记。

（五）制做、颁发统一的房地产权证书

房地产权登记是一项具有权威性的行政工作，房地产权证书具有绝对权力和公信力。同时这项工作又是一项严肃的工作，客观要求应该实行统一管理。

长期以来，城市房地产产权登记和管理，一直由房地产行政部门一家管理。近年以来，由于体制的关系，出现房地分管和分别发证的现象。一房多证，给管理部门带来重复劳动，产权人办理登记手续往返奔波于两个部门之间，浪费时间且易出现两证不符的现象，造成矛盾。

按房地产是不动产，房依地建，地为房载，二者连在一起，不可分割，故房屋所有权和该房屋占用土地使用权的权利主体应当是一致的。房屋转移时，该房屋占用的土地使用权也应随之转移。因此，房屋和该房屋占用土地使用权属证书也应该统一。但现行的办法是，土地和房屋分别由两个部门发两种证书，体现不了房、地主体一致的原则；由于两个部门分管，确定的房基地面积也往往不一致，致使房地产纠纷增多，还影响了房地产的正常交易和管理秩序。两证本应合一，制定统一的权属证书，由一个部门颁发。有鉴于此，目前国内一些城市如北京、广州等已经实行了房地产行政管理的一体化，房地产产权产籍管理合二为一，颁发统一的房地产产权证书，为城市房地产权统一管理提供了典范。《房地产法》第六十二条对这种作法作了肯定，并规定，经省、自治区、直辖市人民政府确定，县级以上地方人民政府由一个部门统一负责房产管理和土地管理工作的，可以制作、颁发统一的房地产权证书，依照本法规定，将房屋的所有权和该房屋占用范围内的土地使用权的确认和变更，分别载入房地产权证书。

这样做的优点是：一、简化手续、避免重复劳动，并为房地产权利人提供方便，减轻负担；二、房屋所有权和土地使用权互相印证，减少误差，防止无谓的纠纷；三、政出一门，有利于统一管理，提高工作效率，增强房地产权属登记管理的权威性和公信力。

第六节　法　律　责　任

为加强廉政建设，规范房地产管理行为，本法在第六章规定了法律责任。

法律责任是指追究违法者的法律责任和对于违反《房地产法》问题实施处罚的规定。法律责任包括须处罚的事实、处罚的方法、处罚权限，以及对情节严重触犯刑律的，明确追究刑事责任的主体和程序。

法律责任分为行政法律责任和刑事法律责任两类。

一、行政法律责任

违反《房地产法》的法律责任，是指房地产行政机关和房地产行政管理的相对人，违反本法的规定而依法应当承担的法律责任。

行政违法责任包括以下八种情况：

（一）违法擅自批准出让土地使用权的行政处罚

土地使用权的审批权限，《土地管理法》已有明确分工，本法第十条、第十一条又作了具体的规定。故对违反规定：超出上级政府下达的"年度出让国有土地总面积"方案，出让国有土地使用权；或未经政府有关部门"共同拟定出让方案"，或者拟定方案未"报经有批准权的人民政府批准"擅自出让土地使用权，用于房地产开发的，由上级机关或者所在单位给予有关责任人员行政处分，如，记过、开除等等纪律处分。

（二）对违法无照经营的行政处罚

本法第二十九条规定，房地产开发企业必须依法领取营业执照方准营业，凡未取得营业执照擅自从事房地产开发业务的均属违法，由县级以上人民政府工商行政管理部门给予行政处罚，责令停止营业，没收其违法所得；是否处以罚款，由工商行政管理部门酌情裁量决定。

（三）违反本法节三十八条第一款的规定

（1）以出让取得土地使用权的，在没有支付全部土地使用权出让金，或没有取得土地使用权证书时，转让房地产。

（2）以出让取得土地使用权的，属于房屋建设工程的，没有完成开发投资总额25%的，属于成片开发土地的，没有形成工业用地或者其他建设用地条件时，转让房地产。

对于上述违法行为的行政处罚是没收违法所得；是否处以罚款，由土地管理部门执法，自由裁量。

（四）违法转让房地产的行政处罚

违反本法第三十九条第一款的规定，即：

（1）未经批准擅自转让以划拨方式取得土地使用权的房地产（违法人是转让方）。

（2）经批准同意转让以划拨方式取得土地使用权的房地产，政府房地产行政主管机关按照国务院规定，已明示受让方办理土地使用权出让手续并缴纳土地使用权出让金，而受让方没有按照办理，却实际进行了房地产转让的（违法人是受让方）。

对上述违法行为，责令缴纳土地使用权出让金和没收违法所得是必要的行政处罚，是否并处罚款视造成后果严重情况而定。

（五）违法预售商品房的处罚

本法第四十四条规定，预售商品房应当符合本法第四十四条第一款规定的四项条件，凡不符合规定预售商品房的属于违法，由县级以上人民政府房地产主管部门责令停止预售活动，没收非法所得。是否处以罚款，由房地产主管部门自由裁量。

（六）违法从事房地产中介服务业务

房地产中介服务机构必须依法成立，具备本法第五十七条规定的条件。

履行必要的手续，向工商行政管理部门申请登记、领取营业执照，方可开业经营。凡无照经营的均属违法。对未取得营业执照擅自从事房地产中介服务业务的，由县级以上人民政府工商行政管理部门责令停止房地产中介服务业务活动，没收违法所得，可以并处罚款，由工商行政管理部门酌情裁量。

（七）违法向房地产开发企业收费

长期以来，由于产品经济模式和政企不分体制的影响，上级及有关部门向企业乱摊派，乱收费现象时有发生，严重地侵犯了企业的利益。为了制止这种违法行为，凡向房地产开发企业收费，必须有法律、法规作为依据。其没有法律、法规作为依据，向房地产开发企业收费的都属于违法。上级机关应当责令退回所收取的钱款；情节严重的，由上级机关或者所在单位给予直接责任人员行政处分。

（八）工作人员玩忽职守，滥用职权

房地产管理部门、土地管理部门工作人员，玩忽职守，滥用职权，索取他人财物或非法收受他人财物为他人谋取利益，未构成犯罪的，可由所在单位或上级主管机关给予行政处分。

二、刑事法律责任

刑事法律责任是指房地产关系的主体违反《房地产法》作出触犯刑律的行为，依法应受到刑事制裁的法律后果。

在城市房地产管理实施过程中，可能引起刑事责任的行为有两类：

（1）房产管理部门、土地管理部门工作人员玩忽职守、滥用职权，构成犯罪的依法追究其刑事责任。

（2）房产管理部门、土地管理部门工作人员，利用职务上的便利，索取他人财物，或者非法接受他人财物为他人谋取利益，构成犯罪的，依法追究刑事责任。

第三章 土地管理法规

第一节 土地法概述

一、土地法的调整对象

土地法，从广义上说，是调整土地而产生的各种社会关系法律规范的总称。

土地是指地球的陆地表层（包括内陆水域和沿海滩涂），是由地貌、岩石、土壤、植被、气候和水文等要素共同组成，并受人类长期影响而不断变化的一种自然经济综合体。

土地作为重要的自然资源和生产资料，其主要特点有：（1）自然性。土地是自然综合体，不象其他生产资料那样是由人类劳动所创造，土地是自然物，土地的产生与存在不受人的意志所左右。（2）位置固定性。土地是不可移动的，人们只能在一定空间内利用它，而不能像其他物品那样可以随便移动。因此，从法律上讲，土地属于不动产。所谓不动产，是指性质上不能移动其位置的财产。（3）供应稀缺性。对人类来说，土地是有限的，土地不同于其他自然资源，不可再生或制造。土地数量的有限性，决定了土地供应的稀缺性，这一点是随着人口的增长和社会经济的发展表现得更加明显。（4）用途广泛性。土地的用途极为广泛，社会生产，人们生活都离不开它。（5）功能永久性。任何生产资料在使用中都有损耗，要逐年折旧，以至报废，但土地只要合理利用，就可以反复利用，永无尽期。（6）增值性。土地在利用过程中价值不仅不会减少，而且随着经济的发展，各种投入的增加，土地的价值也会不断增加。（7）利用后果的社会性。一块土地的利用，可能不仅仅影响本区域，还可能影响到相邻地区以至整个国家的自然环境和经济、社会环境，产生巨大的社会后果。

土地是人类最珍贵的自然资源和重要的生产资料，是人们赖以生产、生活、繁衍生息和发展的根基，是国家最宝贵的物质财富。正是由于土地的极端重要性，规定土地问题的土地法历来是世界上一切国家的法律体系中的一个重要法律部门。土地法之所以成为部门法，主要是决定于它所调整的对象。总而言之，土地法调整的对象就是因土地而产生的各种社会关系。具体包括以下四种社会关系：

（一）因确认土地所有权而产生的社会关系

马克思指出："土地所有权乃一切财富之最初源泉，所以能成为最大的问题"。土地是最宝贵的自然资源，是最重要的人类财富，因此，任何国家的土地法都无不把调整因确认土地所有权而产生的社会关系放在首位。我国社会主义国家土地法的本质特征之一就是确认土地归国家和集体所有，以国家强制力保障土地国家所有权、土地集体所有权。

（二）因取得和转让土地使用权而产生的社会关系

我国的土地属于社会主义公有，即全民所有和劳动群众集体所有。土地所有权不能进入民事流转，既不能买卖土地所有权，也不能以土地所有权进行抵押或者以其他形式非法转让土地所有权。但土地使用权具有商品属性，土地使用权可以与土地所有权相分离。实践证明，全民所有制单位、集体所有制单位以及个人只有依法取得土地使用权，并能够依法进行有偿转让，才能充分调动起合理开发、利用土地，为人民创造更多财富的积极性。因此，土地法的另一个关键性任务就在于调整因取得或转让土地使用权而产生的社会关系，并切实保护土地使用者依法取得的土地使用权不受侵犯。

（三）因开发、利用土地而产生的社会关系

要最充分、最佳地发挥土地的效能，就必须用人们的劳动去开发、利用它。只有科学、合理地开发、利用土地，才能使社会物质生产不断地协调发展；才能使人类的环境不断改善以造福子孙后代。调整因开发，利用土地而产生的社会关系，是土地法的主要任务之一。

（四）因规划、行政管理土地而产生的社会关系

十分珍惜每一寸土地，合理利用每一寸土地，是国家的重要国策。从宏观、整体利益的高度，全面规划、管理土地是国家的重要职责。无论是土地调查统计、土地总体规划、土地权属的确认，土地开发利用、土地保护、土地登记，都离不开国家以行政权力的管理。为保障国家对土地的宏观管理行之有效，调整因规划、行政管理而产生的社会关系，是土地法另一个主要任务。

土地法调整的这些社会关系有一个共同的特征，这就是它们不仅都直接与土地相关，而且都直接或间接地具有一定的经济内容。土地法的这一特定的调整对象不但可以把土地法与水法、森林法、草原法、矿产资源法以及与建筑物有关的法律的界限明确划定，而且能够将土地法同调整没有经济内容的行政区划管理关系的行政法区分开来。

二、土地法的调整方法

土地法的调整方法是指它作用于社会关系的方法。土地法作为部门法不仅有自己特定的调整对象，而且还有与其他法律部门不同的调整方法。调整对象即社会关系的性质，决定着对社会关系调整方法的性质。土地法调整的社会经济关系，从性质上可分为两大类：一类是平等的社会经济关系；一类是行政管理性的社会经济关系，与土地法调整的这两类性质不同的社会经济关系相适应。土地法也有两类性质截然各异的调整方法：一是土地法的民法调整方法；二是土地法的行政法调整方法。

（一）土地法的民法调整方法

土地法在调整土地所有关系、土地使用关系、土地承包关系时所调整的是平等性的社会经济关系。这种平等性的社会经济关系，就其性质而言，是一种土地民事关系。因此，这也就从客观上要求土地法对这类社会经济关系相应地采取民法调整方法。

（二）土地法的行政法调整方法

土地法调整土地登记关系、集体土地所有权确认关系、国有土地使用权审批关系、土地规划关系、土地征用关系，均为行政管理性的社会经济关系。这类行政性的社会经济关系，其性质属土地行政管理关系。这就从客观上决定了土地法对这类社会关系的调整必然采用与之相适应的行政法调整方法。

三、土地法的概念、原则

（一）土地法的概念

通过对土地法的调整对象、调整方法的分析，我们可以给土地法以如下定义：土地法是国家制定或认可的，由国家强制力保证实施的，以民法或者行政法调整方法调整因确认土地所有权、取得和转让土地使用权、开发利用土地、规划管理土地而产生的各种社会经

济关系的法律规范的总称。我国的土地法，是社会主义类型的土地法，它集中体现了我国广大人民的意志，它反映的是社会主义经济基础的要求。我国土地立法的目的是加强土地管理，开发、利用、保护土地资源，发展社会主义生产力，改善人类环境，最大限度地满足人民群众日益增长的物质文化生活需要。

（二）土地法的原则

土地法的原则是贯穿土地法的指导思想，它集中体现了我国社会主义的经济制度、政治制度和土地政策的精神。我国土地法的原则主要是：

（1）土地社会主义公有制原则。根据我国宪法和土地管理法规定，在我国实行土地的社会主义公有制，即全民所有制和劳动群众集体所有制。废除几千年来的土地私有制，是我国土地制度的根本变革。土地社会主义公有制是神圣不可侵犯的原则，是我国社会主义土地法不可动摇的坚实根基。

（2）保护土地所有权和土地使用权原则。《土地管理法》第十一条规定："土地所有权和使用权受法律保护，任何单位和个人不得侵犯"。第十二条第三款规定："土地承包经营权受法律保护"。这些规定正是这一原则的表现。

（3）国家对土地统一管理原则。为维护土地社会主义公有制，保护合理利用、开发土地资源，我国对国有和集体的土地实行统一管理。国家对土地统一管理的权限依法属于各级人民政府。

（4）合理利用和保护土地原则。由于土地的极端重要性，无论土地的所有者、土地的使用者、土地承包经营者，都必须承担合理利用土地的责任，都不得破坏、废弃土地。

（5）土地有偿使用原则。在我国土地使用制度改革前的相当长的时期内，实行的是单一的以行政划拨为主的土地无偿使用制度，实践证明存在着种种弊端。党的十一届三中全会以来，我国正逐步实行土地有偿使用制度。

（6）耕地优先原则。我国人均占有耕地面积不到世界人均数的1/3，耕地是关系十亿人民生计的根本问题，因此，对耕地必须采取优先珍惜和保护的方针。《土地管理法》第二十条有关保护耕地，制止荒废、破坏、以及违法占用耕地的规定，就是耕地优先原则的规范化。

四、新中国土地立法

中华人民共和国成立后，我国为适应不同历史阶段的需要，制定了相应的土地法律法规。

建国初期，制定了以确立新的土地制度为目的的土地法律法规。如《中华人民共和国土地改革法》、《城市郊区土地改革条例》等。随后的土地立法，适应了确立公有制的需要，如《高级合作社示范章程》、《国家建设征用土地办法》，以及后来的《国家建设征用土地条例》、《村镇建房用地管理条例》等。

1982年颁布的《宪法》重申了我国土地制度的各项原则。随着社会经济的发展，特别是为了适应改革开放形势的需要，关于土地权利的立法逐渐具有重要的意义。1986年4月12日六届全国人大第四次会议通过的《民法通则》确立了民事权利的基本制度，并专门对土地的所有关系和使用关系作了规定，这意味着土地作为一项巨大的社会财富而被纳入到民法体系之内，这就为新的社会经济条件下的土地立法提供了基本依据。同年6月26日六届全国人大常委会第十六次会议通过了《中华人民共和国土地管理法》，该法全面调整土地的所有、占有、使用、管理、保护、利用等各种社会关系。该法是土地管理方面的大法，它的颁布实行，标志着我国土地法律制度建设进入了一个新的阶段，为依法管好用好土地，惩治乱占、滥用土地，切实保护土地所有者和使用者的合法权益提供了基本法律依据。

为了合理利用土地资源，保护耕地，1987年国务院制定了《中华人民共和国耕地占用税暂行条例》。为了合理利用城镇土地，调节土地级差收入，提高土地使用效益，加强土地管理，国务院于1988年制定了《中华人民共和国城镇土地使用税暂行条例》。为了适应土地使用制度改革的需要，1988年对《宪法》和《土地管理法》的有关条文作了修改，为土地市场的开辟，提供了法律依据。为了进一步推进土地使用制度的改革，合理开发、利用、经营国有土地，吸收外商投资开发经营成片土地，1990年5月19日国务院颁布了《中华人民共和国城镇国有土地使用权出让和转让暂行条例》和《外商投资开发经营成片土地暂行管理办法》。国务院这两个行政法规的颁布，标志着我国土地使用制度的改革进入了一个新的阶段。为了规范土地、房地产市场交易秩序、合理调节土地增值收益，维护国家权益，1993年11月26日国务院制定了《中华人民共和国土地增值税暂行条例》。

与此同时，近几年来全国各地根据宪法赋予的职责，结合各地在土地利用、开发、保护和经营方面的实际情况，纷纷制定了有关土地利用、开发、保护和经营管理方面的地方性法规和地方政府规章。

上述这些法律法规的制定和实施，对于合理利用土地，切实保护土地资源，保护土地利用和经营各方当事人的合法权益，促进国民经济的发展，起到了重要的作用。但是我国土地立法还不能完全适应社会主义市场经济发展的要求，今后无论是土地权利立法还是土地管理立法，都需要进一步完善。

第二节　土地所有权和使用权

一、土地所有权

（一）土地所有权的概念

土地所有权，是土地法的核心问题。我国宪法、民法通则、土地管理法都明确规定了土地所有权。按照马克思主义法学原理，土地所有权有两层含义：一是土地所有权法律制度，二是土地所有权利。

土地所有权法律制度，是指不同类型国家根据统治阶级的意志或者依照全体人民的意志规定一定土地所有制关系的法律规范体系。所谓土地所有制关系，就是人与人之间在土地归谁所有方面形成的社会经济关系。所有权制度与所有制有密切的关系。所有制是生产关系的基础和核心，属于经济基础的范畴；所有权制度是所有制形式在法律上的表现，属于上层建筑范畴。一定阶段社会的所有制形式，决定了该社会占统治地位的经济关系，同时也确认了该社会所有权制度的性质。建立于一定所有制形式之上的所有权制度，积极地为所有制服务。在社会主义土地公有制基础上建立了社会主义的土地所有权制度。

作为民事权利的土地所有权，是指土地所有人依法对自己的土地享有占用、使用、收益和处分的权利。在土地所有权四项权能中的占有权、使用权、收益权，在一定条件下可以与土地所有人暂时分离，但是土地所有人并不因此丧失土地所有权。这些权能与土地所有人的分离和恢复，正是土地所有人行使土地所有权的结果。

土地所有权是在法律规定的范围内所享受的权利。所有人行使其权利，不是无限制的，而是有限制的。这种限制体现为所有人在行使土地所有权时所应承担的责任。如土地所有人不得买卖或者以其他形式非法转让土地；行使土地所有权，必须服从城市规划的要求，不得破坏环境、生态平衡，危害社会生产和人们的生活；国家建设和乡（镇）建设必须节约使用土地，可以利用荒地的，不得占用耕地，可以利用劣地的，不得占用良田；国家建设征用土地，被征地单位应当服从国家需要，不得阻挠；行使土地所有权，应当有利于发展生产、方便生活、促进团结，不得损害相邻方的合法权益等。

（二）我国土地所有权的种类

我国现有土地所有权的种类有两种：一是土地国家所有权（土地全民所有权）；二是土地集体所有权（土地劳动群众集体所有权）。

1. 土地国家所有权

土地国家所有权，是指国家依法占有、使用、收益和处分属于全民所有的土地的权利。土地国家所有权，是我国现阶段一种重要的土地所有权，其法律特征是：

（1）在所有权主体方面，国家是土地国家所有权的唯一主体。我国社会主义全民所有的土地只能由代表全体人民意志和利益的国家才能作为土地国家所有权的主体，任何单位或者个人均不能充当土地国家所有权的主体；也只有法律授权的国家行政管理机关，才有权对国家所有的土地进行管理，任何单位或个人均不得对国有土地行使行政管理权。

（2）在所有权客体方面，土地国家所有权具有相当的广泛性。根据《宪法》和《土地管理法》的规定，属于国家所有的土地范围主要包括：城市市区的土地；依照法律规定属于国家所有的荒地、山岭、滩涂、林地、牧草地、水域和未利用的土地；国家建设征用的原农民集体所有的土地；国家依法确定给全民所有制单位、集体所有制单位、农民集体经济组织和个人使用的国有土地以及国有铁路、公路、电力、通讯、水利工程等设施用地。

（3）在所有权取得方面，国家采取集体所不能使用的方式取得土地所有权。比如在建国初期没收地主、官僚资本和敌伪土地为国家所有；在社会主义改造时期，因国家建设需要通过征用集体所有的土地，使集体土地变为国家所有。

（4）在所有权保护方面，我国民法给予特殊保护措施。第一，当国有土地被非法占有时，不论是直接占有还是经过他人非法转让占有；不论非法占有人是善意占有还是恶意占有，也不论占有时间多长，一经发现，国家随时都有权请求追还。第二，国家、集体对土地所有权归属发生争议，而且无法确定所有权归属时，即可推定争议的土地属国家所有。

（5）在所有权行使方面，实行所有权与使用权的适当分离。国家是政治组织，而不是经济组织。政权组织和经济组织的职责必须分开，国家所有的土地范围大，数量多，这也决定了国家不可能而且也没有必要直接对国有土地行使占有、使用、收益和处分的权能。根据宪法和法律的规定，对国有土地经批准划拨或以出让的方式交由用地者使用。

确定土地国家所有权制度，具有十分重要的意义。第一，国家土地所有权是社会主义公有制的重要体现，是土地全民所有的法律保障。第二，土地国家所有权为国家安排建设事业，组织大规模经济建设提供了方便。第三，土地国家所有权可以稳定城市土地价格，有利于进行城市建设，解决城镇居民生活用地问题。第四，土地国家所有权为国家保护土地资源提供了民法上的依据。

2. 土地集体所有权

土地集体所有权，是指劳动群众集体在法律规定的范围内占有、使用、收益和处分自己土地的权利。土地集体所有权具有如下法律特征：

（1）在所有权主体方面，它没有一个全国范围内的统一主体。集体所有的土地只属于各该劳动群众集体所有。由于我国农村经济体制改革的顺利进行，我国政社合一的人民公社已不复存在，新建立起来的乡政权与村民委员会自治组织同农村地区性集体经济组织完全分离开来，因此，土地集体所有权主体的称谓不能不随着有所变化。为了切实稳定土地集体所有制，认真保护土地原公社三级所有，队为基础的状况，《土地管理法》第八条对于土地集体所有权的主体规定为："集体所有的土地依照法律属于村农民集体所有，由村农业生产合作社等农业集体经济组织或者村民委员会经营、管理。已属于乡（镇）农民集体经济组织所有的，可以属于乡（镇）农民集体所有。村农民集体所有的土地已经分别属于村内两个以上农业集体经济组织所有的，可以属于各该农业集体经济组织的农民集体所有"。

（2）在所有权客体方面，根据民法通则和土地管理法的规定，以下土地可以是土地集体所有权的客体：集体所有的耕地；集体所有的森林、山岭、草原、荒地、滩涂等所占土地；集体所有的建筑物、水库、农田水利设施和教育、科学、文化、卫生、体育等设施所占土地；集体所有的农、林、牧、渔场以及工业企业使用的土地；农民使用的宅基地。

（3）在所有权行使方面，集体经济组织一般都直接对自己的土地行使占有、使用、收益和处分的权利，并对于自己的土地在经营管理方面享有充分的自主权。

确定集体土地所有权制度，同样具有十分重要的意义。第一，集体土地所有权是社会主义公有制的体现，是土地劳动群众所有制的法律保障。第二，确定集体土地所有权，既有助于巩固农村集体经济，又有助于发展承包经营等多种经营形式。第三，集体土地所有权有助于农村集体经济组织进行各种农业基本建设，兴修水利，促进农村经济发展，走共同富裕的道路。第四，集体土地所有权可以保证合理地分配宅基地，保障农民解决住房问题。

二、土地使用权

（一）土地使用权的概念

土地管理法第七条规定：国有土地，可以依法确定给全民所有制单位或者集体所有制单位使用。可见，土地使用权是指法人或公民个人依法对国有土地或集体所有土地享有的占有、使用、收益的权利。

土地使用权具有以下法律特征：

（1）土地使用权是一种物权。所谓物权，就是公民和法人依法直接控制、支配特定财产而享有利益，并排除他人干涉的权利。

（2）土地使用权派生于土地国家所有权和土地集体所有权，即土地使用权是在国有土地或集体土地上设定的物权，因此土地使用权是一种他物权。但土地使用权是独立于土地所有权的一种权利，而不是附属于土地所有权的一项权能。

（3）土地使用权设立或取得的法律根据，可以是国家行政指令，如行政划拨；也可以是合同，如土地使用权出让合同。

（4）土地使用权具有排他性，土地使用权一经产生，任何人（包括土地所有人）都必须对土地使用人承担不妨碍土地使用人行使占有、使用、收益权利的义务。

我国土地使用权制度的建立具有以下意义：第一，土地使用权制度是保障土地所有权的重要法律制度。因为使用土地必须拥有土地使用权，这一方面排除对土地的非法占有；另一方面又促使对土地合法利用。第二，土地使用权利制度明确了土地所有人与使用人之间的权利义务关系。既有助于保护土地使用权人享有使用、收益的权利，又有助于促使土地使用权人履行管理、保护、合理利用土地的义务。第三，确立土地使用权制度，是完善土地有偿使用、有偿转让制度的必要前提。

（二）土地使用权的内容

1. 占有

即土地使用人对土地依法实际控制和支配。土地使用人只有占有土地，才能对土地行使使用和收益的权利。

2. 使用

即土地使用人依据土地性质和用途对土地加以利用。土地的用途往往在土地使用权设立时便加以具体规定，土地使用人不得私自更改，否则要承担相应的法律责任。

3. 收益

即土地使用人通过对土地的合理利用，从土地上获得利益，包括天然孳息和法定孳息。

4. 处分

土地使用权一般不包括处分权，但对于以有偿出让方式取得的土地使用权，土地使用人可以依法行使一定的处分权。这里的处分不同于土地所有权人的处分，土地使用人无权决定土地的最终命运，只能依照法律或合同的规定转让土地使用权，即出售、交换、赠与以及出租、抵押的权利。但这种处分权要受到限制，比如，只能在土地使用权出让的期限内再行转让；原受让人在转让时必须已对土地进行了一定的投资；转让时不得改变土地的使用性质等。

（三）土地使用权的设定方式

土地使用权的设定，是指在特定的国有土地或集体所有土地上，第一次设立土地使用权；或者在土地使用权收归土地所有人后，又重新设立。根据我国法律有关规定，目前我国土地使用权的设立方式有以下几种：

（1）以行政划拨建设用地的方式设定。这是我国土地使用制度改革前最常用的一种方式。行政划拨用地要履行一定的程序，按国家有关法律的规定，经县级以上地方人民政府审查批准后，由土地管理机关划拨土地，用地单位取得土地使用权。这种设定方式的特点是土地使用权是无偿的和无期限的，除了符合法定条件外，土地使用权不得转让、出租、抵押。

（2）以土地使用权出让方式设定。这种方式是指国家以土地所有者身份与土地使用者签订合同，将国有土地使用权在一定年限内让与土地使用者，土地使用者以向国家支付土地使用权出让金为代价而取得国有土地使用权。这种设定方式的特点是：在土地使用权的设立过程中，国家和土地使用者的法律地位平等；取得土地使用权必须有偿并且有期限；土地使用权依法可以转让、交换、赠与和抵押。

（3）以国家批准使用再以合同确定的方式设定。这种方式是指土地使用人在国家主管机关批准的前提下与国家签订土地使用合同，从而取得土地使用权。这种设定方式一般只适用于中外合资经营企业、中外合作经营企业和外资企业。其特点是：取得土地使用权要交付土地使用费；土地使用权的期限有限制，一般与企业经营期限相一致；土地使用权不能转让。

（4）以批准城镇私有房屋用地的方式设定。城镇居民个人要新建私有房屋，必须向房地产行政管理部门提出用地申请，经批准后取得房基地的使用权。其特点是：取得房基地使用权一般不需交付土地使用费，但侨汇住宅用地要交付土地使用费；房基地使用权的期限没有限制；房基地使用权不能单独转让，但可以随其土地上房屋的所有权的转让而转让。

（5）以集体土地所有人同意，政府批准的方式设定。这种方式主要适用于以下几方面：（1）农村居民建住宅用地。使用原有宅基地和村内空闲地的，由乡级人民政府批准；使用耕地的，由县级人民政府批准。（2）乡（镇）村企业建设用地。用地单位要持有关文件向县级人民政府土地管理部门提出申请，由县级以上地方人民政府依据规定权限批准。（3）城镇非农业户口居民在农村建住宅用地。其用地申请必须经县级人民政府批准。

第三节　土地登记法律制度

一、土地登记法律制度的概念和性质

土地登记法律制度是指调整因土地登记所产生的社会关系的法律规范的总称。土地登记是指为了确认土地所有和土地使用的权属，便利土地所有权和使用权的变更，对土地所有权和使用权的记录。凡经过依法登记的土地所有权、土地使用权及他项权利受国家法律保护，任何单位和个人不得侵犯。经依法进行登记后的资料和文件具有法律性质，是地籍资料中反映土地权属状况的必要组成部分。实行土地登记，是一项保证社会主义土地公有制不受侵犯，维护土地权利人的合法权益，监督土地按规定用途有效合理地利用，消除土地权属紊乱、违法占地和控制非农业用地的有力措施。

土地登记作为一项国家法律制度，必须以国家在一定阶段的有关法律、法规、政策等规范性文件作为依据。我国现阶段土地登记的法律依据主要是《宪法》第六条、第十条的有关规定；《民法通则》第七十四条、第八十条的有关规定；《土地管理法》第九条、第十条、第十一条的有关规定。国家土地管理局为贯彻执行土地管理法，根据有关法规制定了《全国土地登记规则》，对土地登记的法律程序及土地登记文件的内容和格式实行统一规定。

二、土地登记的内容

目前我国土地登记的内容主要有以下几项：

（一）土地所有者与使用者

依法获得土地所有权或土地使用权的单位和个人，为土地所有者或使用者。

（二）土地位置

土地位置是指土地的座落和四至。农村登记到××乡（镇）××村；城镇登记到街道门牌号。四至是指登记土地的相邻土地地名，一般填写相邻的土地所有者、使用者的名称。

为了使登记的内容与地籍图上反映的内容相互印证，便于查找土地所在分幅地籍图上的位置，还需登记图号和地号。图号，是指土地所在分幅地籍图的统一图幅编号；地号，是指登记的土地在分幅地籍图上的宗地地籍号。

（三）土地权属性质

土地权属性质是指登记土地的权属类型。现阶段，登记的土地权属类型包括国有土地使用权、集体土地所有权和集体土地建设用地使用权三种。

（四）农村集体土地所有权面积或国有土地农业用地使用权面积

（五）土地总面积

土地总面积是指土地所有者或使用者权属界内的土地总面积。

（六）地类及其面积

地类是指依据土地的用途、经营特点、利用方式和覆盖特征等因素对土地的分类，即土地利用现状分类。土地登记应当按照这种分类面积进行登记。

（七）用地面积，共有使用权面积和分摊面积

对使用城市、乡镇、村庄内国有土地和集体所有土地的单位和个人，需登记用地面积、共有使用权面积及分摊面积等项目。用地面积是指土地使用人独自使用的土地面积，不包括与他人共同使用的土地面积和分摊面积。共同使用权面积是指几个土地使用者不宜或无法划分使用者之间使用权界限的土地面积。分摊面积是指使用者在共同使用权面积中应分摊的面积。共同使用一幢建筑物时，可按使用的建筑面积比例分摊。

（八）土地实际用途

土地实际用途是指依法批准的土地实际用途，如商店、学校等。

（九）土地等级

土地等级是指土地管理部门依法评等定级确定的土地等级。登记土地等级，可为国家征收土地使用税提供依据，也是合理利用土地的重要依据。

（十）土地权属来源及依据

土地权属来源指申请登记者使用的土地或所有的土地通过什么方式得来的，如"划拨"、"征用"或集体土地内部划拨"入社"。依据政府批准的用地文件或政府部门颁发的证件，或能证明土地来源的其他证明文件，批准时间及批准用途等。

（十一）土地使用期限

土地使用期限是指政府批准的或登记时规定的土地权属单位使用土地的期限。

（十二）家庭人口

指使用国有或集体所有土地建住宅的市民或村民户中，有正式户口的人口数。登记家庭人口可以衡量市民或村民住宅用地是否超过用地标准。

三、土地登记的程序

为了保证土地登记工作的质量及其顺利进行，土地登记必须按照一定的程序进行。根据土地登记的内容和阶段，将土地登记分为初始土地登记和土地变更登记两种。

（一）初始土地登记程序

初始土地登记是指土地权属单位的全部土地的第一次登记，即土地所有权和使用权的最初的一次登记。其程序为：通知、申请、调查审核、登记和发证。

1. 通知

县级土地管理机关根据土地利用现状调查和补充调查的资料，填写土地登记通知单及附图。

2. 申请

各土地使用者、土地所有者及他项权利拥有者在接到通知后，应当对土地种类与面积及附图逐一核对，确认无误，即填写土地登记申请书，由申请者签名盖章。并在县级人民政府公布的登记期限内到指定的登记收件处，向土地管理部门申请办理土地登记。

3. 调查、审核

调查，指地籍调查。地籍调查分为权属调查和土地勘丈两部分。土地登记申请者申报后，土地管理部门要组织力量对每一宗地的权属、位置、界线、数量和用途等基本情况开展全面调查，为初始登记提供依据。审核指权属审核，这是土地登记工作的中心环节。审核，一般从三个角度进行，即要求达到"权属合法、界址清楚、面积准确"。整个审核阶段分为初审、复审、公告、审批等四个环节。

4. 登记、发证

县级土地管理机关按人民政府的批准意见，根据《土地登记规则》的规定进行注册登记，填写土地登记簿、土地登记归户册、土地证书册、土地证书。土地证书是国家确认土地使用权或土地所有权的法律凭证，由县级人民政府颁发，土地权属单位或个人保存。我国现行的土地证书有三种，即《国有土地使用证》、《集体土地所有证》和《集体土地建设用地使用证》。

（二）变更土地登记程序

变更土地登记是指土地权属单位和个人在进行初始土地登记之后，由于土地权属、地类、用途、范围等发生变更而作的相应登记。变更土地登记，是零散发生的，是对初始登记的修正和补充登记，不可能集中在某一个时间里办理，因而是一种经常性的土地登记工作。变更土地登记的一般程序与初始登记程序类似，包括申请、审查核实、登记与换证。

第四节　国家建设征用土地法律制度

一、国家建设征用土地法律制度的概念与特征

（一）国家建设征用土地法律制度的概念

国家建设征用土地法律制度，是指国家调整因社会公共利益的需要，征用集体土地所产生的社会经济关系的法律规范的总称。国家建设征用土地即指国家为了社会公共利益的需要，以补偿为条件，依照法律规定强制征用集体土地的行为。

在我国除了城市土地以及少数农村和城市郊区的土地依法律规定属于国家所有以外，绝大部分农村土地和城市郊区土地都属于农村农民集体所有。随着我国各项建设事业的发展，对土地的需求与日俱增，而这些土地需求又远非国有土地所能满足。鉴于我国宪法和法律禁止土地买卖、侵占和其他形式非法转让，因此，建设单位依法定程序申请国家通过征用集体土地，是取得新的土地使用权的一个重要途径。我国宪法第九条规定："国家为了公共利益的需要，可以依照法律规定对土地实行征用"。《土地管理法》第二条规定："国家为了公共利益的需要，可以依法对集体所有的土地实行征用"。

（二）国家建设征用土地的法律特征

根据我国法律的规定，国家建设征用土地法律制度具有以下特征：

（1）国家建设征用土地的征用主体必须是国家。征用土地，是国家因公共利益需要，以主权者身份强制将集体所有的土地收归国有的法律行为。只有国家才具有这种权力，除了国家以外，任何单位和个人都不能以任何理由征用土地。

（2）国家建设征用土地是国家经济行政法律行为。国家建设征用土地并非民事法律行为，而是国家依照法律规定的条件和程序所实施的国家经济行政法律行为。据此而产生的法律关系不是平等、自愿的民事法律关系。而是基于国家的单方面的意思表示，无需被征用土地的所有人的同意。国家征用土地的指令，是行政指令，对此，土地被征用的集体经济组织必须服从。

（3）国家建设征用土地的原因是为了社会公共利益的需要。所谓"社会公共利益需要"，即《土地管理法》第二十一条所说的"国家进行经济、文化、国防建设以及兴办社会公共事业"的需要。

（4）国家建设征用土地的标的只能是集体所有的土地。当前农村土地都变成了农村合作经济组织集体所有，因此，征用土地的标的就只能是集体所有的土地。国家建设所用土地，可能是集体所有的土地，也可能是国家所有的土地。用国有土地满足国家建设需要不能用征用的办法，而是用"划拨"的办法。因为国家是国有土地的所有者，无须自己征用自己所有的土地。

（5）国家建设征用土地必须以补偿为条件。国家建设征用土地与没收土地不同，它不是无偿地强制进行，而是有偿地强制进行。虽然国家建设征用土地是为了社会公共利益的需要，但也给土地被征用的集体组织造成了一定的损失，对其给予适当的补偿，既体现国家、集体利益一致的原则，也有助于土地征用以及国家建设的顺利进行。应当明确，国家建设征用土地与土地征购不同，它不是等价的特种买卖，不能把征用土地的各种补偿费视为土地商品的价格。

二、国家建设征用土地的原则

我国土地管理法为了有效地调整因征用土地所产生的各种社会关系，规定了一些原则。这些原则是国家建设征用土地必须遵循的一般准则。

（一）经济合理，提高土地利用率

珍惜每寸土地，合理利用每寸土地，是我国的一项基本国策，也是我国土地立法的指导思想，是一切建设用地单位和个人所必须共同遵循的一项重要原则。

（二）兼顾国家、集体、个人三者利益

国家建设征用土地的目的，在于发展社会生产力，造福包括广大农民在内的全体人民。国家各项建设事业的发展，从长远和大局来看，对国家、集体和个人都是有益的。因此，被征用土地的集体经济组织必须自觉地服从国家建设需要，积极配合，协同国家顺利实现土地征用，决不能为了局部的眼前利益，漫天要价，甚至延误国家建设的正常进行。同时，由于土地是农民集体的主要生产资料，土地被征用必然要给该集体农民的当前利益造成损失，因此，国家必须对被征用土地的集体经济组织和农民群众，依法进行补偿，妥善安置，不能搞无偿平调，侵犯他们的合法权益。

（三）谁使用土地谁补偿

《土地管理法》规定：国家建设征用土地，由用地单位支付土地补偿费和安置补助费。

（四）严格维护社会主义土地公有制

我国集体土地所有权受国家法律保护，任何单位和个人均不得侵犯。只有经过合法的征用才能改变集体所有土地的所有权。国家建设所征用的集体所有土地，所有权属于国家，用地单位只有使用权。

三、国家建设征用土地的程序和审批权限

（一）国家建设征用土地的程序

国家建设征用土地程序，根据《土地管理法》的规定，征用土地需经过以下步骤：

1. 申请选址

《土地管理法》第二十三条规定："国家建设征用土地，建设单位必须持国务院主管部门或者县级以上地方人民政府按照国家基本建设程序批准的设计任务书或者其他批准文件，向县级以上地方人民政府土地管理部门提出申请"。经县、市人民政府土地管理部门审查同意后，由土地管理机关会同有关部门根据建设项目的性质、规模、结合当地规划的要求进行选址，初步确定建设项目占地的数量、类别，在城市规划区范围内选址，还应取得城市规划部门的同意。《土地管理法》第二十六条规定："一个建设项目需要使用的土地，应当根据总体设计一次申请批准，不得化整为零，分期建设的项目，应当分期征地，不得先征待用。铁路、公路和输油、输水等管线建设需要使用的土地，可以分段申请批准，办理征地手续"。

2. 协调征地数量和补偿安置方案

建设地址选定后，由所在地的县、市土地管理机关组织用地单位、被征地单位以及有关单位商定预计征用的土地面积，并根据征地的数量、类别、等级和土地补偿费、安置补助费的法定标准，结合当地具体情况商定征用土地的补偿、安置方案，签订初步协议。

3. 核定用地面积

建设项目的初步设计经批准后，用地单位持有关批准文件和总平面布置图或建设用图，向所在地县、市土地管理机关正式申请建设用地面积，按征用土地的审批权限经县、市以上人民政府审批核定后，在土地管理机关主持下，由用地单位与被征地单位签订征用土地协议，报县级以上人民政府批准。

4. 划拨土地

建设用地的申请和征地协议，依照法定批准权限经县级以上人民政府批准后，由被征用土地所在的县级以上人民政府向用地单位发给建设用地批准书，作为办理征地拨款，施工报建手续和申报缴纳有关税费的凭证。土地管理部门根据建设进度一次或者分期划拨建设用地。

5. 颁发国有土地使用证

建设项目竣工后，建设项目主管部门组织有关部门验收时，由县级以上人民政府土地管理部门核查实际用地（在城市规划区内的建设项目竣工后，由城市规划行政主管部门会同土地管理部门核查实际用地），经认可后依照《土地管理法》的有关规定，办理土地登记手续，核发国有土地使用证。

（二）国家建设征用土地的审批权限

《土地管理法》第二十五条规定：

（1）国家建设征用耕地1千亩以上，其他土地2千亩以上的，由国务院批准。

（2）征用省、自治区行政区域以内的土地，征用耕地三亩以上，一千亩以下，其他土地十亩以上二千亩以下的由省、自治区人民政府批准。省辖市、自治州人民政府的批准权限，由省、自治区人民政府代表大会常务委员会决定。

（3）征用直辖市郊区的土地，由直辖市人民政府批准。直辖市所属的区人民政府和县人民政府的批准权限，由直辖市人民代表大会常务委员会决定。

（4）征用耕地三亩以下，其他土地十亩以下的，由县级人民政府批准。

（三）联营企业使用土地的管理规定

《土地管理法》第三十六条规定："全民所有制企业、城市集体所有制企业同农业集体经济组织共同投资举办的联营企业，需要使用集体所有的土地的，必须持国务院主管部门或者县级以上地方人民政府按照国家基本建设程序批准的设计任务书或者其他批准文件，向县级以上地方人民政府土地管理部门提出申请，按照国家建设征用土地的批准权限，经县级以上人民政府批准；经批准使用的土地，可以按照国家建设征用土地的规定实行征用，也可以由农业集体经济组织按照协议将土地的使用权作为联营条件"。这一规定，既体现了从严管理土地的精神，又有一定的灵活性。

（四）建设临时用地批准程序

工程项目施工所需的材料堆场、运输通路或者其他临时设施以及架设地上线路、铺设地下管线、建设其他地下工程、进行地质勘探等，都可能需要一定的土地。但这种用地往往不是永久性的，而是在工程建设完工以后就不再使用，因此，它是临时性的用地，临时性用地的审批程序和补偿标准与征用土地不同。对此《土地管理法》及其实施细则作了以下规定：

（1）工程项目施工，需要材料堆场、运输通路和其他临时设施的，应当尽量在征用的土地范围内安排。确实需要另行增加临时用地的，由建设单位向批准工程项目用地的机关提出临时用地数量和期限的申请，经批准后，同农业集体经济组织签订临时用地协议，并按该土地前 3 年平均年产值逐年给予补偿，在临时使用的土地上不得修建永久性建筑物。使用期满，建设单位应当恢复土地的生产条件，及时归还。

（2）架设地上线路、铺设地下管线、建设其他地下工程、进行地质勘探等，需要临时使用土地的，由当地县级人民政府批准，并按照建筑工程中临时用地的补偿办法予以补偿。

（3）建设单位为选择建设地址，需要对土地进行勘测的，应当征得当地县级人民政府同意；造成损失的，应当给予适当补偿。

（4）遇到抢险或军事需要等特殊情况急需用地，属于临时用地的可以先使用，并立即报告县、市人民政府同意，并按照规定补办征用、划拨土地手续。

在城市规划区内需要增加临时用地的，应当先向城市规划行政主管部门提出定点申请，经审查同意后，向土地管理机关提出临时用地申请。

四、国家建设征用土地的补偿与安置

国家建设征用土地由用地单位向被征地单位支付土地补偿费和安置补助费。

（一）土地补偿费

1. 土地补偿费的标准

根据《土地管理法》第二十七条规定："征用耕地的补偿费，为该耕地被征用前 3 年平均年产值的 3~6 倍"。各省、直辖市、自治区人大或人民政府则根据本条规定，结合本地区情况制定了具体的补偿标准。

土地补偿费标准，除了征用耕地的标准由《土地管理法》统一规定外，征用其他土地的补偿费，由省、自治区、直辖市参照征用耕地的补偿费标准规定。

2. 青苗和地上附着物补偿标准

被征用土地，在拟议征地以前已种植的青苗和已有的地上附着物，用地单位也应酌情给予补偿。补偿费的标准，《土地管理法》授权省、自治区、直辖市规定。

《土地管理法》第二十七条第三款规定："征用城市郊区的菜地，用地单位应当按照国家有关规定缴纳新菜地开发建设基金。"新菜地开发建设基金的征收标准，根据《国家建设征用菜地缴纳新菜地开发建设基金暂行管理办法》的规定分为三种：

（1）城市人口（指市区和郊区非农业人口）在百万以上的市，每征 1 亩菜地，建设单位应缴纳的基金数额为 7000~10，000 元。

（2）城市人口在 50 万以上，不足百万的市，每征 1 亩菜地，建设单位应缴纳基金 5000~7000 元。在京、津、沪所辖县征用为供应直辖市居民吃菜的菜地，也按这一标准执行。

（3）城市人口不足 50 万的市，每征用 1 亩菜地，建设单位应缴基金 3000 元~5000 元。各省、自治区、直辖市可根据本辖区城市菜地建设基础和生产情况，区别近郊和远郊，在上述额度内，规定具体标准。

（二）安置补助费

1. 安置补助费的标准

《土地管理法》第二十八条规定："征用耕地的安置补助费，按照需要安置的农业人口计算。需要安置的农业人口数，按照被征用的耕地数量除以征地前被征地单位平均每人占有耕地的数量计算。每一个需要安置的农业人口的安置补助费标准，为该耕地被征用前 3 年平均每亩年产值的 2~3 倍。但是，每亩被征用耕地的安置补助费，最高不得超过被征用前 3 年平均年产值的 10 倍"。征用园地、鱼塘、藕塘、林地、牧场、草原等其他土地的，其安置补助费标准，《土地管理法》授权省，自治区、直辖市参照征用一般耕地的安置补助费标准制定。

《土地管理法》在确定上述土地补偿费和安置补助费标准的同时，还作了灵活规定。即依照《土地管理法》第二十七条、第二十八条的规定支付土地补偿费和安置补助费，尚不能使需要安置的农民保持原有生活水平的，经省、自治区、直辖市人民政府批准，可以增加安置补助费。增加安置补助费应经省、自治区、直辖市人民政府批准，《土地管理法》还规定了上限，"土地补偿费和安置补助费的总和不得超过土地被征用前 3 年平均年产值的 20 倍"。

2. 农业剩余劳动力的安置

由县级以上地方人民政府土地管理部门组织被征地单位、用地单位和有关单位分别负责安置。安置的途径主要有两种。一是通过发展农副业生产和举办乡（镇）村企业加以安置。特别是因地制宜，兴办乡（镇）村企业，是安置征地后剩余农业劳动力的重要途径。二是安排就业。通过上述途径确实安置不了的农业剩余劳动力，可以安排符合条件的人员到用地单位或者其他集体所有制单位、全民所有制单位就业，并将相应的安置补助费转拨给吸收劳动力的单位。对于被征地单位的土地全部被征用的，经过省、自治区、直辖市人民政府的批准，可以将原有的农业人口转为非农业人口。原有的集体所有制的财产和所得的补偿费、安置补助费，由县级以上地方人民政府与有关乡（镇）村商定处理，可以用于组织生产和不能就业人员的生活补助，但不得私分。

对于大中型水利、水电工程建设征用土地的补偿费标准和移民安置办法，依据1991年2月15日国务院发布的《大中型水利水电工程建设征地和移民安置条例》的规定执行。

第五节　城镇国有土地使用权出让和
转让法律制度

一、城镇国有土地使用制度改革概述

（一）土地使用制度改革势在必行

我国在党的十一届三中全会以前所确立的国有土地使用制度实行的是用行政手段划拨和调剂，没有地租、无期限的非市场模式。随着我国经济体制改革的发展，这种旧的土地使用制度的弊端日益显露出来。首先是土地利用率低，使用效果差，造成土地的严重浪费。由于土地无偿使用，所以在建设用地中，多征、早征或者征而不用的现象屡禁不止，造成土地的大量闲置和土地资源的极大浪费。其次是由于土地无偿、无期限使用，使土地的国家所有权在经济上无法实现，实际上成了单位和部门所有。第三是过去我们只把土地作为一种宝贵的资源，没有把土地当作一种能生财的，具有很高经济效益的资产，造成土地收益的大量流失。实践证明，这种无偿、无期限的土地使用制度，不利于维护社会主义公有制；不利于贯彻"十分珍惜和合理利用每寸土地、切实保护耕地"的基本国策；不利于社会经济的发展和企业间的公平合理竞争；不利于城市土地利用的优化组合；不利于城市建设投入产出的良性循环。因此，旧的土地使用制度越来越不适应经济建设的发展需要，改革旧的土地使用制度成了我国经济体制改革的一项重要而又紧迫的任务。

（二）土地使用制度改革的法制建设

1984年4月国务院第一次提出了"土地使用权可以有偿转让"的政策，同时责成国家土地管理局、国务院特区办、国务院法制局研究制定，并同意国务院特区办关于在天津、上海、广州、深圳四个城市开展国有土地使用权有期限有偿转让改革试点的建议。

1988年2月，中共中央向全国人大提出了包括土地条款在内的《中国共产党中央委员会关于修改宪法个别条款的建议》，建议"宪法第十条第四款：任何组织或者个人不得侵占、买卖、出租或者以其他方式非法转让土地。修改为任何组织或者个人不得侵占、买卖或者以其他形式非法转让土地。土地的使用权可以依照法律的规定转让"。1988年4月12日第七届全国人民代表大会第一次会议根据中共中央的建议通过了《中华人民共和国宪法修正案》，在宪法中删去禁止土地"出租"的条款，增加了可以依法转让土地使用权的内容。这就为我国实行土地使用权有偿出让和转让提供了宪法依据。宪法修正案的通过，是我国土地制度在理论和实践上的一项重大突破，是我国土地开始进入市场经济轨道的标志。

1988年12月，第七届全国人民代表大会常务委员会第五次会议根据宪法修正案和国务院提请修改《土地管理法》的议案，审议并通过了关于修改《土地管理法》的决定。有关土地使用制度的改革的规定，主要体现在《土地管理法》第二条里。修改前的《土地管

理法》第二条第二款规定："任何单位和个人不得侵占、买卖、出租或者以其他形式非法转让土地"，修改为"任何单位和个人不得侵占、买卖或者以其他形式非法转让土地"，删去了原规定中的"出租"二字。在修改原来《土地管理法》第二条第二款的基础上，又增加规定了两款，即第四款："国有土地和集体所有的土地的使用权可以依法转让。土地使用权转让的具体办法，由国务院另行规定"。第五款："国家依法实行国有土地有偿使用制度。国有土地有偿使用的具体办法，由国务院另行规定"。

国务院根据《土地管理法》的这一修改和赋予的权力，于 1990 年 5 月 19 日以国务院第 55 号令发布了《中华人民共和国城镇国有土地使用权出让和转让暂行条例》（以下简称《国有土地出让和转让条例》）。

为了吸引外商投资从事开发成片土地，国务院还于 1990 年 5 月 19 日以国务院第 56 号令发布了《外商投资开发经营成片土地暂行管理办法》，与以上《国有土地出让和转让条例》相配套，以加强对外商投资从事成片土地开发的管理。

土地使用制度改革的法制建设，不但使土地使用制度改革有法可依，也使其行为规范化。

（三）土地使用制度改革的目标

根据我国的改革理论和实践，土地使用制度改革的目标是：使土地使用制度的改革同整个经济体制改革目标相一致，即同建立社会主义市场经济相适应，改变过去无偿、无期限使用土地为有偿、有期限使用，运用价值规律和市场机制，通过土地市场来调节城市土地供求关系，合理配置土地资源，完善城市用地结构，提高土地利用效益，从而达到最大限度节约用地的目的。同时，创造和增加国家及城市的财政收入，为城市工商企业形成良好的、公平的竞争条件和环境，促进企业改革的不断深化。

土地使用制度改革是一场深刻变革。这项改革涉及面广，政策性强，问题比较复杂，因而需要具备经济、社会和理论、法律、技术等主客观条件。

二、土地使用权出让

（一）土地使用权出让的含义与特征

《国有土地出让和转让条例》第八条规定："土地使用权出让是指国家以土地所有者的身份将土地使用权在一定年限内让与土地使用者，并由土地使用者向国家支付土地使用权出让金的行为。土地使用权出让应当签订出让合同"。

土地使用权出让具有以下特征：

（1）在土地使用权出让的法律关系中，国家是以土地所有者的身份出现。国家作为土地所有者的法律地位与土地受让人的法律地位完全平等。实行土地使用权出让制度，国家作为土地所有者的地位不变，使用者只享有土地使用权（不含地下资源、埋藏物和市政公用设施）。

（2）受让人取得的土地使用权是一种具有独立意义的财产权。这一权利包括了所有权中占有、使用、收益和一定程度的处分权能。这些权能又表现为对土地的使用权、转让权、出租权、抵押权等民事权利。

（3）土地使用权出让既是有偿的，又是有期限的。土地使用权的出让以使用者支付一定的代价为前提。按照规定，土地使用权受让方只有支付了出让金后，才能向土地管理部门申请登记，领取土地使用证，取得土地使用权。土地使用权是一种有期限的权利，期限届满时，土地使用权即归于消灭，土地又重归国家支配。

（4）土地使用权出让关系以签订出让合同的形式加以确定。市、县人民政府土地管理部门代表国家与土地使用者应当按照"平等、自愿、有偿"的原则订立出让合同。合同的订立可采取协议、招标和拍卖三种方式。

（5）土地使用权出让市场由政府垄断经营。土地使用权的出让是国有土地有偿使用制度的第一个环节，是土地使用权作为商品经营和进入流通领域的第一步，因此，土地使用权的出让市场亦称为地产市场中的一级市场。

（二）土地使用权出让实施程序

根据国家和各级人民政府土地出让计划，市、县土地管理部门组织实施每一出让地块的出让工作，一般按下列程序办理：

1. 拟定方案

市、县土地管理部门根据土地出让计划拟定土地出让的初步方案，并及时向上级人民政府土地管理部门预先报告。报告内容主要包括：出让地块的位置、面积、利用现状、出让年限、规划用途、出让方式、地价评估、效益预测及方案实施进展情况等。市、县土地管理部门在向上级土地管理部门预报后，要会同城市规划和建设管理部门、房产管理部门共同拟定出让地块具体方案，包括面积、年限、出让金底价、使用条件等，编制出《土地使用条件》、《土地使用权出让合同》（草本）等。如拟出让的土地属农村集体所有土地，还要首先拟定征地补偿安置方案，属旧城区改建用地，还要拟定拆迁补偿安置方案。上述方案及文件都要一并报同级人民政府审核。

2. 正式报批

出让方案在经市、县人民政府审核同意后，应按照 1989 年 7 月 22 日《国务院关于出让国有土地使用权批准权限的通知》的规定，正式报批。政府对有偿出让国有土地使用权的批准权限与行政划拨国有土地使用权的批准权限相同，即按照《土地管理法》中关于国家建设用地批准权限的规定执行。报批出让方案除正式报告外，需附《出让国有土地使用权呈报表》，出让地块的地理位置图和规划设计、征地、拆迁补偿安置方案或有关协议，《土地使用条件》，《出让土地使用权合同》（草本），人民政府或有关部门的文件或意见等。

3. 组织实施签订出让合同

出让方案经人民政府批准后，由市、县土地管理部门组织实施。土地使用权出让可以采取协议、招标、拍卖三种方式。

根据《国有土地出让和转让条例》第十三条规定，依照上述方式出让土地使用权的具体程序和步骤，由省、自治区、直辖市人民政府规定。

4. 登记发证

《国有土地出让和转让条例》第十六条规定："土地使用者在支付全部土地使用权出让金后，应当依照规定办理登记，领取土地使用证，取得土地使用权"。只有经过登记发证，土地使用权才受法律保护。

5. 备案建档

国有土地使用权依法批准出让后，市、县土地管理部门须向上级土地管理部门填报《出让国有土地使用权备案表》，同时向批准出让的人民政府土地管理部门增报正式签订的《国有土地使用权出让合同》副本和出让地块登记卡复印件。

（三）土地使用权出让的监督管理

土地使用权出让的监督管理是指上级政府和土地管理部门对下一级政府和土地管理部门出让土地使用权的准备和实施过程，以及受让人执行土地使用权出让合同和有关法规的情况进行监督检查的活动。

（1）上级政府及土地管理部门对下一级政府及土地管理部门准备出让的土地进行监督检查的内容包括：

1）检查被转让的土地是否按照国务院规定的审批权限办理出让手续。凡是越权批准或采取不正当手段骗取批准的，要依法予以严肃处理。

2）检查被出让的土地所有权是否明确。凡是集体所有的土地在国家没有办理征用手续的情况下不得出让。

3）检查被出让的土地其出让年限是否符合法定要求。

4）与城市规划部门联合检查是否符合城市建设规划的要求。

5）与物价部门联合对出让土地价格进行监督，防止价格过低而影响国家利益或哄抬地价，阻碍土地市场的正常发育。

6）与工商行政管理部门联合监督检查受让单位（地产经营单位）是否具有合法的地产经营权。

（2）监督受让人执行土地使用权出让合同和有关法规的情况的主要内容包括：

1）检查受让方是否支付全部土地出让金，并按规定办理登记，领取土地使用证。

2）检查受让人是否按照土地使用权出让合同的规定和城市规划的要求，开发、利用、经营土地。对未按照合同规定的期限和条件开发、利用土地的，市、县人民政府土地管理部门应当予以纠正，并根据情节可以给予警告、罚款直至无偿收回土地使用权的处罚。

3）对受让是否贯彻土地管理法规的其他情况进行监督检查。

三、土地使用权转让

（一）土地使用权转让的含义及其原则

《国有土地出让和转让条例》第十九条规定："土地使用权转让是指土地使用者将土地使用权再转移的行为，包括出售、交换和赠与"。

土地使用权的出让，是对城镇国有土地使用权实行商品化经营的第一环节。但土地市场是个多层次的整体，只允许土地使用权出让，还不可能建立起完善的土地市场，因而还必须建立土地使用权的二级市场，即允许原受让人根据国家土地使用权转让的规定，将土地使用权进行出售、交换和赠与。土地使用权的转让是一种平等主体之间的民事行为，因此，转让关系是一种民事法律关系，适用于民法的一般原则和调整方法。土地使用权的转让可以是有偿的，也可以是无偿的。有偿的转让，指出售和交换；无偿的转让，指赠与。

出售土地使用权，是指将土地使用权当作独立财产在市场上进行买卖的法律行为。所以，出售土地使用权，符合买卖合同的一般法律特征。其特点是土地使用权买卖必须附有国家优先购买权。《国有土地出让和转让条例》第二十六条规定："土地使用权转让价格明显低于市场价格的，市、县人民政府有优先购买权"。

土地使用权的交换，指两个以上土地使用权享有者之间，通过达成协议，相互交换各自占有的土地及土地使用权的行为。交换实质是法律中的互易，它是一种双务的、有偿的合同关系。

土地使用权的赠与，指权利享有人将其土地使用权无偿地转移给相对人的行为。土地使用权赠与是一种无偿的、单务的合同关系。

（二）土地使用权转让条件

（1）应当是依法以出让方式取得的土地使用权的方可转让。

（2）土地使用权转让的期限不得超过土地使用权出让合同规定的剩余年限，即土地使用权出让合同规定的使用年限减去原土地使用者使用年限后的剩余年限。

（3）土地开发必须达到法律以及出让合同规定的标准。为了防范"炒卖地皮"现象的发生及限制土地投机消极作用，我国立法对土地使用权转让规定了附加条件加以限制，这是国家对地产市场进行有效调节和控制的基本方法之一。《国有土地出让和转让条例》第十九条规定："未按土地使用权出让合同规定的期限和条件投资开发、利用土地的，土地使用权不得转让"。应根据《城市房地产管理法》第三十八条规定，按照出让合同约定进行投资开发，属于房屋建设工程的，完成开发投资总额的25%以上；属于成片开发土地的形成工业用地或者其他建设用地条件。否则不得转让土地使用权。

（三）土地使用权转让程序

土地使用权的转让，除必须符合规定的条件外，还需经过一定的程序，以利于国家对土地经营市场的管理。转让的基本程序为：

1. 转让申请与审查

转让人就土地使用权拟转让情况向所在地市、县人民政府土地管理部门报告，土地管理部门就拟转让情况（如再受让人资信、转让合同草案、转让金标准等）进行审查认可。

2. 签订转让合同

原受让人可通过协议、招标、拍卖等形式确定新的受让人之后与新的受让人签订转让合同。《国有土地出让和转让条例》第二十条规定："土地使用权转让应当签订转让合同"。

3. 转让合同公证

《国有土地出让和转让条例》没有就此作出规定，但各地出让转让规定基本上都把公证作为转让合同生效的条件。

4. 缴付土地转让金和土地增值税

转让合同一经正式签订，受让人应按合同要求及时向转让人支付转让金。转让人应按《中华人民共和国土地增值税暂行条例》的规定，自转让合同签订之日起7日内向房地产所在地税务机关办理纳税申报，并在税务机关核定的期限内缴纳土地增值税。

5. 土地使用权变更登记

转受双方应共同到所在地市、县人民政府主管部门办理过户登记。过户登记是合同生效的条件。

（四）土地使用权转让的监督管理

市、县土地管理部门对土地使用权转让活动的监督管理主要有以下几个方面：

（1）检查被转让的土地是否符合土地使用权转让条件。即检查被转让的土地是否是依法以出让方式取得的土地使用权；检查转让人对其土地是否按照土地使用权出让合同规定的期限和条件进行了投资、开发和利用以及国家规定的完成投资的比例。不符合转让条件的，不允许其转让土地。

（2）检查交易双方的交易行为是否合法。即检查交易双方签订的转让合同中是否有违反土地管理法律、法规和土地使用权出让合同的内容；检查交易价格，如价格过低，政府可行使优先购买权。特别是要查明是否搞明暗两个价格的非法交易；检查交易双方是否依照规定到土地管理部门办理了过户登记。未办理过户登记的属非法交易，不受法律保护。

（3）在土地使用权转让后，对受让人使用土地的情况及贯彻执行土地管理法律、法规的情况进行监督检查。

四、土地使用权出租和抵押

（一）土地使用权出租

1. 土地使用权出租的涵义

《国有土地出让和转让条例》第二十八条规定："土地使用权出租是指土地使用者作为出租人将土地使用权随同地上建筑物、其他附着物租赁给承租人使用，由承租人向出租人支付租金的行为"。

土地使用权出租与土地使用权出让、转让有很大的区别，其本质特点是在不消灭土地使用权享有者的权利的前提下，把土地有偿地交给承租人使用，由承租人向出租人支付租金。因此，土地使用权出租后，原权利人仍然必须履行和国家订立的土地使用权出让合同中所规定的各项义务。而承租人因其自身原因不能对出租人履行租赁合同规定的义务时，出租人也不能因此而不向国家履行义务。

2. 土地使用权出租的条件

土地使用权出租的条件是：土地的开发必须达到法律规定的或土地使用权出让合同规定的标准；出租依法取得使用权的土地若为非商业性用地，或为以无偿方式取得权利的土地，则出租土地使用权必须获得市、县土地管理部门的批准，而且必须向国家交付土地使用权出让金；土地使用权的出租期限不得超过土地使用权的剩余年限；土地使用权出租时，必须连同其地上建筑物、附着物（指不动产）一同出租。

3. 土地使用权出租的程序

土地使用权出租的基本程序为：申请、订立租赁合同、办理租赁登记，除了无需进行合同公证外，基本上与转让程序一致。

（二）土地使用权抵押

1. 土地使用权抵押的涵义

土地使用权的抵押是指土地使用权受让人以土地使用权作为履行债务的担保，当土地使用权受让人不能按期履行债务时，债权人享有从变卖土地使用权的价款中优先受偿的权利的一种债的担保形式。

在我国，土地使用权的抵押是随着土地使用制度的改革而出现的一种法律制度。《城市房地产管理法》第四十七条规定："依法取得的房屋所有权连同该房屋占用范围内的土地使用权，可以设定抵押权。以出让方式取得的土地使用权、可以设定抵押权。"

土地使用权抵押除了具有一般财产抵押的法律特征外，还具有一些特有的特征：

1）土地使用权的抵押人一般应是依法通过有偿出让方式取得并已办理土地登记手续的土地使用权的享有人；根据《城市房地产管理法》第五十条规定，设定房地产抵押权的土地使用权是以划拨方式取得的，依法拍卖该房地产后，应当从拍卖所得的价款中缴纳相当于应缴纳的土地使用权出让金的款额后，抵押权人方可优先受偿。

2）土地抵押权设定本身并不发生土地使用权转移，即土地使用权抵押后，土地使用者可继续对土地进行占有、使用、收益，只有在抵押人不能按期履行债务时，抵押权人才能依照法律规定处分土地使用权，此时土地使用权才发生转移。

3）土地使用权及地上建筑物、其他附着物必须同时抵押。《国有土地出让转让条例》第三十三条规定："土地使用权抵押时，其地上建筑物、其他附着物随之抵押，地上建筑物、其他附着物抵押时，其使用范围内的土地使用权也随之抵押"。

2. 土地使用权抵押程序

土地使用权抵押的一般程序为：

1）提出抵押贷款申请。土地使用者设定抵押关系的目的主要是为了筹措资金。因而土地使用权抵押人必须提供具有法律效力的土地使用权属的各种文件，向银行提出抵押贷款申请。

2）抵押物估价。受理抵押贷款申请的银行对抵押物（土地使用权、地上建筑物）进行估价。银行根据抵押物价格的一定比例确定贷款数额。

3）签订抵押合同。

4）抵押公证。

5）办理抵押登记。《国有土地出让和转让条例》第三十五条规定："土地使用和地上建筑物、其他附着物抵押，应当依照规定办理抵押登记"。土地使用权的抵押一般向人民政府土地管理部门登记，办理抵押登记时应提交抵押人的国有土地使用证、土地出让或转让合同、抵押合同、抵押合同公证书等有关文件。涉及地上建筑物和其他附着物的，还应向人民政府房产管理部门登记。

3. 抵押权的实现与消灭

抵押权的实现是指抵押权人在抵押人于债务履行期限届满而不履行义务或在抵押合同期间抵押人被宣告解散、破产时，抵押权人可依照法律规定以及合同约定以抵押物折价或以变卖抵押物的价款来清偿所担保的债务。根据《国有土地出让和转让条例》的规定，抵押权实现的条件：一是抵押人于债务履行期限届满而不履行义务的；二是在抵押合同期间抵押人被宣告解散或破产的。抵押权实现的方式，一般采取土地使用权拍卖的方式处分抵押物。对同一土地使用权设定多个抵押时，各抵押权人的优先受偿顺序以设定抵押权的先后顺序为准。因处分抵押财产而取得土地使用权的，应当按照有关规定办理过户登记手续，即共同到所在地土地管理部门申请变更土地登记，换发土地使用证。

《国有土地出让和转让条例》第三十八条规定："抵押权因债务清偿或其他原因而消灭的，应当按照规定办理注销抵押登记"。抵押权因债务清偿外而消灭的其他原因有：抵押权人抛弃抵押权而消灭；当事人之间协议消灭抵押权；抵押物灭失；抵押权的实现。

五、土地使用权终止

（一）土地使用权终止的原因

（1）《城市房地产管理法》第十九条规定，国家对土地使用者依法取得的土地使用权，在出让合同约定的年限届满前不收回；在特殊情况下，根据社会公共利益的需要，可以依照法律程序提前收回；在特殊情况下，根据社会公共利益需要，可以依照法律程序提前收回，并根据土地使用者使用土地的实际年限和开发土地的实际情况给予相应的补偿。

（2）土地使用权出让合同约定的使用年限届满，土地使用者未申请续期或者虽申请续期但未获批准的，土地使用权由国家无偿收回。

（3）以出让方式取得土地使用权进行房地产开发的，必须按照土地使用权出让合同约定的土地用途、动工开发期限开发土地。超过出让合同约定的动工开发日期满1年未动工开发的，可以征收相当于土地使用权出让金20％以下的土地闲置费；满2年未动工开发的，可以无偿收回土地使用权；但是因不可抗力或者政府、政府有关部门的行为或者动工开发必须的前期工作造成动工开发迟延的除外。

（二）土地使用权终止的法律后果

根据《国有土地出让和转让条例》的规定，土地使用权终止产生下列法律后果：

（1）土地使用者不再享有该土地的使用权，土地使用权受让人与土地所有者或其代表之间关于在该块土地上的权利义务随之解除。

（2）地上建筑物和其他附物随土地使用权的终止而由国家无偿取得。土地使用权受让人不得以任何理由提出地上建筑物和其他附着物的所有权请求，亦不得擅自毁坏。

（3）土地使用权出让合同规定必须拆除的设备等，土地使用权受让人必须在规定的期限内拆除。除土地使用权出让合同另有规定者外，非通用建筑物等必须由土地使用权受让人按规定的期限拆除和清理，或者由土地使用权受让人支付拆除费用和清理费用。

国家收回土地使用权的程序一般是：公告或通知土地使用者；实施收回，即在收回事由成就之日依法占管该土地；收回土地使用证，并注销登记。

六、划拨土地使用权

（一）划拨土地使用权的涵义

《城市房地产管理法》第二十二条规定，土地使用权划拨是指县级以上人民政府依法批准，在土地使用者缴纳补偿、安置等费用后将该幅土地交付使用，或者将土地使用权无偿交付给土地使用者使用的行为。

依照本法规定以划拨方式取得土地使用权的，除法律、行政法规另有规定外，没有使用期限的限制。

（二）批准划拨建设用地的种类

《城市房地产管理法》第二十三条规定，下列建设用地的土地使用权，确属必需的，可以由县级以上人民政府依法批准划拨：

（1）国家机关用地和军事用地；

（2）城市基础设施用地和公益事业用地；

（3）国家重点扶持的能源、交通、水利等项目用地；

（4）法律、行政法规规定的其他用地。

国有土地使用权划拨形式，虽然有利于扶持需要发展的建设项目，但土地的使用权由使用单位永久无偿占有使用，实际上使土地所有权与使用权合二为一，土地的国家所有往往只剩下一个虚名，并且造成土地不能合理使用，浪费惊人，故对划拨土地的范围和条件应该作严格的限制。

在新的历史条件下，随着我国城镇国有土地使用制度改革的进行，土地使用权划拨制度也开始了相应的改革。其一是通过税收杠杆机制进行调节。《国有土地出让和转让条例》第四十三条规定：依法通过划拨取得土地使用权的"土地使用者应当依照《中华人民共和国城镇土地使用税暂行条例》的规定缴纳土地使用税"。其二是国家对通过行政划拨方式取得的土地使用权可以有计划、有步骤地收回，改用有偿出让的方式交给用地单位，从而实现国有土地使用权商品化经营目标。

（三）划拨土地使用权的转让、出租、抵押

在原有的土地使用制度下，划拨土地使用权是禁止转让、出租、抵押的。国有土地使用权有偿出让和转让的改革，迫使划拨土地使用权"从一而终"的僵化体制的逐渐解体。在符合一定的条件下，划拨土地使用权可以转让、出租、抵押。《国有土地出让和转让条例》第七章对此作了专门的规定，1992 年 3 月 8 日国家土地局颁布了《划拨土地使用权管理暂行办法》，对此作了更为具体的规定。

按照《国有土地出让和转让条例》第四十五条第一款和《划拨土地使用权管理暂行办法》第六条的规定，只有符合下列条件，才能将划拨土地使用权和地上建筑物、其他附着物所有权进行转让、出租、抵押：

（1）土地使用者为公司、企业、其他经济组织和个人；

（2）领有国有土地使用证；

（3）具有地上建筑物、其他附着物合法的产权证明；

（4）依照《国有土地出让和转让条例》第二章关于土地使用权出让的规定签订土地使用权出让合同，向当地市、县人民政府补交土地使用权出让金或者以转让、出租、抵押所获得收益抵交土地使用权出让金。

从上述规定的四个条件可以看出，划拨土地使用权的转让、出租、抵押，必须经过由划拨土地使用权到有偿出让土地使用权的这样一种体制上的转换。因此，划拨土地使用权的转让、出租、抵押，必须在通过划拨到有偿出让后才能进行。

《划拨土地使用权管理暂行办法》对划拨土地使用权转让、出租、抵押的程序作了规定。这一程序可概括为：在符合法定条件的前提下，划拨土地使用者如需转让、出租、抵押土地使用权的，必须持国有土地使用证以及地上建筑物、其他附着物产权证明等合法证件，向所在地市、县人民政府土地管理部门提出书面申请。土地管理部门在接到书面申请之日起 15 日内给予回复，并与申请人经过协商后，签订土地使用权出让合同。土地使用权出让合同签订后，意欲建立土地使用权转让、出租、抵押关系的双方当事人才能依照有关法律、法规和土地使用权出让合同的规定，签定土地使用权转让、出租、抵押合同。

原划拨土地的使用者应当在土地使用权出让合同签订后 60 日内，向所在地市、县人民政府交付土地使用权出让金，到市、县人民政府土地管理部门办理土地使用权出让登记手续。并在此后 15 日内，由土地使用权转让、出租、抵押合同双方当事人到所在地市、县人民政府土地管理部门办理土地使用权转让、出租、抵押登记手续。

对未经批准擅自转让、出租、抵押划拨土地使用权的单位和个人，市、县人民政府土地管理部门应当没收其非法收入，并根据情节处以罚款。

（四）划拨土地使用权的收回及收回后的出让

划拨土地使用权的收回是指国家根据划拨土地使用者不再使用土地的事实或者城市建设发展和城市规划的需要，将原划拨的土地收回并另行支配。根据《国有土地出让和转让条例》第四十七条的规定，划拨土地使用权因下列两种情况而收回：一是无偿取得划拨土地使用权的土地使用者，因迁移、解散、撤销、破产或者其他原因而停止使用土地的，由市、县人民政府收回其划拨土地使用权；二是对无偿取得划拨土地使用权的，市、县人民政府根据城市建设发展需要和城市规划的要求，可以无偿收回土地使用权。无偿收回划拨土地使用权时，对其地上建筑物、其他附着物，市、县人民政府应当根据实际情况给予适当补偿。

因上述情况的发生而收回划拨土地使用权后，市、县人民政府可依照《国有土地出让和转让条例》的规定予以出让。

第四章 城市规划法

第一节 城市规划法概述

一、城市规划法的概念和适用范围

（一）城市规划法的概念

城市是国家或一定区域政治、经济、文化、科学技术、交通运输、信息的中心。建国40多年来，国民经济和社会的发展，推动了我国城市化的进程，城市在整个经济和社会发展中占有十分重要的地位，发挥着愈来愈大的作用。城市化的进程加快，带来一系列复杂的问题，引起人们极大的关注，同时，也大大推动了城市规划管理理论与实践的发展。

城市规划是指为了实现一定时期内城市的经济和社会发展目标，确定城市性质、规模和发展方向，合理利用城市土地，协调城市空间布局和各项建设的综合部署和具体安排。城市规划是城市建设的基本依据，是保证城市土地合理利用和城市生产、生活协调运行的重要手段。实践证明，要把城市建设好、管理好，首先必须把城市规划好。只有科学合理地编制城市规划，明确城市的发展方向，发展格局，通过规划指导建设和管理，在规划的引导和控制下，逐步实现城市经济和社会发展目标。因此，在城市建设过程中，城市规划始终处于"龙头"的重要地位。

我国是一个文明古国，举世闻名的隋唐长安城，宋代汴梁城、明清北京城，都是先进行城市规划，并严格按照城市规划建设起来的都市。上海、天津、青岛、哈尔滨、大连等城市在解放前，也有过城市规划，但就我国多数城市而言，城市规划起步较晚。

随着新中国的诞生，城市规划工作作为一项重要的建设事业，越来越被人们所重视。1956年国家建委在总结几年来规划工作经验的基础上，颁发了第一个城市规划方面的管理法规《城市规划编制办法》，使规划工作开始走上法制的轨道。1984年1月，国务院颁发了《城市规划条例》，为我国的城市规划和管理工作进一步提供了法律依据和保障。1986年9月，城乡建设环境保护部在《城市规划条例》的基础上，开始起草《中华人民共和国城市规划法》经过多次论证，于1987年9月报国务院审查。1989年12月16日，经第七届全国人大常委会第十一次会议通过，成为我国城市建设领域的第一部法律。《中华人民共和国城市规划法》的颁布实施，标志着我国城市规划工作进入了法制化的新阶段。

城市规划法是调整在编制、审批和实施城市规划过程中发生的各种社会关系，保障城市中的土地利用及各项建设活动符合城市规划，对违反城市规划法的行为进行处罚的各种规范性文件的总称。

城市规划法从狭义上讲是指上述经过严格立法手续通过的《中华人民共和国城市规划法》；从广义上讲，除《中华人民共和国城市规划法》（以下简称《城市规划法》以外，还包括建设部发布的《城市规划编制办法》、《城镇规划体系编制办法》和选址意见书管理办法等部门规章，以及各省、自治区、直辖市关于城市规划管理的地方性法规等。另外还包括《土地管理法》、《环境保护法》、《文物保护法》、基本建设投资法、市政公用事业法等法律、法规中有关城市规划管理的全部内容。

（二）《城市规划法》的适用范围

《城市规划法》第2条规定："制定和实施城市规划，在城市规划区内进行建设，必须遵守本法"。《城市规划法》第3条的适用范围包括两个方面：一方面是对地域的适用范围，即城市规划区；另一方面是指对人的适用范围，即在城市规划区进行土地利用和各项建设活动的有关机关、单位和个人，其活动必须符合城市规划，并服从城市规划行政主管部门的规划管理。

按照国家有关划分城乡标准的规定，直辖市、设市城市、建制镇属于城市的范畴。因此，城市规划法所规定的城市是指按国家行政建制设立的直辖市、市、镇。这里，建制镇与日常以镇一词命名的自然村不同，后者属于农村的范畴。建制镇主要有县人民政府所在地的镇和其他县以下的镇。我国的建制镇数量较多，从城市化的趋势及发展看，为了避免建制镇的盲目发展，浪费土地、布局混乱、环境污染，要求其编制城市规划，按规划进行建设是非常必要的，另外，尚未设镇建制的工矿区居民点，应当参照规划法执行。因为这些居民点，伴随着城市化的进程，必须逐步达到建制镇的标准。这些居民点，事先编制城市规划，按照规划进行建设，就可以保证在设立行政建制后，使城市建设顺利地承前启后。

作为城市规划法地域上适用范围的城市规划行政区域内的以下几个部分地区：

（1）城市市区，在设有郊区人民政府的城市，市区是指城区人民政府管辖的行政区域；在不设郊区的城市，是指城市建成区和有关设施覆盖的区域。

（2）近郊区，是指和市区联系紧密的外围地区，其内涵和外延根据国务院有关规定确定。

（3）规划控制区，是指远离市区、但与城市生产、生活密切相关的城市水源地、机场、交通枢纽、电力、通讯走廊等重要基础设施的控制地段，以及作为城市一部分的风景名胜保护区。

（4）因城市建设和发展需要，由城市政府统一规划控制的其他地区。

城市规划区范围不宜过小，也不必过大，范围过小，势必造成城市外围建设失控，城乡结合部管理混乱，影响城市的进一步发展。范围过大，也不符合规定城市规划区的基本含义。

二、城市规划法律关系

城市规划法律关系是城市规划法确认的具有权利和义务内容的一种社会关系。这种法律关系体现的是国家与集体或个人，集体与个人，个人与个人之间的关系。例如，单位建设住宅，建设用地及建筑的高度、密度、造型等是否符合城市规划，在建设活动中表现出来的双方当事人之间的权利义务关系，就是城市规划法律关系。城市规划法律关系是以国家强制力保证其实现的一种社会关系，如果义务人不履行应尽的义务，致使对方的权利受到侵犯时，就会受到行政处罚或者引起行政诉讼。

（一）城市规划法律关系主体

城市规划法律关系的主体是指参与城市规划法律关系的当事人，包括国家（城市规划行政主管部门）、法人和自然人。他们享有和承担这种法律关系确认的权利和义务。在城市规划法律关系中享有权利的一方是权利主体，承担义务的一方是义务主体，在有些情况下，双方当事人既是权利主体，又是义务主体。例如，用地单位在办理征用土地手续之前，必须到城市规划行政主管部门申请建设项目的选址定点，取得用地规划许可证之后，才能向土地管理部门依法申请征地。城市规划行政主管部门是权利主体，用地单位是义务主体。城市规划行政主管部门，享有审查批准、颁发建设用地规划许可证的权利。但城市规划行政主管部门同时也负有受理申请，在规定的时间内完成审批申请的义务，用地单位享有依法获得建设用地规划许可证的权利。

（二）城市规划法律关系的客体

城市规划法律关系的客体是指权利义务所指向的物和行为。物，包括建设用地和各种建筑物、构筑物及其附属设施；行为，包括在城市规划区内进行土地利用的各种建设活动。

三、城市规划的基本方针

（1）我国城市规划坚持控制大城市规模，合理发展中等城市和小城市的方针

1980 年，国务院在批转全国城市规划工作会议纪要中明确提出："控制大城市规模、合理发展中等城市，积极发展小城市"的城市发展方针。十多年的实践证明，这一基本方针对促进我国城市化进程，形成我国城市比较合理的格局，发挥了积极的作用。从目前情况的发展看，大城市仍需进一步有效控制，中小城市，特别是小城市发展很快，需要有计划地加以引导，使其纳入合理发展的轨道。因此，规划法将原方针调整为"合理发展中等城市和小城市"，并在法律上予以明确。这一城市发展方针将促进生产力的合理布局和人口的合理分布，逐步形成大、中、小城市协调发展的更加完善的城镇体系。

控制大城市的规模，主要是控制市区的人口和用地规模，以缓解由于人口过渡膨胀造成的基础设施短缺、交通紧张、居住拥挤、环境恶化，城市长期超负荷运转等矛盾。控制大城市规模，不是控制其经济发展规模。大城市应主要依靠技术进步，优化产业结构，调整用地布局，提高其综合效益，走内涵发展的道路。同时在大城市周围，有计划地建设一批卫星城，疏解大城市市区的人口。

我国的中、小城市数量较多，分布较均衡，在协作条件、技术力量、交通运输以及市政公用设施等方面，都具有一定的基础。利用城市的现有条件，有选择地安排一些工业项目，有利于争取建设时间，提高经济效益。小城市的发展是未来城市发展的主流、发展小城市，有利于生产力的合理布局和吸收农村剩余的劳动力，以达到支援农业，控制大城市的目的。从长远看，对于逐步缩小城乡之间的差别，也有重要的意义。因此，要研究和注意发挥现在中、小城市的潜力优势，同时应使其有计划地合理发展，避免片面追求规模、盲目建设。更不可以片面追求小城市的数量和发展速度，而造成城镇布局的混乱、环境污染、土地浪费。

（2）城市规划必须符合国情，正确处理近期建设和远景发展的关系；在城市规划区内建设，必须坚持适用、经济和勤俭建国的方针。

我国的基本国情是人多地少，经济发展不平衡，各地自然条件差异较大。因此，编制城市规划必须从实践出发，根据城市自身的政治、经济、文化、历史等条件的特点，因地制宜，使编制的规划符合生产力发展水平并具有本市特色。城市规划是百年大计，必须正确处理好近期建设与远景发展的关系，要使规划具有一定的弹性，留有一定的余地，避免不顾全局、不顾长远发展的短期行为。

我国尚处于发展中国家的行列，生产力发展水平还不高，城市建设要坚持适用、经济

和勤俭建国的方针。在确定城市发展规模、速度，建设标准和定额指标时，应当与国家和地方的经济技术发展水平相适应，符合城市国民经济和社会发展持久、稳定、协调的要求。防止脱离国情的高指标、高标准以及盲目攀比。

四、城市规划的管理体制

《城市规划法》第9条规定："国务院城市规划行政主管部门主管全国的城市规划工作。县级以上地方人民政府城市规划行政主管部门主管本行政区域内的城市规划工作。

国务院城市规划行政主管部门，系指建设部。建设部在城市规划管理方面的主要职责是：研究制订全国城市发展战略以及城市规划的方针政策和法规；指导、推动城市规划的编制、实施以及城市规划的管理和建设用地管理；参与编制国土和区域规划以及重大建设项目的选址和可行性研究；组织、推动城市规划设计体制改革；负责全国城市规划设计、城市勘察和市政工程测量的管理工作；制订全国城市规划事业发展规划、组织、推动城市规划的技术进步，人才开发和国际交流；负责国务院交办的城市规划的审查并会同有关部门办理国家历史文化名城的申报工作。

县级以上的地方人民政府城市规划行政主管部门，系指地方各级人民政府授权负责管理城市规划工作的部门。具体职责应当由地方人民政府根据城市规划的性质和特点确定。

组织编制城市规划是市、县人民政府的一项重要职责。城市规划特别是城市总体规划，涉及城市建设和发展的全局，编制过程中需要收集各方面的资料，进行各方面的发展预测，协调各个方面的关系。这种综合性的工作，必须由城市人民政府直接领导和组织。城市规划的设计工作，可以由城市规划行政主管部门或具有相应设计资格的单位承担。

编制城市规划的组织管理程序，大体上要分成七个阶段。

（1）做好调查研究，认真调查、搜集整理和研究城市规划所需的基础性资料，作为编制的依据。

（2）编制城市规划纲要，它是由城市人民政府在城市规划编制前组织制定的。主要对总体规划需要确定的性质、规模、目标、发展方向等内容，提出原则性的意见，作为编制城市规划的依据之一。

（3）进行技术、经济论证和多方案的比较。

（4）组织鉴定。

（5）同级人民代表大会或其常委会审查同意，即对拟上报的城市规划方案进行讨论审查，并决定同意上报。

（6）上级人民政府审批。

（7）公布。

第二节　城市规划的制定

一、城市规划的编制

（一）编制城市规划的原则

（1）从实际出发，科学预测城市远景发展的原则。《城市规划法》第13条规定："编制城市规划必须从实际出发；科学预测城市远景发展的需要；应当使城市的发展规模，各项建设标准、定额指标、开发程序同国家和地方的经济技术发展水平相适应"。从实际出发，系指在编制城市规划时，确定人口和用地规模、人均用地面积、绿化覆盖率、人均公共绿地面积、建筑密度、容积率等建设标准和定额指标，以及安排建设项目的先后顺序、土地划拨、拆迁计划等，都应当与国家和地方的财力、物力、科学技术水平相适应，不要不顾实际需要，盲目攀比，追求高标准、高速度。科学预测城市远景发展需要，系指在编制城市总体规划，确定城市的性质、规模、发展目标，以及进行各项建设的具体安排时，要充分考虑今后一定时期内政治、经济、文化的发展需要；科学预测城市人口和用地规模的增长；人们对文化、体育、环境、绿化的需要和流动人口对基础设施的需要等。这种预测必须具有科学依据，并符合当地的市情、县情和镇情。

(2) 保护和改善生态环境和历史文化遗产，防止污染和其他公害的原则。《城市规划法》第14条规定："编制城市规划应当保护生态环境，防止污染和其他公害，加强城市绿化建设和市容环境卫生建设，保护历史文化遗产、城市传统风貌、地方特色和自然景观；编制民族自治地方的城市规划，应当注意保持民族传统和地方特色"。这条原则要求各级人民政府在确定城市布局、功能分区和进行各项建设的具体安排时，禁止在城市主导风向的上风向和水源上游地区安排生产有毒、有害废弃物的建设项目；应当预留城市绿化用地和环境卫生设施建设用地；不得破坏和影响具有保护价值的文物古迹和自然景观；城市建设应当保持和体现民族传统风貌和地方特色。达到城市布局合理、环境优美、并各具特色。

(3) 有利生产、方便生活、繁荣经济、防灾减灾的原则。《城市规划法》第15条规定："编制城市规划应当贯彻有利生产、方便生活、促进流通、繁荣经济、促进科学技术文化教育事业的原则；编制城市规划应当符合城市防火、防暴、抗震、防洪、防泥石流和治安、交通管理、人民防空建设等要求，在可能发生强烈地震和严重洪水灾害的地区，必须在规划中采取相应的抗震、防洪措施"。这条原则要求在确定城市布局和具体安排各项建设时，应当合理配制产业结构、形成完善的经济社会运行机制；应当充分考虑原材料工业与加工工业，重工业与轻工业，第二产业与第三产业在生产、运输、仓储、经销之间的关系；应当尽量满足男女人口比例、交通、通信以及科研、教育、文化、体育、卫生等生活方面的需求。同时，还应当充分考虑城市中各种自然灾害、救灾需要；不得在居民区安排可能危及居民生命、财产安全的建设项目；应当充分考虑各类防灾专业规划中（消防、抗震、治安、防洪、人防等）疏散路线、避灾场所、管理单位、设施设备的要求，与各类防灾专业规划协调，并在建设用地和建设项目投资中予以保证。

(4) 合理用地、节约用地的原则。《城市规划法》第16条规定："编制城市规划应当贯彻合理用地、节约用地的原则"。这条原则要求城市人民政府在编制城市规划，进行建设用地布局和确定建设项目的位置、范围时，应当十分珍惜每一寸土地，合理利用每一寸土地，充分发挥每一寸土地的作用。我国土地资源短缺，人多地少，尤其是耕地少。因此，城市建设必须严格执行规定的城市用地标准，不得扩大城市用地规模。在确定具体建设项目的位置范围时，应当对各项定额指标精打细算，尽量利用荒地、劣地。城市新区开发、旧区改造应当统一规划、综合开发，配套建设，避免零星、分散建设，切实充分发挥每一寸土地的价值。

(二) 城市规划的内容

编制城市规划一般分为总体规划和详细规划两个阶段。根据实际需要，在编制总体规划前可以编制城市总体规划纲要；大中城市可以在总体规划的基础上编制分区规划。

1. 城市总体规划纲要的主要内容

需要编制城市总体规划纲要的，由市人民政府负责组织编制。城市总体规划纲要的主要任务是：研究确定城市总体规划的重大原则，并作为编制城市总体规划的依据，它应包括以下主要内容：

（1）论证城市国民经济和社会发展条件，原则确定规划期内城市发展目标。

（2）论证城市在区域发展中的地位，原则确定市（县）域城镇体系的结构与布局。

（3）原则确定城市性质、规模、总体布局，选择城市发展用地，提出城市规划区范围的初步意见。

（4）研究确定城市能源、交通、供水等城市基础设施开发建设的重大原则问题，以及实施城市规划的重要措施。

城市总体规划纲要的成果以文字为主，辅以必要的城市发展示意图纸。

2. 城市总体规划的主要内容

城市总体规划的主要任务是：综合研究和确定城市性质、规模和空间发展形态，统筹安排城市各项建设用地，合理配置城市各项基础设施，处理好远期发展与近期建设的关系，指导城市合理发展。城市总体规划期限一般为20年，同时应当对城市远景发展作出轮廓性的规划安排。对城市近期内发展布局和主要建设项目的安排，称为近期建设规划，其期限一般为5年，它是城市总体规划中的一个组成部分。建制镇总体规划的期限可以为10～20年，近期建设规划可以为3～5年。城市总体规划应包括以下主要内容：

（1）设市城市应当编制市域城镇体系规划，县（自治县、旗）人民政府所在地的镇应当编制县域城镇体系规划。市区和县域城镇体系规划的内容包括：分析区域发展条件和制约因素，提出区域城镇发展战略，确定资源开发、产业配置和保护生态环境、历史文化遗产的综合目标；预测区域城镇化水平，调整现有城镇体系的规模结构、职能分工和空间布局，确定重点发展的城镇；原则确定区域交通、通讯、能源、供水、排水、防洪等设施的布局；提出实施规划的措施和有关技术经济政策的建议。

（2）确定城市性质和发展方向，规划城市规划区范围。

（3）提出规划期内城市人口及用地发展规模，确定城市建设与发展用地的空间布局、功能分区，以及市中心、区中心位置。

（4）确定城市对外交通系统的布局以及车站、铁路枢纽、港口、机场等主要交通设施的规模、位置，确定城市主、次干道系统的走向、断面、主要交叉口形式，确定主要广场、停车场的位置、容量。

（5）综合协调并确定城市供水、排水、防洪、供电、通讯、燃气、供热、消防、环卫等设施的发展目标和总体布局。

（6）确定城市河湖水系的治理目标和总体布局，分配沿海、沿江岸线。

（7）确定城市园林绿地系统的发展目标及总体布局。

（8）确定城市环境保护目标，提出防治污染措施。

（9）根据城市防灾要求，提出人防建设、抗震防灾规划目标和总体布局。

（10）确定需要保护的风景名胜、文物古迹、传统街区、划定保护和控制范围，提出保护措施，历史文化名城要编制专门的保护规划。

（11）确定旧区改建、用地调整的原则、方法和步骤，提出改善旧城区生产、生活环境的要求和措施。

（12）综合协调市区与近郊村庄、集镇的各项建设，统筹安排近郊区村庄、集镇的居住用地、公共服务设施、乡镇企业、基础设施和菜地、园地、牧草地、副食品基地、划定需要保留和控制的绿色空间。

（13）进行综合技术经济论证，提出规划实施步骤、措施和方法的建议。

（14）编制近期建设规划，确定近期建设目标、内容和实施部署。

建制镇总体规划的内容可以根据其规模和实际需要适当简化。

城市总体规划的成果，是通过文件和主要图纸表现出来。规划文件主要包括规划文本和附件，规划说明及基础资料收入附件。图纸主要有：城市现状图、市域城镇体系规划图、城市总体规划图、道路交通规划图、各项专业规划图及近期建设规划图。图纸比例：大、中城市为1/10000～1/25000，小城市为1/5000～1/10000，其中建制镇为1/5000；市域城镇体系规划图的比例由编制部门根据实际需要确定。

3．分区规划的主要内容

编制分区规划的主要任务是：在总体规划的基础上，对城市土地利用、人口分布和公共设施、城市基础设施的配置作出进一步的安排，以便与详细规划更好地衔接。分区规划应包括以下主要内容：

（1）原则规定分区内土地使用性质、居住人口分布、建筑及用地的容量控制指标。

（2）确定市、区、居住区级公共设施的分布及其用地范围。

（3）确定城市主、次干道的红线位置、断面、控制点座标和标高，确定支路的走向、宽度以及主要交叉口、广场、停车场位置和控制范围。

（4）确定绿地系统、河湖水面、供电高压线走廊、对外交通设施、风景名胜的用地界线和文物古迹、传统街区的保护范围，提出空间形态的保护要求。

（5）确定工程干管的位置、走向管径、服务范围以及主要工程设施的位置和用地范围。

分区规划的成果，通过规划文件和图纸表示出来。规划文件包括规划文本和附件，主要图纸有：规划分区位置图、分区现状图、分区土地利用及建筑设备规划图、各项专业规划图。图纸比例为1/5000。

4．详细规划的主要内容

详细规划的主要任务是：以总体规划或者分区规划为依据，详细规定建设用地的各项控制指标和其他规划管理要求，或者直接对建设作出具体的安排和规划设计。详细规划分为控制性详细规划和修建性详细规划。

控制性详细规划，主要作为控制建设用地性质、使用强度和空间环境进行规划管理的依据，并指导修建性详细规划的编制。控制性详细规划应包括以下主要内容：

（1）详细规定所规划范围内各类不同使用性质用地的界线，规定各类用地内适建、不适建或者有条件地允许建设的建筑类型。

（2）规划各地块建筑高度、建筑密度、容积率、绿地率等控制指标；规定交通出入口方位、停车泊位、建筑后退红线距离、建筑间距离等要求。

（3）提出各地块的建筑体量、体型、色彩等要求。

（4）确定各级支路的红线位置、控制点坐标和标高。

（5）根据规划容量、确定工程管线的走向、管径和工程设施的用地界线。

（6）制定相应的土地使用与建筑管理规定。

控制性详细规划通过规划文件和图纸表示出来。规划文件包括土地利用和建设管理的细则及附件，附件包括规划文件说明及基础资料。图纸包括：规划地区现状图、控制详细规划图。图纸比例为 1/1000～1/2000。

修建性详细规划是对即将进行修建的地区和建设项目所作的具体安排。对于当前要进行建设的地区，应当编制修建性详细规划，用以指导各项建筑和工程设施的设计和施工。修建性详细规划应当包括以下主要内容：

1）建设条件分析及综合技术经济论证；

2）作出建筑、道路和绿地等空间布局和景观规划设计，布置总平面图；

3）道路交通规划设计；

4）绿化系统规划设计；

5）工程管线规划设计；

6）竖向规划设计；

7）估算工程量、拆迁量和总造价，分析投资效益。

修建性详细规划成果通过规划文件和图纸表示出来。规划文件为规划设计说明书。图纸主要包括：规划地区现状图、规划总平面图、各项专业规划图、竖向规划图、反映规划设计意图的透视图。图纸比例为 1/500～1/2000。

二、城市规划的审批

按照《城市规划法》第 21 条规定，城市规划实行分级审批制度。

全国和省、自治区、直辖市的城镇体系规划、报国务院审批。

直辖市的城市总体规划，由直辖市人民政府报国务院审批；省和自治区人民政府所在地城市、城市人口在 100 万以上的城市和国务院指定的其他城市（如桂林市）的总体规划，由省、自治区人民政府审查同意后，报国务院审批；其他设市城市和县人民政府所在地镇的总体规划，报省、自治区、直辖市人民政府审批，其中市管辖的县级人民政府所在地镇的总体规划，报市人民政府审批；其他建制镇的总体规划，报县（市）人民政府审批。

城市分区规划由市人民政府审批。虽然理论上分区规划属于总体规划的范畴，但它是依据已经批准的总体规划编制而成，因此，可以由城市人民政府审批。

城市的控制性详细规划由城市人民政府审批；修建性详细规划，除重要的由城市人民政府审批外，由城市人民政府城市规划行政主管部门审批。

单独编制的国家级历史文化名城的保护规划，由国务院审批其总体规划的，报国务院审批；其他的历史文化名城，由省、自治区人民政府审批，报国务院城市规划行政主管部门和文物行政主管部门备案；省、自治区、直辖市级历史文化名城的保护规划，由省、自治区、直辖市人民政府审批；单独编制的其他专业规划，经城市规划行政主管部门综合后，报城市人民政府审批。

另外《城市规划法》还规定："城市和县人民政府在向上级人民政府报请审批城市总体规划前，必须经同级人民代表大会或者其常务委员会审查同意"。

三、城市总体规划的局部调整与重大变更

城市总体规划经批准后，具有相对稳定性，应当严格执行，任何单位和个人都不得擅自更改。但是城市总体规划期限较长，在城市发展进程中总会不断出现新情况、新问题，并提出新的要求。特别是改革开放的深入，房地产业的发展，城市的发展越来越快，这就要求作为指导城市建设与发展的城市总体规划，也应随着城市的发展作出局部调整甚至重大变更，以适应城市与社会发展的要求。

城市总体规划的局部调整是指在不影响城市性质、规模、发展方向的前提下，对城市中的局部地区的用途、容量、标准定额等方面所作的修改。如适当调整某些地块的功能，以满足城市用地需求及合理利用土地的需要；在不违背城市道路总体布局的原则下，对某些道路的宽度、走向等进行修改。城市总体规划的局部调整由城市人民政府的规划行政主管部门负责进行，报城市人民政府审批，并报同级人民代表大会常务委员会和原总体规划批准部门备案。

城市总体规划的重大变更是指涉及城市性质、规模、发展方面等方向所作的重大修改。如由于机场、铁路、大型工业项目的兴建或下马，影响到城市的总体布局和城市的发展方向。或由于产业结构的重大调整以及城市人口大幅度增长等，造成城市性质和规模的重大变更。对城市总体规划进行重大变更，应当由城市人民政府组织进行，变更后的方案，须经同级人民代表大会或其常务委员会审查同意后，报原批准机关批准。总的来说，对城市总体规划的重大变更，应当与编制和审批城市总体规划的程序一样。

第三节　城市新区开发和旧区改建

一、城市新区开发

（一）城市新区开发的涵义和形式

城市新区开发是指在城市建成区之外，集中成片地在一定规模的地段内，通过统一规划、合理布局、配套建设、综合开发，进行城市建设的一种活动。城市新区开发是随着城市经济与社会的发展、城市规模的扩大，为满足城市生产、生活日益增长的需要，逐步实现城市预期的发展目标而进行的，是城市建设和发展的重要组成部分。

城市新区开发分为以下几种形式：

1. 旧区外围新区的开发建设

通过这一形式，疏散市区人口，调整市区用地结构，改善市区内的功能和环境，解决建成区内由于布局混乱、密度过高造成的交通堵塞、居住条件恶化、环境污染等弊病。以及更好地保护旧城的传统风貌和特色。

2. 经济技术开发区的开发建设

通过这一形式，为吸引外资、引进先进技术、开展外向经济联系、创造良好的投资环境以促进城市经济改革和对外开放的发展。

3. 卫星城镇的开发建设

采取这一形式主要是为了有效地控制大城市市区的人口和用地规模，按照总体规划的要求，将市区内需要搬迁的项目或新建的大、中型项目安排到周围的小城镇，逐步形成以大城市为中心，比较完善的城镇体系。

4. 新工矿区的建设

它是指国家或地方政府根据矿产资源开发和加工的需要，在城市郊区或郊县建设大中型工矿企业，并逐步形成相对独立的工矿区，在城市统一规划的指导下，进行配套建设。

（二）城市新区开发的规划要求

（1）新区的选址，应当尽量依托城市市区，充分合理利用城市现有设施。

（2）要从实际出发，量力而行，开发规模、开发程序要符合当地的经济技术水平和能力，预先进行充分论证，编制好开发区规划，有计划、有步骤地分期分批进行，充分发挥开发区的综合效益。

（3）开发区的标准、设施水平应当适当提高以吸引、促进市区人口和工业项目向外疏散。

（4）新区与市区应当有方便的交通和通信联系。

（5）新区开发应当按照社会化的要求，统一组织基础设施、公共设施的建设。新区内各个建设项目需要配套的市政公用设施，不能各行其是，重复建设、相互干扰，应当纳入新区或城市的统一的市政公用设施系统，不要自成体系，影响新区或城市功能的协调，造成不必要的浪费。

二、城市旧区改建

（一）城市旧区改建的涵义

城市旧区改建是指在建成区内，对不能适应城市经济、社会发展的地区进行改造、保护、发挥建成区的潜力、功能而进行的一种建设活动。城市旧区是城市在长期历史发展中逐步形成的进行各项政治、经济、文化、社会活动的居民集聚区。城市旧区的形成，显示了城市各个不同历史发展阶段的轨迹，也集中地积累了历史遗留下来的各种矛盾和弊端。绝大多数城市旧区都或多或少地存在着布局混乱、房屋破旧、居住拥挤、交通阻塞、环境污染、市政和公共设施短缺等问题。随着改革开放和城市经济、社会发展，这些矛盾已经变得越来越突出，甚至妨碍了城市经济、社会的进一步发展。因此，只有通过旧区改建，才能挖掘旧区的潜力，发挥出它固有的优势，真正地实施城市总体规划的设想，实现城市的经济和社会发展目标。

（二）城市旧区改建的规划要求

（1）旧区改建应当统一规划，合理布局，分期分批地实施。城市旧区改建的任务是改善交通运输和生活居住条件，加强城市基础设施和公共设施的建设，重点应当是对危房棚户和设施简陋、交通阻塞、污染严重的地区进行综合整治；有的需要成片拆除重建，部分质量低劣、设施短缺、需要填空补齐和提高质量的地区，应当进行局部调整改建，使各项设施逐步配套完善；房屋和各项设施基本完好的地区，应当充分利用加以维护。

（2）城市旧区改建应当与城市产业结构的调整和工业企业的技术改造紧密结合，优化城市布局和用地结构，提高城市环境质量。城市人民政府应当通过旧区改建把旧城中原有的严重危害和污染环境的项目逐步迁出。利用腾出的土地，增加居住用地、城市绿化用地和文化体育活动设施用地的比率，加强基础设施和公共设施的建设，改善城市环境和市容景观，提高城市的综合功能和综合效益。

（3）城市旧区改建应当保护具有重要历史意义、革命纪念意义，科学和艺术价值的文物古迹和风景名胜。代表城市传统风貌的街区、建筑物、构筑物等应当切实采取保护措施，并划定保护区和建设控制区。历史文化名城、少数民族地区城市的旧区改建，应当充分体现传统风貌、民族特点、地方特色。

三、城市新区开发和旧区改建的原则

（一）统一规划、合理布局的原则

无论是新区开发，旧区改建，还是各个建设项目的具体安排，都是为了实施城市规划。因此，新区开发、旧区改建、各个建设项目的选址、定点都必须进行统一规划，合理布局。统一规划、合理布局应当体现下列要求：

（1）开发城市新区和安排各类建设用地，必须保证有可靠的水源、能源、交通、防灾等建设条件，并应避开有开采价值的地下矿藏和有保护价值的文物古迹，以及工程地质、水文地质不宜修建的地区。

（2）城市居住区应当安排在自然环境条件较好的地段，其相邻地段的土地利用不得妨碍居住区的安全、卫生与安定。

（3）城市工业项目的布置应当考虑专业化协作的要求，统筹规划，合理安排。容易产生有害废弃物的工业项目，不得布置在市区主导风向的上风和水源的上游地段，避免通过大气和水向市区或者临近市区的下风、下游扩散污物。

（4）生产或者存储易燃、易爆、剧毒物的工厂和仓库，以及严重影响环境卫生的建设项目，必须避开居民密集的市区。

（5）建设产生放射性污染的项目，必须避开城市市区及其他居民密集的地区，并设置防护工程，采取有效的对事故和废弃物的处理措施。

（6）城市道路选线应当同城市或对外交通设施相互衔接、协调，形成合理的交通运输体系；港口设施的建设，必须综合考虑岸线的合理利用，保证留有必需的城市生活岸线。

（7）建设机场、城市铁路编组站、铁路干线、过境公路、区域供电高压走廊和重要军事设施等，应当避开城市居民密集的市区。

（8）城市人民防空工程的规划和建设，应在满足使用功能的前提下，充分考虑合理开发和综合利用城市地下空间的要求。

（二）综合开发、配套建设的原则

综合开发、配套建设是一种城市建设方式、建设管理体制的重大改革。我国城市建设在过去以分散建设、零星插建的方式居多。1980年国务院批转的《全国城市规划工作座谈会纪要》中指出："对新建小城市、卫星城、现有城市的新区建设和旧城成片改造地区，都应考虑组织开发公司、实行综合开发"。80年代初期，一些城市开始试行以"三通一平"或"七通一平"为主的土地综合开发，进而发展成配套设施齐全的房地产综合开发。实践证明，在统一规划、合理布局的前提下，通过综合开发、配套建设、保证了城市规划的实施，促进城市建设良性循环，提高了城市建设的经济效益、社会效益和环境效益。

第四节　城市规划的实施

城市规划的实施是指按照法定程序编制和批准的城市规划，依据国家和各级政府颁布的城市规划管理有关法规和具体规定，采取法制的、社会的、经济的、行政的和科学的管理方法，对城市的各项建设用地和建设工程活动进行统一的安排和控制，引导和调节城市各项建设事业有计划、有秩序地协调发展，使城市规划的设想变为现实。城市规划的实施是一项复杂的系统工程，涉及到社会的各个部门、各个行业。因此，城市规划经批准后，必须经城市人民政府组织实施。

一、建设用地规划管理制度

（一）建设项目选址意见书管理制度

1. 建设项目选址意见书的概念和作用

建设项目选址意见书是建设单位在建设项目设计任务书报批时，必须附有由城市规划行政主管部门出具的关于该建设项目，选在哪个城市，或选在城市中哪个方位及范围的书面文件。

1978 年国家计委、国家建委、财政部联合颁发的《关于基本建设程序的若干规定》中就明确规定："凡在城市辖区内选点的，要取得城市规划部门的同意，并且要有协议文件"。1985 年国家计委和城乡建设环境保护部《关于重点项目建设中城市规划和前期工作的通知》又强调"凡与城镇有关的建设项目，应按照《城市规划条例》的有关规定，在当地城市规划部门的参与下共同选址。各级计委在审批建设项目建议书和设计任务书时，应征求同级城市规划主管部门的意见"。《城市规划法》第三十条规定："城市规划区内的建设工程的选址和布局必须符合城市规划。设计任务书报请批准时，必须附有城市规划行政主管部门的选址意见书"。这正是对以前规定的重申，并以法律的形式固定下来，成为城市规划实施的一项重要法律制度。实行这一制度的作用在于保障城市建设项目的选址和布局与城市规划密切结合，科学合理，提高综合效益。

2. 建设项目选址意见书的内容和审批权限

1991 年 8 月 23 日建设部、国家计委根据《城市规划法》和国家基本建设程序的有关规定，联合颁发了《建设项目选址规划管理办法》，该办法对建设项目选址意见书的内容及审批权限作了详细的规定。

建设项目选址意见书应当包括下列三方面内容：

（1）建设项目的基本情况，主要是指建设项目的名称、性质、用地与建设规模，供水与能源的需求量，采取的运输方式与运输量，以及废水、废气、废渣的排放方式和排放量。

（2）建设项目规划选址的依据，主要有：经批准的项目建议书；建设项目与城市规划布局是否协调；建设项目与城市交通、通讯、能源、市政、防空规划是否衔接与协调；建设项目配套的生活设施与城市生活居住及公共设施规划是否衔接与协调；建设项目对于城市环境可能造成的污染影响；以及与城市环境保护规划和风景名胜，文物古迹保护规划是否协调。

（3）建设项目选址、用地范围和具体规划要求。

建设项目选址意见书，按建设项目计划审批权限实行分级规划管理。县级人民政府计划行政主管部门审批的建设项目，由县人民政府城市规划行政主管部门核发选址意见书；地级、县级市人民政府计划行政主管部门审批的建设项目，由该市人民政府城市规划行政主管部门核发选址意见书；直辖市、计划单列市人民政府计划行政主管部门审批的建设项目，由直辖市、计划单列市人民政府城市规划行政主管部门核发选址意见书；省、自治区人民政府计划行政主管部门审批的建设项目，由项目所在地县、市人民政府城市规划行政主管部门提出审查意见，报省、自治区人民政府城市规划行政主管部门核发选址意见书；中央各部门、公司审批的小型和限额以下的建设项目，由项目所在地县、市人民政府城市规划行政主管部门核发选址意见书；国家审批的大中型和限额以上的建设项目，由项目所在地县、市人民政府城市规划行政主管部门提出审查意见，报省、自治区、直辖市、计划单列市人民政府城市规划行政主管部门核发选址意见书，并报国务院城市规划行政主管部门备案。

（二）建设用地规划许可证制度

1.建设用地规划许可证的概念和作用

建设用地规划许可证是由城市规划行政主管部门确定建设项目的用地位置和范围，证明建设项目符合城市规划，允许建设单位依此向土地管理部门申请征用、办理划拨土地手续的法定凭证。

根据《城市规划法》的规定，只有取得建设用地规划许可证后，才可向土地管理部门申请征用土地；未取得建设用地规划许可证，而直接向土地管理部门申请征用土地并取得批准文件的，批准文件无效，占用的土地退回。实行建设用地规划许可证制度的目的在于确保土地利用符合城市规划，维护建设单位按照规划使用土地的合法权益，为土地管理部门在城市规划区内行使权属管理职能提供必要的法律依据。

2.取得建设用地规划许可证的程序

（1）审核申请建设用地定点的批准文件（设计任务书、有关部门的批件等）是否具备合法性。

（2）根据建设项目的性质、规模及外部关系、征求环境保护、消防、文物保护、土地管理等部门的意见。

（3）核定建设项目的位置和范围，划出规划红线。

（4）提出规划设计条件，作为进行总平面布置的依据。

（5）审查建设用地总平面布置，确认是否符合规划要求。

（6）核发建设用地规划许可证。

二、建设工程规划管理制度

（一）建设工程规划许可证制度

1.建设工程规划许可证的概念和作用

建设工程规划许可证是有关建设工程是否符合城市规划的法律凭证。其作用主要是：确认有关建设活动的合法地位，保护建设单位和个人的合法权益；是城市规划行政主管部门检查、验收建设工程，对违反建设工程规划许可证规定的内容进行处罚的依据；是城市规划行政主管部门作为城市建设活动的重要历史资料和城市建设档案的重要内容。

2.取得建设工程规划许可证的程序

（1）审查申请单位提交的批准文件是否齐备、合法。

（2）建设工程涉及相关行政主管部门的，征求有关行政主管部门的意见，如环境保护、交通、防疫、安全、文物等部门。

（3）提出规划设计要求，作为编制建设工程初步设计方案的依据。

（4）审定初步设计方案是否符合规划设计要求。

（5）审查施工图，核发建设工程规划许可证。

3.建设工程规划管理的内容

对城市中各项建设工程实行严格统一的规划管理，是保证城市规划顺利实施的主要制度之一。它的主要内容包括下列几个方面：

（1）各项建设活动必须符合城市规划，服从规划管理，包括各类房屋及其附属物的建设；城市道路、桥涵、铁路、机场、港口、供水、供气、供热、供电等基础设施的建设；防灾工程、绿化工程、农贸市场、广告牌等建设；为完成上述工程或其他需要进行的临时建设。

（2）对建设工程的性质、规模、位置、标高、高度、造型、朝向、间距、建筑率、容积率、色彩、风格等进行审查和规划控制。

（3）对道路的走向、等级、标高、宽度、交叉口设计、横断面设计及道路的附属设施进行审查和规划控制。

（4）对各类管线的性质、走向、断面、架设高度、埋置深度、相互间的水平距离、垂直距离等进行审查和规划控制。

（二）现场检查制度

现场检查是指城市规划行政主管部门工作人员进入有关单位或者施工现场，了解有无违章用地、违章建筑情况，检查建设工程是否符合规划设计条件或要求，并对各类违章用地、违章建设活动进行处罚的活动。

现场检查的作用在于及时发现、纠正和处理各种违章用地、违章建设，才能保证城市土地利用和各项建设活动符合城市规划，保证城市规划的顺利实施。现场检查的主要内容包括：是否取得建设用地规划许可证和建设工程规划许可证；在办理征用土地手续时，有无违背建设用地规划许可证规划的位置、范围的行为；在进行建设活动时，有无违反建设工程规划许可证规定的要求的行为等。

任何单位和个人不得以保密等为借口阻绕规划工作人员进入现场，或拒绝提供与城市规划管理有关的情况、文件、图纸等。城市规划工作人员在现场检查中接触或获得的有关单位和个人的技术秘密或业务秘密，应当严格保守，不得泄密，否则应承担相应的法律责任。

（三）竣工验收制度

竣工验收是基本建设程序中的最后一个阶段。《城市规划法》第三十八条规定："城市规划行政主管部门可以参加城市规划区内重要建设工程的竣工验收。城市规划区内的建设工程，建设单位应当在竣工验收后六个月内向城市规划行政主管部门报送有关竣工资料"。

城市规划主管部门参加竣工验收，是对建设工程是否符合规划设计条件的要求进行最后把关，以保证城市规划区内各项建设符合城市规划。

（四）关于不得占用道路，绿地进行建设的规定

《城市规划法》第三十五条规定："任何单位和个人不得占用道路、绿地、高压供电走廊和压占地下管线进行建设"。城市规划确定的城市道路、广场、园林绿地、高压供电走廊及各种地下管线是保持城市功能正常运转，为城市人民提供生产、生活的方便条件和适宜环境必不可少的重要公共设施。因此，为了维护城市的整体利益，必须对这些设施严加保护。

（五）关于改变地形地貌的规定

在城市建设发展中，一些建设工程需要大量的填土、弃土，建材生产需要大量挖取砂石、土方，城市还有大量的基建碴土、工业废渣、生活垃圾等需要堆放。在城市规划区内擅自改变地形、地貌的活动，有可能堵塞行洪河道，破坏园林绿化、文物古迹、市政工程设施、地下管线设施及人防设施等，影响城市环境和城市居民的生产、生活，影响城市规

划的实施。因此，《城市规划法》第三十六条规定："在城市规划区内进行挖取砂石、土方等活动，须经有关部门批准，不得破坏城市环境，影响城市规划的实施"。

第五节　法　律　责　任

一、行政法律责任

（一）违法占用城市土地的行政处罚

（1）任何单位和个人未经批准擅自占用城市规划区内的土地进行建设或进行改变城市地形、地貌活动的，城市规划行政主管部门应当责令当事人立即停止违法活动；对于违法占用的土地，应依法提请县级以上城市人民政府收回；对于违法占用土地上已经形成的各类建筑物，构筑物和其他设施，应当根据情况处以限期拆除或没收的处罚；对于破坏城市原有地形地貌和环境的，要责令当事人限期恢复原状。

（2）任何单位和个人未取得建设用地规划许可证，就向土地管理部门申请征用土地，并获得批准文件，占用土地的，依据《城市规划法》第三十九条的规定，批准文件无效，由城市规划行政主管部门提请人民政府收回批准文件并责令当事人限期退出占用的土地。

（3）任何单位和个人未经城市规划行政主管部门批准擅自改变建设用地规划许可证中规定的建设用地的位置、面积、范围的，由城市规划行政主管部门责令当事人限期改正，在未改正前，对建设申请不予审批。

（4）任何单位和个人未经城市规划行政主管部门批准，擅自改变已经确定的土地使用性质的，城市规划行政主管部门应责令当事人限期改正；对已经形成的各类建筑物，构筑物或其他设施，按违法建设处罚。

（二）违法建设行为的行政处罚

（1）任何单位和个人未取得的建设工程规划许可证，擅自在城市规划区内进行建设活动的，城市规划行政主管部门应当责令有关当事人立即停止建设；对于已经形成的各类违章建筑物、构筑物或其他设施，如严重影响城市规划的，责令限期拆除或没收；如属于尚可采取改正措施的，责令限期改正，并可处以罚款。

（2）任何单位和个人擅自改变建设工程规划许可证规定的内容，严重影响城市规划的，由城市规划行政主管部门责令当事人停止建设、限期拆除或没收；尚可采取改正措施的，责令当事人限期改正，并可处以罚款。

（3）任何单位和个人未经规划部门批准，擅自改变建筑物原定使用性质的，由城市规划行政主管部门责令当事人限期采取改正措施，并可处以罚款。

（4）批准临时建设，而当事人却建成半永久或者永久性建筑物的，由城市规划行政主管部门责令当事人限期拆除，并可处以罚款。

（三）对违法行为的直接责任人员的行政处分

对前面讲述的违法占用土地，违法建设的直接责任人员，以及城市规划行政主管部门工作人员玩忽职守、滥用职权、徇私舞弊未构成犯罪的，可由其所在单位或者上级主管机关给予警告、降级、撤职、开除等行政处分。

二、刑事法律责任

在城市规划实施过程中，可能引起刑事责任的行为主要有以下三方面：

（1）由于违法建设行为而造成严重危害，威胁居民生命安全，使国家财产遭受重大损失，情节严重，已经构成犯罪的。

（2）以暴力、威胁方法阻挠城市规划管理人员依法执行公务，造成城市规划实施受到严重影响，国家财产受到重大损失的直接责任人员，情节严重，已构成犯罪的。

（3）由于城市规划行政主管部门的工作人员玩忽职守、滥用职权、徇私舞弊，使国家遭受重大损失、情节严重，构成犯罪的。

第五章　城市房屋拆迁管理法规

第一节　城市房屋拆迁管理法规概述

一、城市房屋拆迁管理法规的概念和特征

（一）房屋拆迁的概念

房屋拆迁是根据国家城乡建设规划和国家专项工程的迁建计划以及当地政府的用地文件，拆除建设用地范围内的原有建筑物，将原住户或生产设施移地补偿安置，或给予补偿，暂时安排其他地方临时过渡，待房屋建成后返回原地安置等一系列工作的统称。房屋拆迁是为了进行经济、文化、国防建设以及兴办社会公共事业等征用集体所有的土地和使用国有土地所进行的拆迁活动。

（二）城市房屋拆迁管理法规的概念

房屋拆迁是拆迁人在建设活动中，因建设项目用地需要，对在建设项目用地范围内，属他人所有或使用的房地产权益，依照有关法律、法规的规定而实施的依法转移房地产权益的行为过程。房屋拆迁当事人主要有拆迁人和被拆迁人。拆迁人是指取得拆迁许可证的建设单位和个人。被拆迁人是指被拆除房屋及其附属物的所有人（包括代管人、国家授权管理国有房地产的管理人）和被拆除房屋及其附属物的使用人。

城市的发展是一个不断进行再建设的过程，而城市房屋拆迁，是旧城区改造项目必不可少的"前期工程"。由于城市的人、财、物相对集中，居民众多，房屋密集，因此，无论是在城市的新区建设，还是旧城改造中，涉及房屋拆迁的问题越来越多，矛盾也越来越突出。城市房屋拆迁工作的好坏，直接影响到千家万户的切身利益，影响到城市建设能否顺利进行，城市房屋拆迁已成为城市建设的重要环节。国家有关机关为了组织领导城市房屋拆迁工作，有效地进行房屋拆迁管理，妥善处理房屋拆迁主管部门同其他部门之间、各级房屋拆迁主管部门之间、房屋拆迁主管部门同拆迁人和被拆迁人之间的关系，就必须制定城市房屋拆迁管理法规，以调整房屋拆迁中出现的各种社会关系。

城市房屋拆迁法规就是国家调整城市房屋拆迁过程中发生的各种社会关系的法律规范的总称，是我国房地产法的重要组成部分。

城市房屋拆迁法规的调整对象包括以下两个方面：

（1）调整城市房屋拆迁活动中形成的行政管理关系。主要包括：确定房屋拆迁管理体制、管理方式、管理的基本原则；确定房屋拆迁主体在房屋拆迁活动中的法律地位和活动原则；确定房屋拆迁法规的调整范围，调整方式及其调整措施；确定对各种房屋拆迁活动的具体管理机构和监督机构，管理权限及其活动程序；确定房屋拆迁主管部门的行政处罚权限及其种类。

（2）调整房屋拆迁活动中形成的民事法律关系。主要包括：确定房屋拆迁当事人之间因房屋拆迁活动而形成的财产关系，主要是安置与补偿中的财产关系；确定因房屋拆迁活

动而发生民事纠纷的处理方式程序,以及房屋拆迁主管部门在调处民事纠纷中的职责范围。

建国 40 多年来,在城市房屋拆迁领域,国家没有统一立法。80 年代,在经济体制改革和城市建设迅猛发展的大背景下,房屋拆迁规模越来越大,拆迁当事人的相互关系更为复杂,为此,各地相应制订了大量有关房屋拆迁的地方性法规。但由于缺乏充分的立法依据和统一的指导原则,导致制度不规范、管理不统一,各地差异较大,甚至前后变动频繁,城市房屋拆迁出现的问题越来越多,因拆迁而引起的纠纷也与日俱增,社会上要求加强拆迁管理的呼声日益强烈。1986 年,国家建设部组织各地专家开始了全国的城市房屋拆迁行政法规的起草工作。在总结实践经验,研究全国各地有关拆迁法规或部门规章的基础上,经过各方面反复论证和修改,国务院于 1991 年 3 月 22 日发布了《城市房屋拆迁管理条例》(以下简称《拆迁条例》)。这是我国第一部由国家颁布的、专门的、全国统一的城市房屋拆迁管理行政法规。《拆迁条例》的适用范围为"城市规划区内的国有土地"。它的颁布施行,是我国建设事业和房地产管理事业法制建设的一个重大成果,对加强城市房屋拆迁管理,促进国家建设发展,保护当事人合法权益,都具有十分重要的现实意义。《拆迁条例》和与之配套的有关法规,以及各地根据《拆迁条例》制订的实施细则和有关规定,加上《土地管理法》、《城市规划法》中有关拆迁的法律规定,初步构成了我国城市房屋拆迁管理的法律体系。这标志着我国城市房屋拆迁管理工作纳入了法制的轨道。

(三)城市房屋拆迁管理法规的特征

1. 兼有行政法和民法的法律属性

我国城市房屋拆迁管理法规规定了在确认和保护房屋拆迁法律关系及其权利与义务时所应遵循的两个基本原则——服从国家建设需要和保护拆迁当事人的合法权益。这就使城市房屋拆迁法规包含有一种非平等主体之间的具有命令与服从属性的行政法的法律性质,又包含有作为平等主体的拆迁与被拆迁双方当事人之间具有财产权利义务关系的民法法律性质。主体上属于行政法,大量具体问题的处理则是依据民法的原则和精神,它所规定的房屋拆迁关系同时兼有行政法和民法的法律属性。

2. 地方性

城市房屋拆迁关系具有浓厚的地方性。我国幅员辽阔,人口众多,各地经济发展,自然地理条件不同。因此,房屋拆迁管理法规除由国家制定的统一法规外,还要由各省、市、自治区有关部门制定相应的地方性法规或地方政府规章,将国家规定和本地的实际情况结合起来,才能更好地贯彻国家的法律规定。

二、城市房屋拆迁行政管理机构及其职能的法律规定

(一)城市房屋拆迁行政管理机构

房屋拆迁行政管理机构,是指依照房屋拆迁管理法规的规定,承担房屋拆迁行政管理任务,行使房屋拆迁行政管理职能的政府机关。

《拆迁条例》第六条规定:"国务院房地产行政主管部门主管全国的城市房屋拆迁工作。县级以上地方人民政府房地产行政主管部门或者人民政府授权的部门主管本行政区域内的城市房屋拆迁工作"。国务院房地产行政主管部门目前划归建设部;县级以上地方人民政府房地产行政主管部门,在省、自治区一级指的是省、自治区建委或建设厅,城市的房屋拆迁主管部门,根据建设部 1992 年 5 月 13 日发出的《关于进一步明确城市房屋拆迁行政主管部门的通知》为"城市房地产部门或建设系统的一个部门或机构"。为了保证房屋拆迁主管部门行政管理和执法的公正性、客观性，保证房屋拆迁管理工作与房屋估价、房屋产权、住房政策的协调，该通知指出："此项工作不能授权开发办或土地管理部门管理"。

（二）城市房屋拆迁管理机构的职能

城市房屋拆迁主管部门依法行使管理职能主要有以下三个方面：

1. 审批职能

建设单位或个人需要拆迁他人房屋时，应按拆迁法规的规定，向房屋拆迁主管部门申办关于房屋拆迁的报批手续。房屋拆迁主管部门根据建设单位或个人提供的房屋拆迁依据文件、拆迁计划、拆迁方案等进行审查。根据审查的结果，批准或不批准拆迁申请。对批准的，按照房屋拆迁法规的规定向建设单位发放房屋拆迁许可证和发布拆迁公告，通知房屋拆迁所在地公安部门暂停办理向拆迁范围内迁入居民户口和居民分户。

2. 监督检查职能

《拆迁条例》第十七条规定："房屋拆迁主管部门应当对房屋拆迁活动进行检查。被检查者应当如实提供情况和资料。检查者有责任为被检查者保守技术和业务秘密"。房屋拆迁行政主管部门的监督检查职能主要有以下几个方面：（1）监督建设单位或个人拆迁他人房屋是否依法办理了报批手续，取得拆迁许可证而具备拆迁人的合法资格；（2）监督检查拆迁人在房屋拆迁具体实施过程中，有无超越拆迁许可证载明的拆迁范围，期限；（3）监督检查房屋拆迁当事人之间的拆迁协议是否合法，纠正或制止安置与补偿中的不当行为；（4）对接受委托拆迁的专业拆迁单位进行资格审查。

3. 仲裁调解职能

《拆迁条例》第十四条规定了房屋拆迁行政主管部门对拆迁中的民事纠纷行使仲裁调解职能。

三、城市房屋拆迁许可证制度

《拆迁条件》第八条规定："任何单位和个人需要拆除房屋，必须持有国家规定的批准文件、拆迁计划和拆迁方案，向县级以上人民政府房屋拆迁主管部门提出拆迁申请，经批准并发给房屋拆迁许可证后，方可拆迁"。实行房屋拆迁许可证制度，是国家加强房屋拆迁工作的管理，维护国家、拆迁当事人双方合法权益，保障城市建设顺利进行的重要途径。

拆迁人申请房屋拆迁许可证，必须向房屋拆迁主管部门提交下列文件：各级计划主管部门批准的建设项目计划立项文件；城市规划行政主管部门批准发放的城市规划建设用地选址意见书，城市规划用地许可证等建设项目的规划批准文件；土地管理行政主管部门发放的建设用地批准文件；地方性法规或当地政府规定的其他有关批准文件。

拆迁计划和拆迁方案包括具体拆迁地段、拆迁范围、预定拆迁面积、拆迁期限、拆迁补偿和拆迁安置设想、回迁期限和过渡方式等内容。

房屋拆迁行政主管部门接到建设单位的拆迁申请和提交的有关批准文件、拆迁计划和拆迁方案后，应即派员到房屋拆迁现场，进行实地踏勘，对房屋拆迁申报的拆迁地段、范围、面积进行核实。同时还要审查有关批准文件是否齐全；用于拆迁的资金是否已经落实；拆迁计划和拆迁方案是否切实可行等。经审查，认为拆迁具有合法性、合理性和可行性后，应当及时给拆迁人发放房屋拆迁许可证。房屋拆迁许可证是拆迁人从事房屋拆迁的法律凭证，只有取得房屋拆迁许可证才能进行拆迁，无证拆迁是违法的拆迁行为。房屋拆迁许可证具有一次性、局部性的特点，即房屋拆迁许可证只对特定的项目、在一定的时间和一定的范围内有效。因此，拆迁人必须在房屋拆迁许可证规定的范围内从事拆迁，不得擅自扩大或缩小；必须在规定的期限内完成拆迁工作，不得擅自延长。有特殊原因需要变更拆迁范围或延长期限的，拆迁人应当及时向房屋拆迁行政主管机关报告，说明原因和理由，并征得房屋拆迁行政主管部门的许可。《房屋拆迁许可证》作为房屋拆迁的法律凭证，拆迁人要妥为保管，不得擅自涂改、转让，如有遗失，要及时向原发证机关申报，并登报声明。

四、城市房屋拆迁实施形式和实施程序

（一）房屋拆迁实施形式

《拆迁条例》第九条规定："当地人民政府可以组织统一拆迁，也可以由拆迁人自行拆迁或者委托拆迁。有条件的城市和城市中实行综合开发的地区，应当实施统一拆迁"。这就明确规定了统一拆迁、拆迁人自行拆迁和委托拆迁三种具体实施形式。

1. 统一拆迁

是指城市人民政府对具体拆迁项目的实施实行统一组织管理。这种形式主要应用于市政拆迁、城市旧城改造、城市综合开发等成片建设地段的拆迁项目。统一拆迁是国家提倡的拆迁形式，其优点是指挥集中，可以提高房屋拆迁的权威性，减少阻力和纠纷，便于协调各方面的经济社会关系，保证拆迁工作及时顺利地进行。

2. 自行拆迁

是指拆迁人自己对被拆迁人进行拆迁补偿和安置。自行拆迁，一般发生在单个建设工程的建设中。由于单个工程的房屋拆迁量往往不大，因此，这些拆迁项目，由拆迁人自行组织力量实施拆迁是比较符合实际情况的。从目前实际情况看，房地产开发公司一般都有自己的拆迁机构和专业队伍，它们基本上实行自行拆迁的形式。拆迁人自行拆迁的，要对从事拆迁工作人员进行培训，使之了解和掌握拆迁的法规及其他拆迁业务知识。

3. 委托拆迁

是指拆迁人委托房屋拆迁专门单位实施房屋拆迁。为了适应社会化、专业化的要求，由专门从事房屋拆迁的单位承担拆迁工作，有利于节约人力和物力，免除建设单位拆迁工作的负担。《拆迁条例》第九条第二款规定："拆迁人委托拆迁的，被委托人应当是取得房屋拆迁资格证书的单位"。建设部根据《拆迁条例》的规定于 1991 年 7 月制定了《城市房屋拆迁单位管理规定》，以加强对城市房屋拆迁单位的管理。另外《拆迁条例》第九条第三款还特别规定："房屋拆迁主管部门不得接受委托拆迁"。作出此项规定的目的，是把行政权力和民事权利分开，使拆迁行政主管部门不至因陷入利益关系而影响其行政执法的公正性。

（二）房屋拆迁实施程序

虽然房屋拆迁有三种具体实施形式，但各种形式具体的实施程序是基本一致的。

（1）房屋拆迁的申请和批准，核发房屋拆迁许可证。

（2）委托拆迁单位。当拆迁人采取委托拆迁形式时，应依法办理委托手续。

（3）发布公告。建设单位的房屋拆迁申请被批准后，房屋拆迁行政主管部门应当将批准的建设项目、建设单位、拆迁范围、搬迁期限、补偿和安置办法等以房屋拆迁公告的形式或其它形式予以公布，并及时向被拆迁人做好宣传解释工作。拆迁范围确定后，房屋拆迁行政主管部门应通知房屋拆迁所在地公安部门暂停办理向拆迁范围内迁入居民户口和居民分户。因出生、军人复员转退、婚嫁等确需入户或者分户的，经县级以上地方人民政府批准后，方可办理。同时还应通知有关行政管理部门停止办理房屋拆迁范围内的发放工商

营业执照、换照、房屋翻建、扩建、改建、买卖、交换、租赁等手续,以确保拆迁工作的顺利进行。

(4) 动迁,签订房屋拆迁协议。

(5) 检查。房屋拆迁行政主管部门依法对房屋拆迁活动进行监督检查。

(6) 资料归档。房屋拆迁行政主管部门应对批准拆迁项目的有关资料,按要求进行归档保存。

第二节 城市房屋拆迁补偿

一、拆迁补偿的原则和对象

(一) 拆迁补偿的原则

我国宪法、民法都明确规定国家保护房屋产权人的合法权益。因此,房屋产权人即所有人要求拆迁人对拆迁房屋造成的损失给予补偿是他们的法定权利,拆迁人对所有人进行补偿是他们的法定义务。在这一前提下,拆迁补偿应遵循公平合理、等价有偿的原则。房屋及其附属物作为所有人的财产,是所有人经济利益的重要部分,拆除房屋会使其所有人遭受财产损失。《拆迁条例》规定,对拆除的房屋及地上附着物给予补偿,对土地则不予补偿。

(二) 拆迁补偿的对象

根据《拆迁条例》的规定,拆迁补偿的对象是"被拆除房屋及其附属物的所有人(包括代管人,国家授权的国有房屋及其附属物的管理人)"。简单地说,拆迁补偿的对象是在拆迁公告前已经对房屋及其附属物取得合法所有权的人。因此,拆除违章建筑和超过批准期限的临时建筑不予补偿。但对被拆除的未超过批准期限的临时建筑,应根据实际情况,按使用期内的残值参考剩余期限给予适当的补偿。

二、房屋拆迁补偿的形式及标准

根据《拆迁条例》第二十条的规定:"拆迁补偿实行产权调换、作价补偿,或者产权调换和作价补偿相结合的形式"。除有专门规定外(如拆除出租住宅必须以产权调换形式补偿),拆迁当事人双方可以根据实际情况,通过协商采取其中一种形式。

(一) 产权调换

产权调换是指拆迁人用易地或者原地再建的房屋与被拆迁人的房屋进行交换,被拆迁人对该房屋继续拥有原来那种对被拆除房屋的产权关系。选择产权调换作为补偿的形式是被拆迁人的一项权利,拆迁人不得无理剥夺其选择权。但是,当根据城市规划的要求和建设项目的性质已不能实行产权调换的,被拆迁人不得一味坚持产权调换,而应采取其他的补偿形式。

根据《拆迁条例》规定:"产权调换的面积按照所拆房屋的建筑面积计算"。这里的"建筑面积"是指房屋建筑物各层面积的总和,包括使用面积、辅助面积和结构面积。建筑面积的计算依照 1982 年国家颁布的《建筑面积计算规则》执行。

在房屋拆迁补偿的实践中,实行产权调换的两处房屋绝少在建筑面积、结构和成新正好一样,实际上绝大多数情况下存在着计算差价的问题。对此,《拆迁条例》二十二条和二十三条对以产权调换形式的差价计算作出了规定。

1. 以产权调换形式偿还的非住宅房屋的差价计算

（1）偿还建筑面积与原建筑面积相等的部分，按照重置价格结算结构差价。重置价格"是指上一年重新购置或建造与所拆房屋相同结构、相同标准、相同质量的房屋价格。房屋建筑结构一般按使用材料的不同分为钢结构、钢筋混凝土结构、砖混结构、砖木结构、简易结构等。房屋"结构差价"是指建造不同结构的房屋所花费的不同造价之间的差额。例如：偿还房屋是钢筋混凝土结构，重置价格每平方米800元，原房屋是砖混结构，重置价格每平方米700元，它的结构差价即为每平方米100元。如果两房结构相同，则其结构差价为零，双方两清；如果不同，就要由其中一方向另一方以货币形式补偿其差额。

（2）偿还建筑面积超过原建筑面积的部分，按照商品房价格结算。原所有人应以市场价格获得偿还房屋中超出被拆除房屋建筑面积的那一部分的产权。

（3）偿还建筑面积不足原建筑面积的部分，按重置价格结合成新结算。"结合成新结算"是指以成新折扣作系数（即房屋的新旧程度）来修正重置价格。成新折扣率要依照房屋的完损等级来确定。

2. 以产权调换形式补偿的住宅房屋的差价计算

住宅与非住宅相比，其产权形式比较复杂，除公房（政府直管、单位自管）、私房以外还有其它产权形式，如有限产权等。住宅是人类生活所必需的重要生活资料，《拆迁条例》在对房屋拆迁法律关系的调整中，对补偿问题的规定虽然是以民法"等价有偿"为基础，但又从行政法的角度向被拆迁人作了适当的倾斜，这种倾斜的出发点在于，因建设需要而拆迁房屋的行为，本质上是拆迁人要求被拆迁人让渡或部分让渡其原已占有的土地使用权的行为过程。正是由于住宅产权形式的复杂性以及住宅作为生存必需品的特殊性，为能适应各种不同的实际情况，《拆迁条例》把住宅实行产权调换形式补偿的差价结算办法，授权"由省、自治区、直辖市人民政府规定"。如上海市规定："私房所有人与拆迁人应按照互换房屋面积、质量的差异结算差额价款。互换的新房在人均建筑面积24m² 以内、不超过原建筑面积的，按新房成本价的1/3出售；人均建筑面积24m² 以上、不超过原建筑面积的，24m²以上的部分按新房的成本价出售"。另外，还规定按照原面积互换房屋后，私房所有人居住仍有困难的，可按有关规定标准超面积购房，超过原面积的部分按成本价计算。

（二）作价补偿

作价补偿是指拆迁人按规定价格出资收购原所有人的被拆房屋，并注销其产权。《拆迁条例》第二十条第三款规定了这种补偿的计价原则，即"按照所拆房屋建筑面积的重置价格结合成新结算"。实行作价补偿的应当由房屋所在地的房地产管理部门或专门的评估机构对被拆除房屋进行评估，以评估的价格作为计算的依据。

（三）产权调换和作价补偿相结合

产权调换和作价补偿相结合是指拆迁人对被拆迁人的补偿中，一部分采取产权调换，另一部分采取作价补偿。双方可根据实际情况，协商采取这一形式。

三、拆迁补偿的几种特殊规定

（一）公益事业房屋及其附属物的拆迁补偿

公益事业一般是指文教卫生以及社会公共福利性的非赢利性事业，如学校、托儿所、医院、体育馆、图书馆等。《拆迁条例》第二十一条第一款规定："拆除用于公益事业的房屋及其附属物，拆迁人应当按照其原性质、原规模予以重建，或者按照重置价格给予补偿，或者由城市人民政府按照城市规划统筹安排"。拆除公益事业房屋的补偿，首先应考虑按原性质、原规模重建。因为，用于公益事业的房屋是为了满足这一地区人民物质、精神文化生活的需要而存在，采取重建的方式，才不致于使公益事业的发展因房屋拆迁而受影响。对被拆除的公益事业房屋及其附属物的补偿，在双方同意的情况下，也可用货币结算方式予以作价补偿。基于公益事业的上述特点，应当按照重置价格补偿，不考虑房屋的成新因素。另外，如果由于城市规划的整体布局和要求或其它原因，不宜按原性质、原规模重建的，也可以按城市规划统筹安排，对公益事业房屋的还建予以调整。

（二）有产权纠纷房屋的拆迁补偿

有产权纠纷的房屋是指其产权关系还有疑义、产权人还不确定的房屋。《拆迁条例》第二十五条规定："拆除有产权纠纷房屋，在房屋拆迁主管部门公布的规定期限内纠纷未解决的，由拆迁人提出补偿安置方案，报县级以上人民政府房屋拆迁主管部门批准后实施拆迁。拆迁前房屋拆迁主管部门应当组织拆迁人对被拆除房屋作勘察记录，向公证机关办理证据保全"。这一规定的目的，是既要保证拆迁工作按期完成，又要保护被拆迁人的合法权益。

有产权纠纷的房屋，在拆迁决定公布后，产权纠纷的当事人应尽快解决产权纠纷，明确产权归属。如果产权纠纷不能在规定的期限内予以解决，被拆迁人就丧失了对补偿形式、补偿金额进行协商的权利。为了不影响拆迁任务按期完成，拆迁人可以根据被拆除房屋和规划、建设项目的实际情况，提出对该房屋的补偿安置方案。由于这个补偿安置方案是由拆迁人单方面提出的，为了不损害被拆迁人的合法权益，这个方案必须经县级以上人民政府房屋拆迁行政主管部门批准后，才能施行。同时为了避免施行该方案可能产生遗留、争议等问题，作为进一步的保障措施，在拆除该房屋前，应当由房屋拆迁主管部门组织拆迁人对该房屋进行勘察并作好记录，将有关该房屋的证据、材料向公证机关办理证据保全。勘察记录的主要内容包括房屋的面积、结构、间数、朝向、成新程度等。必要时，还应进行拍照留存，或由房屋价格评估部门评估出房屋的重置价格留存。对有关证据材料进行证据保全，目的是避免该房屋产权纠纷解决后，又因拆迁补偿问题产生新的纠纷。

（三）设有抵押权的房屋的拆迁补偿

房屋抵押是指房屋产权所有人以房屋作抵押物，向债权人提供担保的一种法律行为。《拆迁条例》对设有抵押权的房屋实行产权调换和实行作价补偿的两种补偿形式分别作出了规定。

《拆迁条例》第二十六条第一款规定："对拆除设有抵押权的房屋实行产权调换的，由抵押权人和抵押人重新签订抵押协议。抵押权人和抵押人在房屋拆迁主管部门公布的规定期限内达不成抵押协议的，由拆迁人参照本条例第二十五条的规定实施拆迁"。这是因为拆除设有抵押权的房屋实行产权调换补偿后，由于抵押物的变化，如房屋的面积、结构、成新程度的不同，原房屋抵押合同中的条款将要发生变化，因此必须由抵押权人和抵押人重新签订抵押协议。如果双方在房屋拆迁主管部门公布的规定期限内达不成协议，则参照有产权纠纷房屋的拆迁补偿处理程序进行。其目的在于既要保护抵押人和抵押权人的合法权益，又要保证拆迁工作按期完成。

《拆迁条例》第二十六条第二款规定："拆除设有抵押权的房屋实行作价补偿的，由抵押权人和抵押人重新设立抵押权或者由抵押人清偿债务后，方可给予补偿"。这就是说如果对设有抵押权的房屋实行作价补偿，那么将导致原抵押标的物的灭失，要保证房屋抵押债权债务关系不受到影响,就必须在房屋拆迁补偿之前由抵押权人和抵押人重新设立抵押权,即抵押人用其他财产作抵押物,建立新的抵押关系;或者由抵押人清偿债务,结束抵押关系。如果抵押人无力先行清偿债务,拆迁人有权暂不支付补偿金。待抵押人、抵押权人、拆迁人三方共同协商一致后,再进行支付,以确保抵押权人的合法权益。

第三节　城市房屋拆迁安置

一、拆迁安置的对象

《拆迁条例》第二十七条规定:"拆迁人对应当安置的被拆除房屋使用人,依照本条例规定给予安置"。根据这一规定,拆迁安置的对象是"被拆除房屋使用人"。在以往的房屋拆迁安置过程中,一般都没有将被拆迁房屋的所有人和使用人相分离,在实际工作中造成诸多不便。因为,就一幢被拆迁房屋来说,所有人和使用人不一定是同一当事人。当所有人和使用人不是同一当事人时,被拆除房屋的补偿只能是被拆迁房屋的所有人,使用人除有过渡、搬家费等补偿费用外,不可能得到被拆迁房屋的补偿费。在这种情况下,对被拆除房屋的所有人主要是补偿问题,对其使用人则是安置问题。只有当所有人和使用人同属一个当事人时,补偿与安置才是同一当事人。因此,明确区分所有人和使用人两者在房屋拆迁过程中各自的权益,才能公正合理地解决房屋拆迁中的安置问题。

根据《拆迁条例》的规定,被拆除房屋使用人是指在拆迁范围内具有正式户口的公民和在拆迁范围内具有营业执照或者作为正式办公地的机关、团体、企业、事业单位。拆迁人对被拆除房屋使用人的安置,可以一次解决安置用房,也可以先行临时过渡缓期解决安置用房。实行临时过渡缓期解决安置用房的,可以由拆迁人提供周转房,也可以由被安置人自己寻找房屋自行过渡。

拆迁人对被拆除房屋的使用人进行拆迁安置是拆迁人的法定义务;使用人要求拆迁人给予安置是使用人的法定权利。拆迁安置是房屋拆迁中的一项重要工作,它政策性强,涉及的利益面宽,常常是各种主要矛盾的集结点,因此,做好这项工作对房屋拆迁来说,具有极其重要的意义。

二、拆迁安置的地点

《拆迁条例》第二十八条规定:"对被拆除房屋使用人的安置地点,应当根据城市规划对建设地区的要求和建设工程的性质,按照有利于实施城市规划和城市旧区改建的原则确定"。从拆迁实践看,拆迁安置的地点有两种,一种是原地安置,另一种是异地安置。实行原地安置还是异地安置,必须根据城市规划的要求和拆迁人的建设项目性质来确定。例如:城市规划确定了拆迁范围内的建设用地又能建设住宅,建设工程的性质是市政公用事业项目,被拆除的房屋是住宅,其使用人不应当坚持原地安置,只能采取异地安置的形式。如果城市规划确定了建设用地性质与新建工程项目的性质相一致,一般情况下,拆迁人应当尽量对安置对象实行原地安置。

一般说来,城市规划都有疏散城市中心人口,减轻市中心区城市基础设施、社会服务压力的要求,这就需要被拆除房屋的使用人从城市中心人口密集区迁往城市正在开发,人口相对稀疏的区域。实行异地安置,尤其是从地段好的地区迁入地段较差的地区,会给被安置对象的吃、穿、住、行、就医、上学等各个方面带来一定的困难。土地级差效益表明,土地级差不同地区的同样房屋，其价格是有差异的。对此，《拆迁条例》作了相应优惠的规定，即"对从区位好的地段迁入区位差的地段的被拆除房屋使用人，可以适当增加安置面积"。至于这种优惠需要增加安置面积的具体数额，一般由各地政府针对本地实际情况在实施细则中规定。如北京市规定："对从城区等位置较好的地区迁往位置较差地区或远郊区的居民，可按安置人口数适当增加安置面积或给予适当经济补助；增加安置面积的，最多不得超过一个自然间"。广州市规定最高不超过原居住面积的50%。

三、拆迁安置的标准

(一) 拆迁非住宅房屋的安置面积标准

《拆迁条例》第十九条规定："拆除非住宅房屋，按照原建筑面积安置"。非住宅房屋是指工商企业用房、办公用房、仓库等。对此类房屋，拆迁人只承担按照被拆除房屋原建筑面积安置使用人的义务。原使用人如确因生产、经营、工作需要，希望结合拆迁增加房屋面积的，应按照等价有偿的原则，由当事人双方协商解决。

(二) 拆除住宅房屋的安置面积标准

对拆除住宅房屋使用人的安置是各地房屋拆迁工作中历来分歧较大的问题。有的城市以"住得下，分得开"为标准，有的城市以当地居民平均居住水平为标准。采取类似政策的地方，只要风闻某一地段将要拆迁，便有一些人在户口上大做文章，虚报、空挂户口、人为分户等。这样就陡然增大了安置住房面积，在相当程度上抑制了建设者的积极性。因此《拆迁条例》规定了拆除住宅房屋的安置以原面积为标准的原则，即"拆一还一"，这是房屋拆迁工作的一大改革。当然，由于用于安置的房屋与被拆除的房屋在平面设计上总是不相同的，不可能做到绝对的"拆一还一"。再说，究竟按建筑面积还是按使用面积或居住面积来实行"拆一还一"？它们之间有一个居住面积与建筑面积之比的问题。一般来说，结构好、楼层高的房屋比值低，反之比值则高。另外，我国各地情况差异较大，南北方、沿海与内地由于气候、生活习惯的不同，住宅建筑设计也有很大区别，同样建筑面积的房屋，其使用面积或居住面积却有很大差异。因此，《拆迁条例》采取了灵活的办法，规定："拆除住宅房屋，由省、自治区、直辖市人民政府根据当地实际情况，按照原建筑面积，也可以按照原使用面积或者原居住面积安置"。如南京、武汉等市实行按照原使用面积安置；北京、福州等市按照原居住面积安置。

另外考虑到作为人民政府的社会责任需要，在城市建设中解决住房特困户的困难，《拆迁条例》第三十条第二款规定："对按照原面积安置住房有困难的被拆除房屋使用人，可以适当增加安置面积。增加安置面积的具体办法，由省、自治区、直辖市人民政府规定"。如北京市按被拆除房屋使用人家庭人口构成状况，增加安置面积给予照顾。其标准为"被拆除房屋使用人家庭成员中年满13周岁以上的子女和其他单身成员，按异性分室、同性不分室的原则安置，13周岁以上的同性成员3人以上的适当增加居室安置；2人以上不满13周岁的子女，与父母分室安置；男满26周岁、女满24周岁的未婚子女，分室安置"。福建省规定："异地安置人均居住面积未达到 6.5m² 的，按 6.5m² 安置"。

四、拆迁安置补助费

(一) 搬家补助费

被拆除房屋的使用人因建设工程需要，原居住房屋被拆除，在迁移他处居住搬家时必然发生一定的费用。发生这一费用的起因源于拆迁，因此，拆迁人应当为此承担责任，向被拆除房屋的使用人支付搬家补助费。

（二）临时安置补助费

被拆除房屋的使用人，如果在拆迁过程中自行寻找房屋过渡，这就减轻了拆迁人的临时安置负担，同时，临时过渡也会发生费用，拆迁人也理应为此承担一定的经济责任。因此，被拆除房屋使用人在过渡期限内自己安排住处的，拆迁人应当付给使用人临时安置补助费。临时安置补助费的给付期限是规定的过渡期。如果在过渡期内，由拆迁人给使用人提供周转房进行临时过渡，不付给使用人临时安置补助费。

（三）停产、停业补助费

对于拆除非住宅房屋造成原使用人停产、停业，引起原使用人的经济损失，拆迁人有责任给予适当的经济补偿。但要明确的是，拆迁人在这个方面的责任仅限于因拆除非住宅房屋造成的停产、停业引起的经济损失，不包含其他损失；而且根据《拆迁条例》的规定，只有责任付给"适当的补助费"而不是赔偿全部经济损失。因为在此期间被拆除房屋的使用人应主动设法，或以分散、缩小规模、异地经营等方式尽力减少经济损失。

上述有关拆迁安置补助费的标准，由省、自治区、直辖市人民政府规定。如上海市规定的拆迁搬家补助费：市区 4 人及 4 人以下为 150 元，4 人以上为 200 元；郊县 4 人及 4 人以下为 100 元，4 人以上为 150 元。临时安置补助费：市区拆迁户人均每人每月 8 元；郊区拆迁户人均每人每月 5 元。福建省规定：因拆迁造成停产、停业的，停产、停业期间，拆迁人应按被拆迁人在册职工（含离退休人员）标准工资和物价补贴标准给予经济补助。对个体工商注册从业人员，按国有企业同行业职工平均工资给予经济补偿。

第四节　城市房屋拆迁安置协议

一、房屋拆迁协议的概念与特征

《拆迁条例》第十二条规定："在房屋拆迁主管部门公布的规定拆迁期限内，拆迁人应当与被拆迁人依照本条例的规定就补偿、安置等问题签订书面协议"。这就确定了房屋拆迁协议在房屋拆迁活动中的地位。在房屋拆迁活动中，不管采取何种实施方式，都必须依法签订房屋拆迁协议，通过协议的形式明确双方的权利与义务，落实履行期限及违约责任，从而使拆迁活动在法律的保证下公平合理地进行。这是房屋拆迁活动法定的重要程序。

房屋拆迁协议是指房屋拆迁当事人根据房屋拆迁法规的规定，就相互之间权利义务关系而达成意思表示一致的文件。作为房屋拆迁协议，具有如下法律特征：

（一）房屋拆迁协议是房屋拆迁当事人作为平等的民事主体之间意思表示一致的法律行为。

房屋拆迁协议是房屋拆迁当事人双方的法律行为，仅有一方当事人，协议关系不可能成立。房屋拆迁的补偿和安置是一种民事法律关系，在签订协议的过程中，双方当事人的法律地位平等，协议应当在自愿、有偿的基础上通过协商，意思表示一致而成。一方不能因其地位、条件、关系等因素，把自己的意志强加给另一方。

（二）房屋拆迁协议必须是房屋拆迁当事人双方合法行为

房屋拆迁当事人双方必须按照房屋拆迁法规和当地人民政府的有关规定订立。只有合法协议，才受到国家法律的承认和保护。凡是违反房屋拆迁法规的规定，违反国家的计划、国家利益或者社会公共利益的协议，采取欺诈手段等所订立的协议都是无效协议。无效协议从签订的时候起就没有法律约束力。无效协议不仅得不到法律的承认和保护，而且还要承担因此而引起的法律责任。

（三）房屋拆迁协议是一种双务有偿的协议

依照拆迁法规，拆迁人负责补偿和安置；被拆迁人则应负迁离原址、腾空建设场地的责任。双方都享有权利，同时也承担义务，一方享有的权利就是对方承担的义务。房屋拆迁活动主要涉及物质财产利益，因此，它必须是有偿的。

二、房屋拆迁的当事人及其权利与义务

（一）房屋拆迁的当事人

房屋拆迁当事人是指在房屋拆迁过程中享有一定权利并承担相应义务的人，它包括拆迁人与被拆迁人两个方面，是房屋拆迁法律关系的主体。

作为房屋拆迁法律关系主体的当事人双方，其主体资格是由国家拆迁法规加以确定的。《拆迁条例》第二条规定："本条例所称拆迁人是指取得房屋拆迁许可证的建设单位和个人。本条例所称被拆迁人是指被拆除房屋及其附属物的所有人（包括代管人、国家授权的国有房屋及其附属物的管理人）和被拆除房屋及其附属物的使用人"。根据上述规定，具备拆迁人资格的前提条件是取得房屋拆迁主管部门发放的《房屋拆迁许可证》。而被拆迁人的构成则比较复杂。在被拆迁人中，既包括"被拆除房屋及其附属物的所有人"，也包括"被拆除房屋及其附属物的使用人"。这是我国房地产业历史形成的特殊情况。凡在拆迁公告前已经对房屋取得合法所有权的人，已经对房屋取得合法使用权的人即为合法的被拆迁人。至于非法强占、挤占房屋的，房屋属违章建筑的，私自转让和私分公房的，虚挂户口、弄虚作假或拆迁公告之后才迁入、分户的，不在合法被拆迁人之列。执行政府行政管理职能的房屋拆迁主管部门以及协同管理机构如房地产产权产籍管理部门、公安或城建管理部门等不应被看作拆迁当事人，虽然他们或多或少地参与了房屋拆迁过程，但他们与当事人之间的关系是行政法律关系。

（二）房屋拆迁当事人的权利与义务

房屋拆迁当事人双方的权利与义务是房屋拆迁法律关系的内容所在。根据《拆迁条例》的规定，拆迁双方都享有法定的权利，同时也要承担相应的法定义务，一方享有的权利就是对方承担的义务。任何一方均无超越房屋拆迁法规所规定的权利，要求对方履行房屋拆迁法规规定之外的义务。

1. 当事人双方共同的权利义务

当事人双方都有依法签订拆迁协议的权利和义务。当事人都应当在房屋拆迁主管部门公布的规定拆迁期限内履行签订拆迁协议的义务，同时又有要求对方与自己签订协议的权利。任何一方不得以任何借口拖延协议的签订。当事人双方还同样都享有在必要时进行房屋拆迁诉讼的权利。

2. 拆迁人的主要义务

拆迁人必须依照《拆迁条例》的规定，对被拆迁人给予补偿和安置。房屋拆迁中的拆迁人是被拆迁房地产权益的实际受让者，而被拆迁人是被拆迁房地产权益的出让者。按照权利义务对等原则，被拆迁房地产权益的实际受让者在继受权益的同时，就应承担相应的安置与补偿义务。因此，拆迁人应对被拆迁人的补偿与安置依法负全面责任，不能把对被

拆迁人的补偿与安置责任推给国家或房屋拆迁行政主管部门。

3. 被拆迁人的主要义务

被拆迁人必须服从城市建设需要，在规定的搬迁期限内完成搬迁。城市房屋拆迁关系中最突出的是国家利益与公民、法人和其他社会组织之间的利益关系。在我国社会主义制度下，国家利益处于至高无上的地位，城市建设需要是国家利益的具体表现，也符合所在城市绝大多数居民的利益。房屋拆迁中的任何个人利益、局部利益都必须服从城市建设需要这一国家利益。因此，被拆迁人应积极主动配合拆迁工作，如期搬迁腾地，当拆迁公告发布之后即不得再与其他各方发生如出租、买卖、赠与等行为。

三、房屋拆迁协议的主要条款和形式

房屋拆迁协议的主要条款是指必须具备的条款。如果主要条款不齐备，则由于无法依照履行而失去效力。按照《民法通则》的有关规定，确定协议的主要条款有三种：一是法律规定，二是协议性质的决定，三是应当事人的要求。《拆迁条例》第十二条第二款规定："补偿、安置协议应当规定补偿方式和补偿金额、安置用房面积和安置地点、搬迁过渡方式和过渡期限、违约责任和当事人认为需要订立的其他条款"。这是拆迁协议的法定条款。在实践中，一份完备的拆迁协议，还应当有一些必须写明的内容。例如：协议双方当事人的名称或姓名、协议生效日期、协议份数、协议是否需要公证等。另外拆迁协议有时分成房屋拆迁补偿协议和房屋拆迁安置协议。有的还需另签房屋产权交换协议、房屋拆迁用周转房安置协议、被拆迁人自行过渡协议、房屋拆迁交还周转房协议等。因此要根据所签协议的性质类型，来确定其主要条款。

房屋拆迁协议的形式，是房屋拆迁双方当事人之间明确相互权利义务关系的方式，是双方当事人意思表示一致的外在表现。《拆迁条例》规定拆迁协议应当采用书面协议的形式。因为口头协议无文字依据，口说无凭，一旦发生纠纷不易分清责任。所以订立房屋拆迁协议不宜采用口头形式。书面形式是指用文字来表述和记载当事人的意思表示。订立书面形式的协议，可以加强签订协议双方当事人的责任心，督促他们全面地认真履行协议条款。也便于房屋拆迁行政主管部门对房屋拆迁活动实行监督。当发生房屋拆迁纠纷时，也便于举证和分清责任。为方便起见，也可将房屋拆迁协议分为主件和附件两部分。主件是当事人在订立协议时所确定的主要条款内容。附件是对主件条款内容所作的文字或图表说明，或者是当事人之间协商同意有关修改协议条款的文书和图表。附件也是房屋拆迁协议必不可少的组成部分。

另外，地方房屋拆迁行政主管部门或者其他权力机构在积累实践经验的基础上，依据法规要求，结合本地实际印制有关房屋拆迁协议的示范文本，由当事人经协商直接填写。提倡使用示范文本有以下优点：一是示范文本具有完备性，即内容详细具体，条款全面完备。当事人据此签订协议，基本可以避免条款短缺、解释不清等情况。对一些不熟悉有关法规，不懂得有关专业知识的当事人提供具体的辅导和帮助，同时当事人据此签约还可以减轻撰写协议条款的负担。二是示范文本其条款完全依据有关房屋拆迁法规制定，并根据当事人法律地位平等的原则规定各方的权利和义务，在一定程度上能避免违法的和显失公平的条款，从而提高协议的有效性，减少协议纠纷以及因当事人签约不善而遭受损失的现象。

四、房屋拆迁协议的公证与备案制度

公证是国家公证机关根据当事人申请或法律规定，依法证明某种行为和具有法律意义

的事实及文件的真实性、合法性的一种非讼诉活动。公证制度是国家司法制度的组成部分。公证是一种司法行政手段，因而具有法律效力。房屋拆迁协议的公证对维护当事人的合法权益，保证房屋拆迁法规的正确实施，预防房屋拆迁纠纷的发生具有重要意义。

《拆迁条例》第十三条规定："补偿、安置协议订立后，可以向公证机关办理公证，并送房屋拆迁主管部门备案。拆除依法代管的房屋，代管人是房屋拆迁主管部门的，补偿、安置协议必须经公证机关公证，并办理证据保全"。这条规定明确了房屋拆迁协议的公证范围。对于被拆迁人是一般房屋所有人或使用人的房屋拆迁协议签订后，是否进行公证，由双方当事人自由选择。因此，《拆迁条例》对此的规定是"可以"，而不是必须。也就是说，公证不是协议生效的必要条件，不经公证，协议同样成立，即选择性公证。但是，不管协议是否进行公证，协议都必须送房屋拆迁主管部门备案，其目的是为了对协议的签订进行监督管理。当房屋拆迁主管部门依法代管的房屋成为拆迁对像时，拆迁主管部门成了一方当事人。作为当事人一方向自己备案就失去了进行监督管理的可信服性。为了保护双方当事人的合法权益，《拆迁条例》规定了被拆除房屋的代管人同时是房屋拆迁主管部门时，补偿、安置协议必须经过公证的制度，即成为强制性公证。在这种情况下，只有经过公证，协议才能成立，公证是协议生效的法定条件。同时《拆迁条例》还规定了公证的同时应进行证据保全，即由公证机关依法收存有关原始证据资料以保证有关原始证据不因时过境迁或其他原因而消灭或遭破坏。

第五节　房屋拆迁行政执法

一、房屋拆迁行政执法的概念

房屋拆迁行政执法，是指国家机关或授权的组织执行和适用房屋拆迁法规、规章以及根据这些法规、规章的授权而实施行政措施的活动。房屋拆迁行政执法是房屋拆迁行政管理行为中的重要方面。它对保障房屋拆迁法规、规章的贯彻实施，保证城市房屋拆迁的顺利进行，维护社会安定起着重要作用。

房屋拆迁行政执法具有以下特点：

（一）房屋拆迁行政执法内容具有专门性

房屋拆迁工作涉及内容十分广泛，常和社会的各个方面打交道。但是就其行政执法的内容来讲，房屋拆迁行政执法主要是在拆房、建房等城市工程建设中的拆迁执法活动。

（二）房屋拆迁行政执法是具体的行政行为

房屋拆迁行政执法是将房屋拆迁管理法规、规章及行政措施适用于具体的公民、法人和其他社会组织，执法的对象是房屋拆迁当事人，执法的后果将直接影响到房屋拆迁当事人的权利和义务。

（三）房屋拆迁行政执法以强制力作为保障

房屋拆迁行政执法是由特定的国家机关适用房屋拆迁管理法规、规章及行政措施的活动。而能够保证这种活动正常进行的只能是行政强制力，从而迫使行政管理相对人作出一定行为或不作出一定的行为。

二、房屋拆迁行政执法部门及其执法职责

房屋拆迁行政执法部门是国家机关中担负维护房屋拆迁秩序的具有一定强制性质的国

家行政机关或人民政府授权的其他组织。即《拆迁条例》第六条所规定的城市房屋拆迁行政主管部门。

房屋拆迁行政执法部门的执法职责主要有：根据拆迁人的申请，批准拆迁申请，发放拆迁许可证；发布房屋拆迁公告；当被拆迁人无正当理由拒不拆迁时，实施行政强行拆迁或申请司法强制；对房屋拆迁当事人有《拆迁条例》罚则中所列有关行为的，给予警告、罚款等行政处罚以及履行由当地人民政府赋予的其它房屋拆迁行政执法职责。

房屋拆迁行政执法的主要依据：一是单行的专门法规和规章，主要有国务院颁布的《城市房屋拆迁管理条例》和省、自治区、直辖市人大或人民政府制定的房屋拆迁地方性法规或地方政府规章；二是分散在其他有关法律、法规和规章中的规定，如《城市规划法》、《土地管理法》、《城市私有房屋管理条例》等中的有关条款；三是当地人民政府依据法规、规章授权而制定的行政措施、命令、决定等。

三、房屋拆迁行政执法行为

房屋拆迁行政执法行为是房屋拆迁主管部门依法对管理相对人采取具体的直接影响其权利义务的具体行政行为，也是对管理相对人的权利义务行使和履行情况进行监督检查的具体行政行为。房屋拆迁主要行政执法行为如下：

（1）审批房屋拆迁项目，发放房屋拆迁许可证。

（2）发布拆迁公告，规定拆迁时间、拆迁范围、搬迁期限。

（3）强制拆迁。

被拆迁人在规定的期限内没有正当理由而拒绝拆迁的，由县级以上人民政府责令限期拆迁。如果在这个期限内，被拆迁人仍不执行拆迁的，就可对其实行强制拆迁。强制拆迁有两种形式：一是行政强制。行政强制由县级（含县级）人民政府责成有关部门强制拆迁。这些有关部门主要是房屋拆迁主管部门，其次是公安、规划等部门。二是司法强制。司法强制由当地房屋拆迁主管部门申请，人民法院强制拆迁。行政强制及时、便利，司法强制则权威性高，究竟采取哪一种强制形式，可以根据具体情况选定。

（4）行政处罚。根据《拆迁条例》第五章第三十五条至三十七条的规定，应当受到行政处罚的违法行为有：

1）擅自拆迁的行为。擅自拆迁的行为包括两种情况，一是在未获得房屋拆迁合法资格即未取得房屋拆迁许可证的情况下实施拆迁的行为。二是虽然取得房屋拆迁许可证，但在具体实施拆迁的过程中，违背了房屋拆迁许可证中关于拆迁的范围、拆迁期限等的规定。擅自拆迁的行为给国家建设造成损失，侵犯当事人的合法权益，其行为人必须承担法律责任。

2）委托未取得房屋拆迁资格证书的单位拆迁的行为。实施具体拆除房屋的单位必须经房屋拆迁主管部门资质审查合格，并取得房屋拆迁资格证书。这一制度是使拆除房屋保质保量、完全可靠的有效管理制度。建设单位委托没有房屋拆迁资格单位实施拆迁的，应承担法律责任。

3）无正当理由超过规定拆迁期限的行为。这里的"正当理由"主要是指不可抗力。如台风、地震、国家建设计划被取消或变更等。在规定的房屋拆迁期限内完成拆迁工作，是拆迁人的法定义务，无正当理由超过拆迁期限的行为，应当承担法律责任。

4）无正当理由擅自延长过渡期限的。"过渡期限"是指拆迁人与被拆迁人就被拆迁人何时回迁，在拆迁协议中所做的约定。违反过渡期限的时间要求，实质上是一种违反拆迁协议的行为，因而应当承担相应的违约责任。

　　5）被拆迁人违反协定，拒绝腾退周转房的行为。拒绝腾退周转房，是指被拆迁人在回迁后，违背拆迁协议中有关周转房使用的约定，仍然占用周转房。当事人之间使用周转房的约定受法律保护，违约者同样必须承担法律责任。

　　房屋拆迁行政执法部门在行使处罚权时，根据《拆迁条例》的有关规定，依据违法行为的情节轻重，可给予警告、停止拆迁、限期退回、罚款等处罚。上述处罚可单独适用，也可合并适用。鉴于各地区经济发展不平衡以及房屋拆迁中违法行为的原因，方式复杂多样，因此，《拆迁条例》仅规定应当处罚的行为和方式，对罚款的具体数额则授权各地区依据各地的具体情况决定。对罚款收入的处理，《拆迁条例》规定："罚款全部上缴国库，任何单位和个人不得截留，分成"。

　　被处罚的当事人对行政处罚决定不服的，可以在接到处罚通知书之日起15日内，向作出处罚决定机关的上一级机关申请复议。当事人对复议决定不服的，可以在接到复议决定书之日起15日内，向人民法院起诉。当事人也可以直接向人民法院起诉。当事人逾期不申请复议，也不向人民法院起诉、又不履行处罚决定的，由作出处罚决定的机关申请人民法院强制执行。

　　对于辱骂、殴打房屋拆迁主管部门工作人员，阻碍房屋拆迁主管部门工作人员执行公务的，其性质属于违反社会治安管理秩序，触犯《中华人民共和国治安管理处罚条例》，应由负责社会治安管理职责的公安机关对行为人依照规定处罚；构成犯罪的，由司法机关依法追究刑事责任。

　　对于房屋拆迁主管部门工作人员玩忽职守、滥用职权、徇私舞弊的，由其所在单位或者上级主管机关给予行政处分；构成犯罪的，由司法机关依法追究刑事责任。

第六章　房地产开发企业法规

第一节　房地产开发企业概述

一、房地产企业的概念

房地产企业主要从事房地产开发、经营、管理和服务等方面的业务。由于房地产业与其它行业如建筑业、银行、保险业乃至人民的生活环境都有密切联系，因此，参与或涉及房地产业的主体非常广泛。它们可以是国家、企事业单位、银行、投资公司等，也可以是公民个人或外国经济组织。在参与房地产经济关系的这些主体中，房地产企业是主导力量。房地产市场的启动、运作，甚至整个产业的发展繁荣都离不开房地产企业。房地产企业是指具体从事土地开发、经营，包括对土地的基础设施的投入、土地使用权的转让、出租、抵押和组织房屋等建筑物的规划、设计、建设，从事房地产的买卖、出租、抵押等经营活动的经济实体以及为房地产市场提供中介服务的机构。

简言之，房地产企业是指依法设立的，以营利为目的的，从事房地产开发、经营和管理的经济组织。

二、房地产企业的类型

房地产企业根据其业务范围，可分为房地产开发企业、房地产经营企业和房地产中介服务企业三大类型。第一类，房地产开发企业是从事房地产综合开发的经济实体。它既是房地产商品的生产者，又是房地产商品的经营者，实行房地产开发、经营、管理"一条龙"服务。第二类，房地产经营企业是组织投资房地产开发、建设，从事房地产的买卖、转让、出租等房地产流通业务的经济实体。第三类，房地产中介服务企业，主要是围绕房地产市场，通过从事一定的专业服务活动，获取劳动报酬的经济组织，如房地产评估公司、房地产信息咨询公司和房地产经纪人事务所等。房地产市场的发展和繁荣离不开房地产中介服务企业。

房地产企业有的只具有单一的业务，如专门从事土地投资开发的土地开发公司（地产公司），有专门从事住宅小区、高层楼宇等物业管理、服务的物业管理公司等。我国的房地产企业一般都同时具有开发、经营和管理等多项业务，体现出经营内容和经营方式多样化的特点。因此，房地产企业也可分为专营企业、兼营企业和项目公司。专营企业是指以房地产开发经营为主的专业房地产企业。兼营企业是指以其他经营项目为主、同时兼营房地产开发业务的企业。项目公司是指以开发某一特定项目为对象从事单项房地产开发经营的公司。

从房地产企业的所有制性质来划分，可分为国有企业、集体企业、外资企业、合资企业、中外合作企业和民营企业。

从房地产企业的经营规模和经济实力来划分，可分为大型企业（集团公司）、中型企业和小型企业。

从房地产企业的投资主体和成立的背景分析，我国房地产企业存在良莠不齐、鱼龙混杂的问题。有的房地产企业已逐渐走上自我发展、自我约束的正常轨道。如城市建设综合开发企业，它最初是以政府的统建办公室发展起来的，带有政府统一规划、统一管理、统一建设的职能。自1984年国家计委和当时的城乡建设环境保护部联合发布《城市综合开发公司暂行办法》后，这类企业实行政企分开，逐渐转变经营机制，现已成为独立核算、自负盈亏的真正的企业法人，城市综合开发企业集规划设计、建设、开发、经营、管理于一体，已成为拥有雄厚实力的"龙头"企业。

80年代以来，我国掀起过几次经商热，而最大的热点就是搞房地产。许多部门、各个行业都把资金和人力转向房地产业。如银行、商业、旅游系统，还有一些实业公司，包括航空公司、油田开发企业等纷纷投资举办房地产公司。这些公司中，有的资金雄厚、起步早，占有"天时"、"地利"的优势，已发展成一定的规模。有的则资金不足，专业人员缺乏，开发经营能力差。还有一些是一哄而起成立的，既无资金，又无场地，也无专业人员的"皮包公司"。国家通过行政手段，多次清理整顿公司，但潮起潮落，一旦国家放松宏观控制，房地产企业便顺势发展。1992年，全国房地产企业达12400多家，1993年上半年又增加6000多家，而仅海南省1993年上半年房地产开发公司就猛增到5000家。在海南这5000家房地产开发公司中，真正建有业绩，有高楼大厦作证的不及总数的一半。1994年房地产公司继续在增加，已达28000多家。

房地产业在发展，房地产企业在增长，仅靠行政手段似乎难以控制企业的生长、消亡。房地产企业亟待通过法律来明确企业的法律地位，规范企业行为。

三、房地产企业的特征

房地产企业作为一种经济活动的主体，与其他行业的企业一样，具有企业的共同特征，但又有自己的特性。

（1）房地产企业是依法设立的，自主经营、自负盈亏的企业法人。房地产企业能够以自己的名义，独立地对外开展业务，签订合同，并以自己的财产承担民事责任。在经济活动中，房地产企业是以法人这样一种主体的资格出现的。这是房地产企业与其他主体，如国家、公民个人和经济组织的分支机构等主体的区别所在。

（2）房地产企业是以营利为目的的经济组织。这是房地产企业区别于行政管理机关、事业单位的一个重要特征。设立企业的目的是为了发展经济，创造物质财富。房地产企业追求的目标赢利，使企业资产增值。当然，我国的房地产企业，除了追求经济利益外，还要注重社会效益和环境效益。但追求经济利益、实现利润是房地产企业的主要目的。这是房地产企业与事业单位、社会福利单位和国家行政机关的本质区别。事业单位是以社会利益为重，而行政管理机关则是代表国家行使管理权，实现国家职能，都不以追求经济利益为目的。

（3）国家对房地产企业实行归口管理。由于房地产企业的经营活动涉及到人民的生活环境，甚至关系到人民的生命财产安全，国家有必要对房地产企业统一管理。建设部是国务院综合管理全国房地产业的职能部门。房地产企业统一归口于建设部管理，省、自治区、直辖市等各级建设行政管理部门归口管理辖区内的房地产企业。房地产企业由主管行政部门归口管理，这是房地产企业区别于其他工商企业的重要特征。

（4）房地产企业所生产和经营的商品是房屋、土地等不动产。土地和土地上的房屋等建筑物、构筑物都属于不动产。在我国，城市的土地属于国家所有，土地不是商品。但土地实行有偿、有限期使用。土地的开发需要投入一定的劳动和资金。因此，土地的使用权是有价值的，是一种财产权。房地产企业就是通过有偿取得土地使用权，对土地进行开发，组织投资房屋建设，为社会提供人们生活和生产必不可少的房屋等不动产这样一种特殊商品。因此，房地产企业是房屋等不动产这类特殊商品的生产者和经营者。这是房地产企业区别于其他工商企业的根本特征。

四、房地产开发企业的法律地位

（一）房地产开发企业的概念

房地产开发企业是房地产企业的中坚力量，是房地产市场形成和运行的核心。确认房地产开发企业的法律地位，有利于保证房地产市场的健康发展。《中华人民共和国城市房地产管理法》对房地产开发企业作了明确的规定。房地产开发企业，是以营利为目的的，从事房地产开发和经营的企业。这项规定表明，房地产开发企业具有两层含义：一是它的经济性质，房地产开发企业是以营利为目的的经济实体；二是它的业务范围，房地产开发企业的业务包括开发和经营两方面。所谓房地产开发，是指在依法取得土地使用权的国有土地上进行基础设施、房屋建设的法律行为。所谓经营，应从广义上理解，包括房地产的买卖、转让、租赁、抵押及管理等业务活动。房地产开发企业从事的是组织投资和经营活动，从购买土地，到发包勘察设计与建筑施工，再到出卖、出租建筑物，其经济活动的本质特征是组织投资和经营，其主体主要是投资商和发展商。但我国的房地产开发企业中有的企业本身具有勘测设计、建筑施工能力，如城市建设综合开发公司。这类开发企业是房地产商品的直接生产者和经营者。有的房地产开发企业是房地产这种特殊商品的生产企业，同时又是房地产的经营企业。而专业房地产经营企业则相当于商业企业，主要业务在房地产业的流通领域。我国的房地产开发企业许多都兼跨生产和流通两个领域。

（二）房地产开发企业设立的条件

房地产开发企业应当具备一定的条件，1993年11月16日建设部发布的《房地产开发企业资质管理规定》对房地产开发企业应具备的条件作过明确的规定。1995年1月1日实施的《中华人民共和国城市房地产管理法》对房地产开发企业的设立条件作了统一规定，其应当具备的条件是：

（1）有自己的名称和组织机构；

（2）有固定的经营场所；

（3）有符合国务院规定的注册资本；

（4）有足够的专业技术人员；

（5）法律、行政法规规定的其他条件。

《城市房地产管理法》对房地产开发企业的设立所作的规定，其中第一和第二项的规定与对一般企业的要求无多大差别，是作为一个企业都必须具备的条件。而第三项和第四项的规定是法律针对房地产开发企业这类较特殊的主体所作的特别要求。因为房地产开发所需要投入的资金巨大，与一般工商企业有所区别，另外房地产开发经营的专业性较强，因此，对房地产开发企业的设立要求有足够的专业技术人员。法律规定的第五项条件是从立法技巧上考虑的，因为对房地产开发企业的行业管理需要由主管部门对房地产开发企业的设立条件作具体的规定，因此，在立法上给行政主管部门留有行使管理职权的余地。

（三）房地产开发企业设立的程序

为了适应市场经济的发展和现代企业制度的建立，我国房地产开发企业的设立，改变原来先资质审查，后到工商行政管理机关登记领取营业执照的做法，实现直接登记制。设立房地产开发企业的程序为：

（1）设立房地产开发企业只要符合了法定条件，即可直接到工商行政管理机关申请设立登记。经过工商行政管理机关审查，符合《企业登记管理条例》和《城市房地产管理法》等法律规定的条件，就给予登记，发给营业执照；对不符合法定条件的，不予登记。随着我国现代企业制度的建立，国家将选择少量具备条件的国有大中型房地产开发企业，率先依法组建有限责任公司或股份有限公司。对于申请设立房地产有限责任公司或股份有限公司的，还应当执行《中华人民共和国公司法》的有关规定。

（2）房地产开发企业在领取营业执照后一个月内，应当到发给营业执照的工商行政机关所在地的建设行政主管部门备案。对房地产开发企业采取备案制度，是因为国家仍然有必要通过建设行政主管部门对房地产开发企业实行行业指导、监督和管理，使房地产开发企业健康发展。

五、房地产开发企业的作用

房地产开发企业是房地产市场中最主要的、也是最活跃的主体。它在房地产市场的运行中举足轻重，起着重要的作用。

（1）房地产开发企业是房地产市场的启动者。城市的土地，自国家出让使用权后，从土地的开发，由生地投资开发为熟地，到土地使用权的转让、使用，到房屋的发包建设、出售出租和管理等一系列流转活动，都是由房地产开发公司来完成的。房地产开发企业的开发、经营活动，客观上推动了房地产市场的运行。众多的房地产开发公司的产生使房地产市场逐步形成了竞争机制。

（2）房地产开发企业为房地产市场提供了特殊的商品——房产和地产等不动产。房屋和土地是人类赖以生存和生产的最基本的物质空间。房产和地产都是具有价值和使用价值的不动产，是一种特殊商品。房地产开发企业通过一系列的开发、经营活动提供房地产，客观上刺激了房地产市场的需求欲望。

（3）房地产开发企业的生产、经营活动，推动了城市的建设和发展，改善了城市的投资环境和人类的生活环境，也带动了第三产业的发展，繁荣了城市经济。

第二节　房地产开发企业经营机制

一、企业经营机制的涵义

企业的经营机制，是指企业生存与发展的内在机能和运行方式。企业经营机制的内在表现就是企业的人、财、物等诸生产要素的有机组合，是企业产、供、销活动诸环节的相互联系和不断创新的能力。企业经营机制的外在表现就是企业在市场经济中所体现的活力。企业活力的主要表现是：产品有竞争力，技术有开发力、资产有增殖力，对市场有应变力，领导班子有团结进取力，职工有凝聚力。

二、房地产开发企业的经营机制

（一）房地产开发企业的经营原则

经营原则就是一个企业的经营指导思想和经营宗旨。经营原则包含两方面的涵义，一方面是指企业对自己的经营活动的内在要求，另一方面是指政府作为企业财产的所有人对企业的要求，以及作为宏观管理者对企业经营行为的要求。

1. 经济效益、社会效益和环境效益相统一的原则

这是房地产开发经营的首要原则。这项基本原则包含三方面的内容：

（1）要求房地产开发必须在城市规划的控制和指导下进行，做到全面规划、合理布局、综合开发、配套建设。如果房地产的开发缺乏整体规划、没有全盘考虑，就会成为盲目建设的乱开发。因此，从城市整体规划的角度来看对企业要求注重环境效益。

（2）把追求经济效益与追求社会效益和环境效益共同作为房地产开发的宗旨，就是要求企业在提高生产效益和管理水平的同时，也要提高规划设计、建筑设计和施工质量的水平，创造出既符合社会需求，又符合现代化城市发展的生产和生活空间。

（3）要求企业"重合同，守信誉"，塑造良好的企业形象，在创造物质财富的同时，注重精神文明建设，美化人们的生活环境。

2. 公平竞争原则

竞争是市场经济的本质特征之一。市场经济通过竞争，优化资源配置，取得最高的经济效益。在房地产业市场发育的初期，一方面对竞争原有的限制消除了，如对土地的有偿使用以及对土地使用权的转让等；另一方面，新的竞争规则尚未建立，这时的竞争是极不完善的，如果各类企业的主体地位不平等，企业进入市场的条件不一样，企业之间所付出的成本、代价差距就很大。如果企业间的税费负担不一致，可获利润就不相同，有些企业发展的内在动力就会受到削弱。企业内不平等，不公平竞争的存在，不利于引导企业真正走向市场。房地产开发是高投资、高回收、高风险的机遇性较强的经营活动。而且有时国家也往往作为特殊主体参与经济法律关系，企业在许多方面要受政府部门的制约、管理。因此，房地产开发企业本身迫切要求有公平的竞争规则，在经济法律关系中体现平等、自愿、等价、有偿的原则，以减少企业的非市场风险。同时也要求政府尽可能地消除不平等、不公平的竞争因素，培育成熟的市场机制。

3. 责、权、利相结合的原则

责，是指经济法律责任，就是要求房地产开发企业实行经营责任制。经营责任制的具体形式主要有承包制、租赁制和股份制。权，是指企业应享有的权限和权利。权的要求是企业应各享其权，各行其权，也就是在各自的经营权限内，充分行使自己的经营自主权。这里，同时也要求政府保障落实企业的经营自主权。利，是指经济利益。利的基本要求是统筹兼顾国家、企业和个人的利益。

企业经营责任制，就是国家为了提高经济效益，增强企业活力，根据所有权与经营权相分离的原则，通过一定的契约形式，将经营权交给企业，使企业的责、权、利相统一。

责、权、利三者的关系是相互依存、相互制约的。对于国有房地产企业而言，第一位是明确企业对国家承担的责任，也就是经营者对企业所有者应承担的责任；其次是明确企业承担这种经济责任所必须拥有的经营自主权；第三是明确企业本身的经济利益，并将企业的经济利益同个人利益挂钩。在责、权、利三者的关系中，责任是核心，权利是条件，利益是动力。要以责定权，以责定利，不能离开经营责任制，片面强调权利，单纯追求利益。

4. 合法经营原则

企业的发展、市场的运作，均离不开法制，企业走向市场，参与市场竞争，需要用法律来规范。

企业必须学会运用法律来发展自己，做到依法从事各种经营活动，依法参与市场竞争，依法维护自身的合法权益。企业参与的每一个变换流通环节，从国家出让土地使用权开始，到土地的开发、转让、使用，房屋的销售、出租等一系列循环往复的交易活动，实际上都是一种契约关系的体现。企业要进行大量的商品交换活动，只有依靠法律作为相互间的纽带和媒介，才能保障企业的合法权益。

在市场经济发育的初期，房地产开发企业存在着过多、过滥的现象，在经营活动中存在囤积土地，玩"空手道"等不正当经营行为。但随着房地产业法律秩序的建立和健全，房地产开发企业只有在法律允许的范围内正当经营，才能减少非市场风险，最终实现企业的经营目标。

（二）房地产开发企业的内部领导体制

房地产开发企业内部领导体制，是企业中党委、行政和职工的地位、职责、权限等的法律形式。《全民所有制工业企业法》规定，国有企业实行厂长（经理）负责制。国有房地产开发企业，根据《企业法》的规定，实行经理负责制。

以经理负责制为形式的企业内部领导体制主要包括以下几个方面：

（1）建立以经理为首的经营管理系统，完善以责任制为核心的各项规章制度，设立协助经理决策的管理委员会，确定合理的、科学的决策程序。房地产开发企业实行经理（或总经理）负责制，可以根据生产经营情况的需要，在经理（或总经理）以下，设立各个职能不同的项目或地区经营部，中层可以让部门经理或项目经理各行其职，由部门经理或项目经理直接对经理（或总经理）负责。

（2）确定经理是企业法定代表人的地位。对经理的任用、条件和产生方式，经理的权限，经理的考核、监督、奖惩，由公司的内部章程来确定。

（3）健全职工代表大会制度。职工代表大会是企业实行民主管理的基本形式，是职工行使民主管理权力的机构。企业实行民主管理是增强企业活力的需要，也是企业职工有凝聚力的保证。

（4）发挥企业党组织的保证监督作用。党组织通过加强思想政治工作，管理企业干部，贯彻党的方针、政策，保证企业的社会主义方向。

企业内部党组织、行政、职工各方权限明确，职责分明，企业才能增强内在的经营机能，高效率地投入运行。

三、房地产开发企业转换经营机制的目标

国有房地产开发企业，以前在计划经济体制下，企业缺乏经营自主权，企业的积累和发展能力弱。特别是大多数房地产经营企业，过去一直是按事业单位的性质来管理，仅靠收取直管公房的租金维持，投入多，回报率低，陷入了入不敷出的困境。而城市建设综合开发公司企业，起初大多属于政府型企业，存在着政企不分的问题。1984年《城市建设综合开发公司暂行办法》发布后，这类企业开始实行自主经营、独立核算、自负盈亏，逐渐转变为真正的企业法人。但是，长期以来，应由社会共同负担的许多财政预算，都通过各种名目和渠道落到房地产开发企业头上，房地产开发企业负担过重，经营自主权没有充分落实。

为了搞活国有企业，1988 年《全民所有制工业企业法》颁布实施，当时的城乡建设环境保护部也发布了《加强房地产管理，深化改革房地产企业经营机制的若干意见》。1992 年国务院为进一步贯彻落实《企业法》，又颁布了《全民所有制工业企业转换经营机制条例》。有关国有企业的一系列法律、法规的颁布实施，目的在于使企业实行所有权与经营权相分离，最终落实企业的经营自主权。其根本目标就是要使国有房地产开发企业能适应市场的要求，成为依法自主经营、自负盈亏、自我发展、自我约束的商品生产者和经营单位，成为能独立享有民事权利，承担民事责任的企业法人。

1994 年 7 月 1 日，《中华人民共和国公司法》的实施，使得国有房地产开发企业向现代企业制度的转变有了具体的法律依据。国有房地产开发企业将逐步改组或组建为有限责任公司或股份有限公司。国有房地产开发企业在新的企业形式下，权责明确、管理科学，将形成激励与约束相结合的内部管理体制。

第三节　房地产开发企业的资金

一、房地产开发企业的资金构成

资金是企业的生产要素之一。资金既是商品经济运动的"血液"，又是各项经济活动的"润滑剂"。房地产业是资本密集型产业，土地的开发、房屋的建设占用的资金数额都很大。房地产开发企业在开发、经营、管理诸环节都需要资金投入。

房地产开发企业的资金可分为自有资金（注册资本）和借贷资金两部分。注册资本是指企业向工商行政管理机关登记注册的资金额，即企业用于开展经营活动的本金。企业的自有资金在企业经营中主要发挥两个作用，一是用于投资经营活动，二是以注册资本额承担经营风险，注册资本是企业法人承担民事责任的物质保证，也是一个企业的资信。借贷资金是企业向银行借贷得到的资金，主要用作流动资金。由于房地产的开发、经营活动具有投资额大，资金周转期长的特点，房地产开发企业一般还通过预售"楼花"等方法筹集资金，投入于开发经营活动。

房地产开发企业的投资总额，既包括企业自有资金的投入，也包括各类借贷资金的投入，还包括企业经营中的预售房屋款、各项应付款、暂存款的资金投入，是指房地产开发企业用于项目投资的总价值。

二、法律对房地产开发企业的资金要求

由于房地产开发企业对资金的需要与一般工商企业有很大的差别，法律对房地产开发企业所需要的注册资本作了专门的规定，作为企业设立的法定条件之一。

以前，对城市建设综合开发公司，其设立除需要一定的自有资金外，还规定开发公司所需要的周转资金，可以向银行申请贷款。同时允许开辟多种渠道，吸收社会资金入股。出售开发设施和商品房的，可以与使用单位或买主签订合同，收取部分预付款。

由于房地产开发的资金投入额巨大，投资总额大于注册资本是正常情况。企业经营中，一般都要运用借贷、预售等融资方式扩大投资加速资金周转。但是，如果投资额过份大于注册资本，比例相差悬殊，就会给经营活动带来很大的风险。

企业没有必要的经营资本作保障，一方面人为地加大了企业的经营风险。在我国，政策性风险仍然存在，如国家采取宏观控制，紧缩"银根"，房地产开发企业的借贷资金缺乏

来源，就会导致企业经营的滞缓停顿，甚至倒闭。另一方面，企业没有一定的自有资本作保障，也就将经营风险转嫁给商品房预购者和贷款银行。为了保障消费者的合法权益，维护金融秩序，《城市房地产管理法》规定，房地产开发企业的注册资本投资总额的比例应符合国家有关规定。具体规定由建设部会同国家工商行政管理局作出。房地产开发企业的注册资本投资总额应达到一个最低的法定界限。否则，工商行政管理机关不予登记。

对中外合资的房地产开发企业，除了要求外商在企业中的投资比例不得低于注册资本的25％外，对其注册资本与投资总额的比例应遵守1987年国家工商行政管理总局颁布的《关于中外合资企业注册资本与投资总额比例的暂行规定》。

中外合资的房地产开发企业，其注册资本与投资总额的比例具体要求是：① 投资总额在300万美元以下，注册资本应占投资总额的70％；② 投资总额在300万～1000万美元以下的，该比例为50％；③ 投资总额在1000万～3000万美元的，该比例为40％；④ 投资总额在3000万美元以上的，该比例为1/3（其中投资总额在3600万美元以下的，注册资本不低于1200万美元）。

同时，为保证开发项目的顺利进行，法律还规定，房地产开发企业分期开发房地产的，分期投资额应当与项目规模相适应，并按照土地使用权出让合同的约定，按期投入资金，用于项目建设。

政府主管部门对申请预售或申请贷款的房地产开发企业，要认真审查注册资金到位情况和注册资金与实际投资的比例。

第四节 房地产开发企业的资质等级管理

一、房地产开发企业资质等级管理概述

资质等级管理是建设行政部门对房地产开发企业的一项综合考核指标，是房地产行业管理的核心内容。对从事房地产开发业务的企业进行资质等级管理就是通过审查、考核企业的基本素质和能力，界定其是否具有能力从事房地产业务以及确定其业务能力的大小。企业的资质等级是企业投标、承接任务的前提条件。

80年代中期，我国城市在改革中组建了一批不同规模、不同开发能力、不同性质、不同隶属关系、不同所有制形式的综合开发公司为了加强行业归口管理，1987年城乡建设环境保护部同国家工商行政管理局联合发布了《关于加强城市建设综合开发公司资质管理工作的通知》。该《通知》初步确立了各级城市建设行政主管部门以资质审查为重点的行业归口管理制度。

80年代末以来，在全民经商的热潮中，几乎各行各业，银行、旅游、厂矿、部队、学校等都搞房地产。一时间，房地产公司竞相开张。由此出现的问题也不少。主要问题是，有的房地产开发公司缺乏资金，专业人员严重不足，有的没有开发业务，光靠卖批文、炒地皮、转手倒包等获利。房地产业出现偏离实际市场需求的过热现象。为此，国务院、建设部多次下文清理、整顿房地产开发公司。建设部主要是通过加强对房地产开发企业的资质管理，来控制房地产开发公司的增长过多、过快，1990年，建设部发布《关于加强城市综合开发公司资质管理的通知》，同时又发布《关于进一步清理整顿房地产开发公司的意见》。1991年，建设部、国家工商行政管理局联合发布《关于严格控制审批新成立房地产开发公

司的通知》。1993年11月16日，建设部发布了《房地产开发企业资质管理规定》，使得房地产开发企业的资质等级管理做到有法可依。

以前，资质审查是房地产开发企业设立的前提条件，也就是说设立房地产开发企业首先要经建设行政管理部门的审查，资质符合规定要求才能到工商行政管理部门申请营业执照。1994年7月5日颁布的于1995年1月1日起实施的《城市房地产管理法》第二十九条规定了设立房地产开发企业应当具备的条件和设立房地产开发企业应当向工商行政管理部门申请设立登记。工商行政管理部门对符合房地产法规定条件的，应当予以登记，发给营业执照；对不符合房地产法规定条件的，不予登记。同时规定房地产开发企业在领取营业执照后一个月内应当到登记机关所在地的县级以上地方人民政府规定的部门备案。房地产法对房地产开发企业设立所作的程序上的重大改变,其立法本意主要是从市场经济出发,企业的成立,特别是公司的成立应符合《公司法》的规定。房地产法对房地产开发企业设立的程序作了重大变动,即实行直接登记后备案的程序,但这并没有否认建设行政主管部门对房地产开发企业的资质审查管理。建设行政主管部门应该在企业登记后的备案过程中,从行业管理和项目控制角度对企业分等定级加以规范,以保障房地产开发质量的市场秩序。

二、资质等级和标准

资质管理主要是以企业人员的素质、管理水平、资金数量、承包能力和建设业绩等指标作具体要求。房地产开发企业按资质条件划分为一、二、三、四、五五个等级。各级企业的资质标准如下：

资质一级企业的条件：

(1) 自有流动资金2000万元以上，注册资金不低于2000万元；

(2) 有职称的建筑、土木土程、财务管理建筑或房地产经济类的专业管理人员不得少于40人，其中具有中级以上职称的管理人员不得少于20人；

(3) 设有高级工程师职称的总工程师、高级会计师职称的总会计师、经济师以上（含经济师）职称的总经济师。工程技术、经济、统计、财务等业务负责人具有相应专业中级以上职称；

(4) 具有5年以上从事房地产开发的经历；

(5)近3年累计竣工30万 m² 以上的房屋建筑面积,或与此相当的房地产开发投资。连续4年建筑工程质量合格率达100%,优良率达20%以上。

资质二级企业的条件：

(1) 自有流动资金1000万元以上，注册资金不低于1000万元；

(2) 有职称的建筑、土木工程、财务管理建筑或房地产经济类的专业管理人员不得少于20人，其中具有中级以上积称的管理人员不得少于10人；

(3) 工程技术、经济、统计、财务等业务负责人具有相应专业中级以上职称；

(4) 具有3年以上从事房地产开发的经历；

(5)近3年累计竣工15万 m² 以上的房屋建筑面积,或与此相当的房地产开发投资。连续3年建筑工程质量合格率达100%,优良率达10%以上。

资质三级企业的条件：

(1) 自有流动资金500万元以上，注册资金不低于500万元；

(2) 有职称的建筑、土木工程、财务管理建筑或房地产经济类的专业管理人员不得少于 10 人，其中具有中级以上职称的管理人员不得少于 5 人；

（3）工程技术、财务负责人具有相应专业中级以上职称，其他业务负责人具有相应专业助理以上职称，配有初级以上职称的专业统计人员；

（4）具有 2 年以上从事房地产开发的经历；

（5）累计竣工 5 万 m² 以上房屋建筑面积，或累计完成与之相当的房地产开发投资。建筑工程质量合格率达 100%。

资质四级企业的条件：

（1）自有流动资金 200 万元以上，注册资金不低于 200 万元；

（2）有职称的建筑、土木工程、财务管理建筑或房地产经济类的专业管理人员不得少于 5 人；

（3）工程技术负责人具有相应专业中级以上职称，财务负责人具有相应专业初级以上职称，配有专业统计员。

资质五级企业：

自有流动资金不低于 30 万元，具体标准由省、自治区、直辖市建设行政主管部门制定。

三、资质等级的申报与审批

（一）资质等级的申请。

申请资质等级的房地产开发企业应当提交下列证明文件：

（1）企业资质等级申报表；

（2）企业资信证明；

（3）企业法定代表人和经济、技术、财务负责人的职称证件；

（4）企业统计年报资料；

（5）其他有关文件、证明。

（二）资质的审批

房地产开发企业资质等级实行分级审批。一级房地产开发企业由省、自治区、直辖市建设行政主管部门初审，报建设部审批；二级以下企业由省、自治区、直辖市建设行政主管部门审批。各级审批部门可以根据需要和当地的实际情况，自行审批或由主管部门采取授权或委托的办法，由委托单位提出审批方案，按主管部门审批。

新开办的房地产开发企业，凡资金、人员达到一、二、三级标准，而开发经历和经营实绩达不到相应标准的，按降低一级的资质等级审批。

非生产型综合公司、信托投资公司自有资金达到 2 亿元以上，其中自有流动资金达到 1 亿元以上；中央各部门所属工程建设公司达到建筑工程资质一级、自有资金 1 亿元以上，其中自有流动资金达到 5000 万元以上；地方工程建设公司达到建筑工程资质一级、自有资金 5000 万元以上，其中自有流动资金达到 3000 万元以上；经省级以上建设行政主管部门批准可兼营房地产开发经营业务，但不定资质等级。

以开发项目为对象从事单项房地产开发经营的项目公司（包括外商独资、中外合资、合作企业）不定资质等级，由项目所在地建设行政主管部门根据其项目规模审定其资金、人员条件，并核发一次性《资质证书》。

四、《资质证书》的管理

（一）《资质证书》的核发

经资质审查合格的企业，由资质审批部门发给《资质证书》。一、二、三、四级企业必须按照《资质证书》确定的业务范围，从事房地产开发业务，企业不得越级承担任务。五级企业只限于在本地区范围内的村镇从事房地产开发经营。

房地产开发企业的资质每年核定一次。对于不符合原定资质标准的企业，由原资质审批部门予以降级或吊销《资质证书》。

（二）《资质证书》的法律效力

《资质证书》格式由建设部统一制定。《资质证书》分为正本和副本，正本和副本具有同样的法律效力。资质审批部门可以根据需要核发《资质证书》副本若干份。

（三）《资质证书》的变更和注销

企业发生分立、合并，应当在上级主管部门批准后 30 日内，向原资质审批部门办理等级注销手续，并重新申请资质等级。

企业变更名称、法定代表人和主要经济技术负责人，应当在变更后 30 日内，向原资质审批部门办理变更手续。

企业破产、歇业或者因其他原因终止业务时，应当在向工商行政管理机关办理注销《营业执照》的同时，注销《资质证书》。

企业遗失《资质证书》，必须在报纸上声明作废，方可补领。

五、法律责任

（一）企业的违法行为及处罚

房地产开发企业有下列行为之一的，原资质审批部门可以予以警告、责令限期改正、吊销《资质证书》，并可处以罚款：

（1）申请资质等级稳瞒真实情况，弄虚作假的；

（2）不按规定办理变更或注销手续的；

（3）工程质量低劣的；

（4）擅自超越《资质证书》规定，承担任务的；

（5）伪造、涂改、出租、出借、转让、出卖《资质证书》的。

（二）主管部门工作人员的法律责任

各级建设行政主管部门工作人员，在资质审批和管理中玩忽职守、滥用职权、徇私舞弊的，由其所在单位或上级主管部门给予行政处分；构成犯罪的，由司法机关依法追究刑事责任。

第七章　城市房产所有权法规

第一节　城市房产所有权法规概述

一、房产所有权的概念和特征

房产所有权，亦称房屋的产权，是财产所有权的一种。

1986年4月12日第六届全国人大第四次会议通过的《中华人民共和国民法通则》对财产所有权作了明确的规定。

财产所有权，是指所有人依法对自己的财产享有占有，使用、收益和处分的权利。它是所有制在法律上的表现。

根据我国现行法律和政策，所有权有两种分类方法：一是按所有权的主体划分，有国家财产所有权、集体财产所有权和个人财产所有权；二是按所有权的客体划分，分为生产资料所有权和生活资料所有权，或分为动产和不动产所有权。

在所有权法律关系中，所有权的主体，其权利主体总是特定的，而其义务主体则不是特定的，即除产权人外，任何人均承担不作为义务。

作为所有权法律关系客体的房屋是物、房屋的所有权是一种物权。

房屋，系指供人们作为生产建设或居住生活使用的，有屋盖、地面、门窗、墙壁围护结构建筑物的总称。

严格地说，房屋和房产的涵义是有区别的。房屋是指客体的自然形态，房产则是房屋财产，系指客体的社会经济形态，体现商品形式的价格。所以，房产用于生活资料方面属于财产范畴，用于生产经营资料方面属于资产范畴。

作为所有权客体的房屋，和土地的关系非常密切。在物质形态方面，房依地建，地为房载，房地相连密不可分；在经济内容和运动过程中有内在的整体性，房以地贵，地因房兴，地价隐含于房价之中，二者互相依存；在现实生活中，所谓房地产权，因城市土地属于国有，使用人只有使用权，一般均指房屋的所有权及其附着土地的使用权，二者组成一个有机的整体。所以，在习惯上，所谓房产所有权，不言而喻，即包括了其所占用的土地使用权，这就是所谓的房地权利主体的一致性。同时，由于房地相连，固定在一个空间地域不可移动，或者一经移动就要丧失极大的价值，故称房地产为不动产。但不动产并非专指房地产而言，这仅是对房地产的狭义或通俗解释。

房产所有权，是房产法的核心问题。在我国宪法、民法通则等都对房产所有权作了明确的规定。按照马克思主义法学原理，房产所有权有两层含义：一是房产所有权法律制度，二是房产所有权权利。

（一）房产所有权法律制度

房产所有权法律制度是指不同类型的国家，依据统治阶级的意志规定房产所有制关系的法律规范体系。所谓房产所有制关系，就是人与人之间在房产归谁所有方面形成的社会关系，所有权制度与所有制密切相关，所有制是生产关系的基础和核心，属于经济基础范畴；所有权制度是所有制形式在法律上的表现，属于上层建筑范畴。一定阶段社会的所有制形式决定了该社会占统治地位的经济关系，同时也确认了该社会所有权制度的性质，建立于一定所有制形式之上的所有权制度，积极地为所有制服务。在社会主义的中国。房产以公有制为基础的多种经济形式并存的所有制形式上，建立了社会主义房产所有权制度。

（二）房产所有权的涵义和特征

1. 房产所有权的涵义

房产所有权是所有制在法律上的表现。是指房屋所有人对于其所有的房屋，在法律规定的范围内享有占有、使用、收益和处分的权利，并排除他人干涉的权能。房产所有权由产权人独立行使，不借助他人的帮助。其他人只承担不作为义务。

2. 房产所有权法律关系

（1）房产所有权法律关系的主体和客体。房产所有权法律关系的权利主体是该项房产的产权人。产权人具有民事权利能力。权利主体是特定的，即指可以具体肯定特定的权利主体；而义务主体则不是特定的，而是泛指除权利主体以外的所有公民或者法人。

房产由两个或两个以上的公民或者法人共同所有称为共有。共有房产的权利主体称为共有人。

房产法律关系的客体即作为物的房产，房产属于不动产。把房产作为不动产进行管理具有重要的法律意义。即对不动产产权的变动，如房屋买卖、赠与、交换等的转移，必须经过房地产管理机关对其产权及其变动的情况是否合法进行确认和鉴证。

（2）房产所有权法律关系的内容。作为一种民事权利的房屋所有权法律关系的内容，是指房产产权人享有的权利和承担的义务。

所有人享有权利的内容为占有、使用、收益和处分的权利。

占有，是指所有人对房屋的实际控制或支配。它是房屋所有权的基本内容。

占有可分为所有人占有和非所有人占有。非所有人占有又分为合法占有和非法占有。凡依照法律或所有人的意思表示为合法占有，否则为非法占有。非法占有明令禁止，为法律所不许。

使用，是指对房屋的利用和运用，以发挥房屋的效能，达到物尽其用的目的。在房屋的所有权中，使用权具有重要意义，因为不使用，房屋就失去存在的必要，然而使用权也必须和占有权紧密结合，否则使用权就会失去存在的基础。

使用权和占有权一样，可以从所有权中分离出来独立地存在。因此，所有权人可直接行使占有权，也可以将占有权转让，由非所有权人行使。但其前提必须在法律或合同约定的范围内，依所有人意志才能决定。

收益，即指所有权人将房屋的占有权与使用权转让出去而取得经济利益。一般的说，收益是通过出租房屋取得租金表现出来的。

处分，是指所有权人在法律规定或合同约定的范围内，决定房屋的事实上和法律上的去向。处分权是所有权中最核心、最基本的权利，它不能脱离所有人单独存在，除特殊情况外，它总是和所有权联系在一起的。

3. 房产所有权的特征

（1）房产所有权具有绝对性。绝对性，指在房产所有权法律关系中，产权人在法律规定的范围内，可以按照自己的意志直接实现自己的权利，而不需要他人的积极的协助，其他人只履行不作为义务即可。

（2）房产所有权具有排他性。排他性，是指房产一物一权，只有所有人对自己的房屋享有充分的独占权和支配权。除产权人外，其他任何人都不得行使房屋所有权或对产权人正当行使权利加以妨碍或干涉，否则，产权人有权提出排除妨碍。

（3）房产所有权是一种对世权。在房产所有权关系中，其权利主体是特定的，义务主体不是特定的，即只有房屋所有人能够正常行使其权利，其他任何人都负有对房屋不得侵犯的义务。

（4）房产所有权的客体是特定的房屋。在房产法律关系中，其权利客体是特定的房屋，因为房屋地点、条件、质量、用途等各不相同，是一种特定物，而不同于种类物，不能互相替代。

应当指出，所有人行使占有、使用、收益和处分的权利，应限制在法定的范围之内，不得借口行使所有权而损害公共利益和他人的合法权益，否则国家法律将不予保护，甚至还要加以制裁。

房产产权人应承担的义务是遵守有关法规、政策、维护自己的房产产权的各项权能，确保使用安全，处理好与承租人的关系以及照章纳税等。

4．房产的物权和债权

如前所述，房产的所有权也称房产的物权。

房产的物权和房产的债权都属于房产的财产权，二者都是民法调整财产关系的结果。

房产的物权即房产的所有权。我国《民法通则》没有使用"物权"这个概念，在传统的民法中把所有权称为物权。物权的涵义是指直接支配特定物，并享有利益的权利。

物权分为自物权和他物权。他物权又分为用益物权和担保物权。自物权又称完全物权，就是所有权；他物权又称限定物权。其中，对他人的物可以行使使用、收益权利的，如地上权、地役权等，称为用益物权；以标的物供作债权担保的，如抵押权等，称为担保物权。

另外，还有以标的物能否独立存在，分为主物权和从物权。主物权即所有权；从物权即抵押权、留置权等。

房产的债权，是由于房产作为特殊商品进入流通领域，所产生的债权债务关系。所以，债权的涵义，可以说是，按照合同的约定或者依照法律的规定，在当事人之间产生的特定的关于房产的权利义务关系，如房产买卖、租赁、交换、赠与等。

另外，房产债权的产生还包括，侵权行为产生的房产债、不当得利产生的房产债和无因管理产生的房产债。

房产的物权和债权虽然都属于房产的财产权，但是二者又有明显的区别：

（1）房产物权的权利主体是特定的人，而义务主体则不是特定的任何人；房产债权的权利主体与义务主体都是特定的人。因而，房产物权是对世权、绝对权；房产债权是对人权，相对权。

（2）房产物权的客体是物（房地产），房产债权的客体是特定人之间的特定行为（给付行为）。

（3）房产物权的内容，是依法对物直接的支配和管理，不需要他人的协助；房产债权的实现必须请求债务人积极的协助。

（4）从反映社会关系看，房产的物权反映的是静态的财产关系，即财产的归属支配关系；房产的债权反映的是商品流通领域的财产关系，即动态的财产关系。这两种关系构成了我国房产财产关系密不可分的统一整体。

（5）从财产发生关系来看，房产物权关系的发生，只能是依法产生；而房产债权的发生，可以是合法行为，也可以是不法行为。

二、房产所有权的分类

城市房产与农村房产相比，在所有制结构或使用性质等方面都复杂得多，城市房产所有权根据不同的要求，有不同的分类方法：

（一）按所有制结构划分

我国现行的是社会主义市场经济体制，在所有制方面是以公有制为基础，多种所有制并存的体制，按照所有制划分产权类别，有利于国家制定不同的政策法规，实施不同的管理。我国现阶段的房产所有权，一般划分为三大类：

1. 全民所有制房产

全民所有制房产即国有房产。是国家财产的重要组成部分。国家根据统一领导，分级管理的原则，将房产授权国家机关、人民团体、企业事业单位和军队分别进行管理。有关单位在国家授权范围内行使权利、承担义务，在行使处分权时，须按规定报上级主管机关批准和经房地产主管机关审核同意。

2. 集体所有制房产

集体所有制房产即社会主义劳动群众集体组织所有的房产。由集体组织依法行使占有、使用、收益和处分的权利。

3. 私有房产

私有房产即公民个人所有、数人共有的房产，我国宪法规定，国家保护公民住房的所有权，产权人依法享有占有、使用、收益和处分的权利。

（二）按产权占有形式划分

可分为单独占有和共同占有。

1. 单独占有

是指房产产权人单一，即产权人只有一个，可能是国家、集体、也可能是个人。

2. 共同所有

指一处或几处房产属于两个或两个以上的人所共有，如共有人对其共有的房产权利承担义务。

（三）按产别划分

相同所有制的房地产也有不同的管理单位，如国有房产，有的是直管房产，有的是企事业单位管理的，根据所有制和管理形式的不同，第一次全国城镇房屋普查确定了11类产别。

（1）公产，又称直管公产，指房管部门直管的房产。

（2）代管产。指目前没有产权人，由政府房地产管理部门代为管理的房产。

（3）托管产。指产权人把房屋委托房地产管理部门代为管理的房产。

（4）拨用产。房屋产权为公产，由房地产管理部门拨给单位，保管自修，无租使用，不需用时交还房地产管理部门。

（5）全民所有制单位自管房产。指房屋产权属于全民所有制单位所有并自行管理的房产，也称国有单位自有房产。

（6）集体所有制单位自管房产。指房屋产权属于集体所有制单位所有并自行管理的房产。

（7）私有房产。即私产，指城镇中私人所有的房产．产权性质属于私有（包括华侨、外籍华人）。

（8）外产。指外国政府、社会团体、企业单位、国际性机构及外国侨民（不包括外籍华人）所有的房产。

（9）中外合资房产。指我国政府、企业与外国政府、企业和个人等合资建造、购置的房产。

（10）军产。指中国人民解放军部队、机关、医院、工厂、学校等军事单位所有，并自行管理的房产。

（11）其他产。凡不属于上述10类的房产，包括宗教、寺庙等，以及所有产权未定的房产均属之。

（四）按房屋用途划分

1. 住宅

住宅房屋，一般占城市房屋的半数。

2. 非住宅

类型较多，主要包括：

（1）生产用房。指物质生产部门作为基本生产要素使用的房屋。包括工业、交通运输业和建筑业等生产活动使用的厂房、仓库、实验室、办公室和生活服务用房等。

（2）营业用房。指商店、银行、邮电、旅馆、饭店以及其它经营服务性使用房屋。

（3）行政办公用房，指党、政、军机关、团体等使用的办公用房及辅助用房。

（4）其它专业用房，指文化、教育、卫生、体育、科技、机场、车站、码头、军事以及外国机构和宗教用房等。

三、房产所有权的发生和灭失

房产的所有权是指房屋的所有权连同其所占用土地的使用权。房产所有权的取得和确认，必须经过产权人依照政府法令规定向房地产管理机关申请登记，领取房地产权证件，才能得到正式承认和受到法律的保护。

房产所有权是一种经济法律关系和民事财产关系，它是通过一定的法律事实而发生和灭失的。

（一）房产所有权的发生

房产所有权的发生，分为原始取得和继受取得两类。

1. 原始取得

产权的取得是最初的，或不以原所有人意志为依据的。其主要途径有：

（1）接管没收：如解放初期接管原国民党政府、没收买办官僚资产阶级、封建地主的房地产以及经法院判决没收的房地产。

（2）私有出租房屋的社会主义改造：按照国家的私改政策，对出租房屋在改造起点以上的房产进行改造。

（3）新建房屋。

（4）无主房地产。房地产权人下落不明，或者没有产权人，依法收回公有的房地产。

2.继受取得

根据法律或合同规定，从原所有人处取得的。继受取得必须经原所有人同意，转移手续和行为等方面无缺陷，如买卖、赠与、交换、继承等。

房屋的原始取得和继受取得的区别是，前者的法律事实多为事件、行政行为，事实行为。后者的法律事实多为民事法律行为。

（二）房产所有权的灭失

指产权人失去了房产所有权及相关的土地使用权。产权的灭失主要有以下情况：

（1）绝对灭失。即房屋本身的灭失。如拆除、倒塌、焚毁等，也称客体的灭失。

（2）相对灭失。即指某一特定的产权人失去了房地产权。如通过买卖、赠与、交换等途径，原产权人丧失了房地产的产权，而将产权转让给他人，故也称产权的转移。

（3）产权的抛弃。产权人放弃房屋产权。另外，无主房地产也属此类。

（4）行政命令或法院判决。征收或没收。

（5）主体的灭失。指公民死亡或法人解体，则其产权也随之消失。

第二节　房产所有权关系

国家国有资产管理局确定产权及产权关系时指出，从法律上确定产权的概念应该是：财产所有权和与财产所有权有关的财产权。前者指所有权人依法对自己的财产享有占有、使用、收益和处分的权利；后者指所有权部分权能与所有人分离情况下，非完全所有人对财产享有占有、使用以及一定程度上依法享有收益或处分的权利。这主要包括：经营权、使用权、采矿权、承包经营权等几种。

产权关系是产权主体之间，在财产占有、使用、收益、处分中发生的各种关系的总和。凡是财产所有者以及财产的经营者都是产权的主体，他们之间在财产占有、使用、收益、处分中发生的关系都是产权关系。财产的占有、使用、收益和处分是所有权的四项权能，这些权能可以部分与所有者分离，并在分离后通过不同的组合，形成不同的产权。如占有、使用和依法处分三项权能的结合构成企业的经营权；使用和收益两项权能相结合构成采矿权；占有、使用两项权能相结合构成行政事业单位的财产使用权等。

由此可见，房产产权的概念是：房产所有权和与房产所有权有关的房产权。在房产产权关系中，房产所有权的四项权能可以部分与所有者分离，然后通过不同的组合形成不同的产权。如房产的使用权和房产的经营权等。

另外，房产所有权关系还存在着共有关系、相邻关系等。

一、房产所有权共有关系

（一）房产所有权共有关系的概念

房产共有，是指一处房产为两个或两个以上的所有权人（包括公民或法人）共有。房产共有关系则是指两个或两个以上的所有人对同一房产都享有所有权而形成的权利义务关系，对该房产都享有所有权的人称为房产共有人。该房屋则称为共有房产。

（二）房产所有权共有关系的特征

（1）房产所有权共有关系的主体是两个或两个以上的人（自然人或法人）并且都能分享同一项房产的所有权和分担同一项房产设定的义务。

（2）房产所有权共有关系的客体是同一房产。房产可以是一间房屋，也可以是复合房屋。如几间房屋或一栋房屋等。但共有人都将其作为一个整体而共同享有其所有权。

（3）在房产所有权共有关系中，共有人共同享有权利，共同承担义务。

房屋共有关系非常普遍。它们发生在权利主体之间。如国家与集体、国家与公民、集体与集体、集体与公民以及公民与公民之间的共有关系。

房屋共有的类别分为按份共有和共同共有两种：

（1）按份共有。按份共有，是指几个人所有，对共有房屋按照既定的份额享受权利和承担义务的共有关系。凡是共有关系，除法律规定或共有人另有约定外，大多是按份共有关系。

按份共有，产生的原因很多，如按兴建投资的份额而确定对房屋所有权享有的份额，因合资共同购买一处房屋而产生的共有，因数人共同继承遗产房屋而产生的共有，以及因分家析产而产生的共有等，均可形成按份共有关系。

1）按份共有人的权利义务。按份共有人，对共有的房屋所有权，享有各自的份额权利。并承担相应的义务。一般情况下，按份共有人经常在协议中把他们的各自份额明确规定下来作为依据。

按份共有人的权利包括：按份承担维修和交纳税金的义务，以及尊重其他共有人优先购买权的义务。

2）按份共有房屋的处分办法。按份共有关系中，各共有人应当自觉履行自己的义务，正确行使自己的权利。当需要解除共有关系和需要处分共有房屋时，必须采取协商一致的原则进行处理。如意见不一致，则因按拥有房屋份额半数以上共有人的意见行事，但不能损害其他共有人的利益，否则其他共有人可诉请人民法院解决。

在分割按份共有的房屋时，只能用折价的方法，而不能分割实物。同时，在处分某一份额的房屋时，产权变更书上只写明转移产权的份额或比例，而不能转让某一具体的占有和使用的部位。

如果按份额与房屋的间数相等，占有和使用部位可以并且事实上已经分割了的，那么在转移产权时，可以注明某具体的占有和使用部位。

按份共有的主要特征即是所有权的收益权利。在无法分割房产所有权时，分割它所得的收益时，就可以充分体现按份共有的特征。

（2）共同共有。房屋的共同共有系指两个或两个以上的所有人对共有房屋享有平等所有权的一种共有关系。其特征是各共有人之间没有份额之分，大家权利平等。这种共有关系多见于夫妻共有和家庭共有的房产关系之中。

房屋共同共有关系的产生，是以共同生活或共同劳动为基础的，否则就不可能形成房屋共有的关系，因而它主要发生在夫妻婚姻关系和家庭关系存续期间，一旦共同生活关系消失了，共同共有房屋的关系必将被分家析产所取代。

1）共同共有人的权利和义务。共同共有人对共有房屋都可以行使占有、使用和处分的权利，同时，对共有房屋的收益权共同享受。各共有人对共有房屋也承担均等的义务，如负责修房和交纳税金等，并负连带责任，即各共有人对因房屋发生的义务，均负有全部履行的责任。

2）对于共同共有房屋的处分。对于共同共有房屋的处分，必须取得全体共有人的一致意见。因为共有人的权利平等，无份额之分，如共有人中一人不同意，即不能处分。

房产所有权共有关系的产生和灭失：

（1）产生：两个或两个以上的人共同购置房产、共同建造房屋、共同继承房产、共同受赠房产。

（2）消灭：

1）房产共有人对共有的房产进行分割，共有关系即消灭；

2）房产共有人将共有的房产出售给他人共有关系消灭；

3）房产所有人将共有房产赠与他人；

4）由于自然灾害和不可抗力，使房屋毁坏，共有关系即行消灭。

二、相邻关系

房屋相邻关系，是指两个或两个以上居住相邻人对房屋行使占有、使用和处分权时，相互给予方便或者接受限制而发生的权利和义务关系。根据法律规定，任何一方在行使自己的权利时，不能损害他方利益，也不能影响和阻碍他方行使自己的权利。因而，所谓房屋相邻关系，对一方当事人来讲，意味着权利的延伸，对另一方当事人来讲，意味着权利受到某种限制。相邻关系实质就是权利行使上相互依赖和相互制约的关系。

正确处理相邻关系具有重要的意义，它可以促进相邻关系人之间的互相合作，互相爱护，调剂余缺，充分发挥房屋的效能，有利于公民、法人充分行使房屋所有权，有利于维护正常经济秩序，保障人民能安居乐业。

我国是公有制为基础的社会主义国家，在人民之间没有根本的利害冲突，这就为处理好相邻关系提供了有利的条件。但在现实生活中，人们的思想认识不同，因而依靠法律对相邻关系进行调整是非常重要的。

（一）相邻关系人的权利和义务

在相邻关系中，各相邻关系人之间的权利和义务是：一方有请求他方为自己提供行使占有权或使用权方便的权利，而他方负有为这一方提供方便的义务。同样，他方也有请求向这一方提供方便的权利，这一方也有为邻居提供方便的义务。因而，他们的权利和义务是对等的。如在共用、共有房屋部位的相邻关系中，共有人在拆除房屋时，对于房屋共墙（俗称伙墙），不得拆除，但有求偿权，请求共有人就自己享有的部分作出补偿。又如共有的楼梯、通道以及厕所、浴室等，相邻人有平等的通过权和使用权，其他相邻人必须尊重，不得干涉和阻挠。

在处理相邻关系中，各相邻人应以共产主义道德对待邻居，乐于助人，约束自己。要坚持兼顾国家、集体和个人三者利益的原则。同时，要加强法制，依法办事。把众多邻居之间的行为纳入法律的规范之内，使邻居之间协调和谐地生活，和睦友好地相处。

（二）处理相邻关系纠纷的办法

处理相邻关系的法律规范，主要有城市管理和房屋租赁管理条例、办法等。

房屋的相邻关系，发生纠纷最多的是公共部位的使用和维修，以及所有权和使用权关系的明确问题。

我国当前对于相邻关系纠纷的处理，一般采取以下三种办法：

1. 自行调解

发生纠纷的双方当事人坐在一起，心平气和地弄清是非，分清责任，找出解决矛盾的办法，达成和解。

2. 行政处理

自行调解无效，由当地基层行政组织、调解委员会，会同当事人所在单位组织，进行调解或处理。主持单位要行使国家赋予的行政权利。对错误一方提出批评教育，情节严重、屡教不改的，要给予行政处分或罚款。

3. 提起诉讼

发生纠纷的当事人一方，对行政处理不服，或未经以上程序，由当事人直接向人民法院提起诉讼的，人民法院在受理之后，可依法作出调解或判决，强制执行。

三、房产的代管

房产代管是指产权人下落不明时，由政府授权房地产管理机关代为管理，行使房屋所有权的行为。代管是保护公民房屋所有权的一种特殊形式。房产代管的特征在于代管权属国家，非经授权，任何单位和个人都不得代管房屋。

（一）代管权的发生和代管房产的条件

依照法律规定，房地产管理机关一旦接受代管，便自然发生代管权。代管权不需要所有权人的委托和授权，也不需要经过一定的程序。

对于房屋的代管，必须具备两个条件：一是房屋产权不明，即没有人对该房屋主张所有权，或不能证明其所有权，形成房产无人管理，也无人履行维修义务。二是房屋产权人下落不明，而一时又难于查清，房屋如长期无人管理必将造成房屋的损失，故由国家代管，以待查明后依法处理。

（二）代管权的行使

代管权的权限如下：

1. 占有权

政府房地产管理机关，有权占有代管的房屋，不受他人的干涉和侵害，其目的是排斥他人的侵占，便于维修养护房屋，保护所有人的权益。

2. 处分权

在房屋代管中处分权的行使，应有利于房屋所有人，有利于国家和社会。处分权主要包括对代管房屋的正常维修管理，代管房屋的出租等。处分权也包括因房屋的建筑质量、市政建设需要，对代管房实行出售和拆迁、拆除等。

代管房屋所得的收益，应减除房地产税、维修费以及其他必要的开支，余额全部存入银行，以备结算。

代管机关因保管不善导致房屋遭受损失时，应负责赔偿；如因不可抗力造成房屋损毁时，代管机关不负赔偿责任。

（三）代管权的消灭

代管权是随着特定事由而存在的，当特定事由或房屋本身灭失时，代管权也随之消失。

（1）因确定产权而消失。由于房屋产权人的身份已经查明，并将房屋发还，代管即行消失。

（2）房屋的产权人重新出现，确认权属，将房屋发还后，代管也告结束。

（3）因房屋自然损耗而消灭。

（4）由于不可抗力或意外事件，致使房屋损毁而消灭。

四、他项权利

他项权利属于物权。是在产权基础上产生和设定的，对产权加以限制的权利，故也称"限制物权"。他项权利有以下几种：

（一）地上权

地上权，系指在约定的期间内占有，使用他人的土地，并进行有关土地的管理和养护的法律行为。地上权的设定、变更和丧失，须依法登记才能有效。

行使地上权的界限在于：不得损害土地实体（如采矿）；某些重要管理行为，必须经所有权人许可并符合法律规定（如转租、转让）。地上权人可收取法定孳息和天然孳息。

地上权的标的物是土地，它不因地上建筑物或生长物的灭失而消灭，因为地上权是用益物权，它的设定不得妨碍土地所有人最终土地所有权的行使。

地上权，在我国立法内没有明确规定，但是由于我国实行土地公有制，致使土地使用者不具有土地所有权，只有使用权。因而，事实上，地上权在我国普遍存在，地上权分为两种：一种是租地建房，房屋归建房人所有，由建房人交纳地租。另一种借地建房，俗称"借地不拆屋"建房人用地不交地租，但规定若干年后地上的房屋连同土地一并归土地所有人所有。当然，严格说来，地上权和土地使用权也不尽相同。第一，地上权专指土地而言，不包括其它生产要素；第二，它限定在土地上，不包括地下；第三，除使用权外，它还包括占有和收益权；第四，它允许合法让渡。而土地使用权则不仅包括地上，也包括地下；但它不包括占有、收益的权利，也排斥合法让渡。

（二）抵押权

抵押权又称"质权"。房产抵押是指抵押人（或第三人）用其房产作为担保向抵押权人取得贷款，定期归还本息，如到期不能归还时，就其房产卖得价金受偿的权利。

房产抵押，债权系主权利，抵押系从权利。抵押与债权不得分离。抵押权非用益物权，无需由抵押人使用收益，故产权人对房产仍继续持有，并依法享权利、尽义务。

房产抵押是在现代金融业的基础上发展和逐步成长的。房产抵押或房产抵押信贷，是以房产作为附属抵押品，从金融机构获得住宅贷款或信贷担保的借贷方式。从事房产抵押信贷的机构，既有银行，也有合作金融机构，抵押借款人多属通过抵押获得资金，以购买房产。当前房产抵押已成为相对的独立市场——房产金融市场，对房地产经济起着重要作用。

房产抵押是现代银行信贷形式，标志着贷款本金的回收和增值，即附有利息，在分期偿还贷款时，必须还本付息。

（三）典权

房屋典当是房屋所有人在一定的期限内将房屋出典给典权人，典权人支付典价给出典人，在出典期限内，典权人拥有房屋的占有，使用和收益的权利。在典期终了时，出典人清还典价，可以回赎出典的房屋，出典人如不清还典价，典当就变成了绝卖。

可见，从典价而言，典当具有借贷性质；从房产权利分析，它又属房产交易的一种。房产典当是典权人在典期内典价利息与出典人同期的房产折旧价值进行等价交换。典当是一种原始的不完全的借贷形式。典当与高利贷同出一源，高利贷者乘机压低典价，从典当中获取高利或占有房屋。当然典权人不一定都是高利贷者，而尽量压低典价则属一般情况。

（四）地役权

地役权即土地产权人或使用人为满足自己土地某种便利需要使用他人土地的权利。又称方便地役权或通行地役权。

第三节　私有房产继承权

一、私有房产继承权的概念

依据 1985 年 4 月 10 日通过，同年 10 月 1 日起施行的《中华人民共和国继承法》的规定，房产继承权是财产继承权的一个重要组成部分。房产继承是把公民死亡时遗留的个人合法房产，转移给继承人所有的一种法律制度。在继承关系中，死者叫做被继承人，接受遗产者叫继承人；死者遗留的房产叫遗产；继承人依法取得遗留房产的权利，叫房产继承权。

私有房产继承权是一种绝对权利，其实现通常不需要义务人协助，只是需要不侵犯即可。即义务的主体承担的只是消极的不作为义务。

继承权实质上是公民个人财产所有权的延伸，继承制度的意义，是为了更完整地保护公民个人财产的所有权对于实现家庭抚育子女、赡养老人等社会职能，并对促进家庭的和睦团结具有积极的作用。

二、私有房产继承的特征

私有房产的继承具有以下法律特征：

（1）私有房产继承权是一种财产权利，通过继承实现财产的转移。房产属不动产，依照法律规定，继承人在取得继承房产的所有权后，必须到当地房地产行政机关办理更换户主的登记手续。

其次，房产是特定物，而不是种类物，对特定物的继承只能是死者遗留的房产，而不能用其它房产去代替。

另外，由于房产属于不可分物的特点，所以对于继承房产的分割，不可能用分离拆散的办法，而只能用作价补偿的办法进行。

（2）继承权以人身关系为基础，对于法定继承，以继承人和被继承人之间存在婚姻、血缘、收养等关系为依据确定。

继承权的实现要有一定的法律事实。只有当被继承人死亡或宣告死亡后，继承权才得以实现，由继承的期待权变成既得权。

三、私有房产继承的原则

（一）保护公民个人房产继承权的原则

我国宪法第十三条规定："国家保护公民的合法的收入、储蓄、房屋和其他合法财产的所有权。"所谓保护公民个人房屋所有权，就是在法律许可的范围内，公民有自由处分个人所有房屋的权利。

我国宪法还规定："国家依照法律规定保护公民的私有财产的继承权"。就是国家不仅保护公民生存时的房屋所有权，也保护公民的继承权，这就使公民的个人房屋所有权得到延伸，并受到完全的保护。

（二）男女平等原则

继承法第九条规定："继承权男女平等"。在私有房产继承权方面，男女享有平等的权利，正确执行这一原则有利于清除男尊女卑的封建残余思想。不论出嫁的女儿，或丧偶的妻子，都有与男子平等的继承权。

（三）尊老爱幼，互谦互让的原则

尊老爱幼是建立社会主义新型家庭的原则，是建设社会主义精神文明的重要内容。在房产继承方面主要体现在房屋遗产的分配上，在考虑婚姻关系和血缘关系的基础上，也要考虑各个继承人的实际情况，对于无经济来源的老人和未成年人应适当照顾多分配一些。

（四）权利与义务相一致的原则

继承法第13条中规定："对被继承人尽了主要扶养义务或者与被继承人共同生活的继承人分配遗产时，可以多分，有扶养能力和扶养条件的继承人，不尽扶养义务的，分配遗产时，应当不分或者少分。第12条中规定：丧偶儿媳对公婆，丧偶女婿对岳父、岳母、尽了主要赡养义务的，作为第一顺序继承人"。这些规定都体现了权利和义务相一致的原则。

四、继承的方式

继承分为法定继承和遗嘱继承两种。

（一）法定继承

私有房产的法定继承系指公民死亡时，其遗留的个人私有房产由继承人按照法律规定的程序进行继承。

1. 法定继承人的范围和继承顺序

我国法定继承人的范围和顺序，主要是根据婚姻关系和血缘关系的远近，以及在经济生活上相互依赖的程度确定的，依照继承法的规定，继承人的范围包括被继承人的配偶、子女、父母、兄弟姐妹、祖父母、外祖父母。同时，丧偶的儿媳对公婆、丧偶女婿对岳父、岳母尽了主要赡养义务的，作为第一顺序继承人。

依照继承法的规定，属于第一顺序的继承人为："配偶（指被继承人死亡时，同他有婚姻关系的合法夫妻）、子女（包括婚生子女、非婚生子女、养子女和有扶养关系的继子女）、父母（包括生父母、养父母和有扶养关系的继父母）；属于第二顺序的为：兄弟姐妹（包括同父母的兄弟姐妹、同父异母或同母异父的兄弟姐妹，养兄弟姐妹，有扶养关系的继兄弟姐妹）、祖父母、外祖父母。

继承依照继承顺序进行，即有第一顺序的继承人时，第二顺序不能开始进行。

法定继承人以外的依靠死者生前扶养的未成年人和无劳动能力的人，或者曾经扶养过死者的人，虽不是法定继承人，但应在分割遗产时给以适当照顾，以保证他们的生活需要。

2. 遗产的分配

在同一顺序中，有两个以上继承人时，应根据继承人的不同情况和他们对被继承人生前所尽的义务，进行分配，首先保证未成年人和无劳动能力的人应继承的财产份额。同一顺序的继承人如果各方面的条件相同或者近似时，也可采取平均分配的办法。继承人协商同意的也可以不均等分配。

3. 代位继承

代位继承，即被继承人的子女先于被继承人死亡，被继承人子女的晚辈直系血亲，可以代位继承其父母应继承的财产份额。代位继承人的范围，只限于法定继承人中的孙子女，外孙子女等晚辈直系血亲，并且不论人数多少，代位继承人只能继承他们已故的父或母应继承的那份房产。

（二）遗嘱继承

公民在生前对其个人房产预作处分，并在死亡时发生法律效力的法律行为。在遗嘱中遗嘱人可以指定法定继承人中的一人或数人继承其房产的一部或全部；也可以把自己的遗产赠给国家、集体或者法定继承人以外的人。

遗嘱继承的法律特征是：

（1）遗嘱是单方的法律行为，只要遗嘱人有意思表示即发生法律效力。

（2）遗嘱人应具有行为能力；设立遗嘱不能代理。

（3）遗嘱应自愿和真实，而不能强迫或伪造，遗嘱的内容不得违反现行法律和政策，也不得取消或者减少法定继承人中的未成年人和无劳动能力人应继承财产的份额，否则均属无效。

（4）遗嘱应具备一定的形式，可以采取公证、自书、代书、录音的形式，在紧急情况下也可采取口述遗嘱的形式。口述遗嘱，应当有两个以上见证人在场见证，危急情况解除后，遗嘱人能用书面或者录音形式立遗嘱的，所立口头遗嘱无效。

立遗嘱人可以变更或者撤销自己所立的遗嘱。立有数份遗嘱内容相抵触的，以最后的遗嘱为准，自书、代书、录音、口头遗嘱，不得撤销、变更公证遗嘱。

（三）遗赠和遗嘱继承的区别

公民用遗嘱将遗产的一部或全部赠给国家、集体组织、社会团体或个人，叫遗赠。接受遗赠的人叫受遗赠人。如遗赠人生前负有债务。则应在清偿债务后，才能将余下遗产交给受遗赠人。受遗赠人应当在知道受遗赠后2个月内作出接受或放弃遗赠的表示，到期没有表示的，视为放弃受遗赠。

遗赠与遗嘱继承的区别在于遗赠是赠与关系不以血缘关系为基础；遗嘱继承是继承关系，以血缘关系为基础

五、继承开始的时间、地点及遗产的处理

继承从被继承人死亡或者宣告死亡时开始，继承人有权接受遗产，也可以放弃继承。

（一）房产继承的开始

房产继承的开始，就是以房屋作为遗产的继承关系的发生，只要继承人没有放弃权利，而且他的继承权未被剥夺，他就可以依法取得继承死者遗留房产的权利。

继承开始的时间就是被继承人死亡的时间。被继承人死亡又分为自然死亡和宣告死亡两种。自然死亡就是人的心脏停止跳动。即生命的终结；宣告死亡是依据人民法院作出宣告死亡的判决，引起与自然死亡相同的法律后果，因而他的遗产可以由继承人继承。

继承开始的时间，在法律上有重要意义。其一是，在继承开始时，继承人才取得实际的继承权。其二是，继承人的范围要根据继承开始的时间来确定。只有继承开始时活着的法定继承人才享有继承权。其三是，继承房屋的数量应该是继承开始时的房屋实际数量。其四是，对于遗留房屋的分配应充分考虑继承开始时各继承人的实际情况。

继承开始的地点，通常是指死者户口的所在地。对于房屋来说，继承的地点只能是房屋的所在地。

（二）私有房产继承权的放弃和丧失

私产房屋继承权的放弃，是继承人表示不愿接受死者遗留的房产。放弃继承必须明示放弃。即继承人在继承开始后作出不接受遗产的表示，没有表示的，视为接受继承。对于房屋继承的放弃，在法律上的时间要求是，在继承开始后继承人如放弃继承，应在房屋处理前作出表示，房屋继承权一经放弃，即为永远放弃，故不再参与房屋继承。

依照继承法第 7 条规定，继承人有下列行为之一的，丧失继承权：1. 故意杀害被继承人的；2. 为争夺遗产而杀害其他继承人的；3. 遗弃被继承人的，或者虐待被继承人情节严重的；4. 伪造、篡改或者销毁遗嘱，情节严重的。

对继承人继承权的剥夺，只能由人民法院依法行使。

（三）无人继承的遗产

凡是没有法定继承人，死者又未立遗嘱处理其财产或者所有继承人都放弃继承权、或者依法剥夺了所有继承人的继承权时，便出现了所谓"绝户"产，即无人继承的遗产。

无人继承的财产，在法律上属于无主财产，可依法收归国家或集体组织所有。

（四）被继承人的债务清偿

继承人对被继承人生前所欠债务，应以遗产的实际价值为限负责清偿，即所谓限定继承的原则。如果有两个以上的继承人，则根据各人继承遗产的多寡，按比例分担债务。遗产归国家或集体组织所有时，则由接受遗产的单位负责清偿死者的债务。

第四节　房产所有权法规的调整方法

房产所有权法规的调整方法是指它作用于社会关系的方法。房产所有权法规有自己特定的调整对象和调整方法。房产所有权法规的调整社会经济关系，性质上分为两大类：一类是平等的社会经济关系；另一类是行政管理性质的社会经济关系。与此相适应，房产所有权法规也有两类性质不同的调整方法：即房产法的民事调整方法和行政法的调整方法。

一、房产所有权法规的民法调整方法

房产法在调整房产所有关系、房产使用关系、房产经营关系时所调整的是平等的社会经济关系。就其性质而言，是一种房产民事关系。因而从客观上要求房产法对这类社会经济关系相应采取民法调整方法，其特征是：

1. 法律地位平等

由于房产所有关系、房产使用关系、房产经营流转关系都是平等主体之间的房产民事关系，从而要求房产法规在调整这些社会关系时必须把当事人置于平等的地位。

2. 自我协商

由于上述房产关系的当事人地位平等，因而，他们的缔约总是体现了协商一致的精神。

3. 以民事讼诉程序解决争议

由于房产的所有关系、使用关系、经营流转关系当事人的法律地位是平等的。因此，在当事人之间的房产权属纠纷，合同纠纷等可以由双方协商解决，如协商不成，则可诉请人民法院通过民事诉讼程序予以解决。

4. 用民事责任方式制裁房产民事违法行为

房产民事违法行为是指违反房产民事法律规范的侵权、违约行为。人民法院如认定当事人实施了房产违法行为，可依法判令其承担民事责任，如排除妨碍，返还财产，恢复原状、支付违约金，赔偿损失等。

二、房产所有权法规的行政调整方法

房产法调整房产登记关系等，系行政管理性质的社会经济关系。因而从客观上决定了房产法规对这类社会关系的调整必然来自采用与之相适应的行政法调整方法。其特征如下：

1. 法律地位不平等

房产行政管理关系当事人之间的法律地位是不平等的，一方是国家授权的房地产行政机关，另一方则是必须接受房地产行政管理的法人和公民。因而，在调整这些社会关系时，必须把当事人双方置于管理和被管理的不平等的地位。

2. 非自愿协商原则

由于房产行政管理关系体现着从国家全民利益出发管理房产的意志，国家房地产行政机关依法作出决定，不仅无须征求被管理者的同意，而且被管理者必须对决定表示服从。

3. 以行政程序解决争议

法人和公民对国家房地产行政机关的决定即使不同意，也必须无条件执行。有关争议可通过行政程序向上一级房地产行政管理机关申请复议。如对上一级房地产行政机关的复议决定仍不服，可以向人民法院提起诉讼，但这一诉讼仍属房产行政诉讼，其目的在于确定国家房地产行政管理机关的有关决定是否符合国家法律规定。

4. 用行政责任方式制裁房产行政违法行为

房产行政违法行为指诸如不按规定进行房地产权登记，不按期交纳房地产税费等违反房产行政法律规范的行为。对于房产行政违法行为，国家房地产行政机关可以采取行政罚款等行政责任方式予以制裁。

三、房产所有权管理的内容

房产所有权管理的内容主要有三个方面，即审查确认产权、举办产权登记，依法"禁止转移"和"代管"。

审查确认产权是保护产权的前提，是产权管理的中心任务。只有严格审查确认产权，才能做到产权清楚，避免发生产权纠纷。因而，审查确权是衡量产权工作好坏的标志。

举办产权登记是实施产权管理的重要手段，没有健全的产权登记制度，产权管理也无法顺利进行。因此坚持产权登记制度以及产权转移变更登记制度是产权管理的重要环节。

通过产权登记，建立完整的产籍资料，统称为产权产籍管理。

依法"禁止产权转移"和"代管"是保护产权，实施产权管理职能的重要措施，是产权管理不可缺少的手段之一。

以上三方面的管理工作互相结合、互相补充、互相协调、互相促进、成为一个有机联系的整体。

第五节　房产所有权登记的法律制度

房产所有权登记是房产产权产籍管理的最基本、最重要的制度和日常工作。

在介绍房产所有权登记之前，先要对房屋产权产籍管理有一个概括的认识。

一、城市房屋产权产籍管理

（一）城市房屋产权产籍管理概述

城市房屋产权产籍管理，是指对城市房屋产权管理和产籍管理的总称。所谓房屋的产权是指城市公、私有房屋的所有权；所谓房屋产籍是指城市房屋的产权档案、产籍图纸以及表、卡、帐、册等反映产权现状和历史情况的资料。

城市房屋产权管理，是指房地产管理机关对房屋所有权及其合法变动情况的确认，以及为此而进行的管理工作。其主要内容是进行房屋所有权登记，审查产权、确认产权，核发房屋所有权证，办理产权变更登记等。

城市房屋产籍管理，是指房地产管理机关通过经常性的测绘和房屋产权登记，不断地补充和修正产籍资料，保持资料与实际相符。为房产管理制定政策，为城市规划和城市建设提供准确的数据和资料，可依法确认和保护房屋产权所有人的权益，都具有重要的意义。

为加强城市房屋产权产籍管理，保护房屋产权人的合法权益，建设部于 1990 年 12 月 31 日发布了《城市房屋产权产籍管理暂行办法》(以下简称暂行办法)，并于 1991 年 1 月 1 日起施行，为我国城市房屋产权产籍管理提供法律依据。该办法的主要原则是：

1. 房屋产权与该房屋占用土地使用权一致的原则

暂行办法第三条规定：城市房屋的产权与该房屋占用土地的使用权实行权利人一致的原则，除法律、法规另有规定者外，不得分离。据此，城市房屋的产权人，同时就是该房屋所占土地的使用人，除法律、法规另有规定的以外，不允许出现房屋产权所有人和该房屋所占用土地使用权不一致的状况。

2. 统一管理、分级负责的原则

暂行办法第四条规定：国务院建设行政主管部门负责全国城镇房屋产权产籍管理工作；县级以上地方人民政府房地产行政主管部门负责本行政区域城市房屋产权产籍管理工作。说明这项工作实行统一管理、分级负责的制度。

3. 依法实施管理的原则

暂行办法第五条规定：城市人民政府房地产主管部门应当依照国家和地方有关房地产管理的法规和政策，做好城市房屋产权登记、产权转移鉴证，房产测绘和房地产档案资料的管理工作。要求城市政府房地产主管部门依照有关法律，法规和政策做好房地产产权产籍管理工作。

(二) 城市房屋产权管理的内容

城市房屋产权管理的内容是由城市房地产行政主管机关，通过对城市房屋产权进行登记与发证，对城市房屋产权的取得、转移、变更和他项权利的设定进行管理。总之，房屋产权登记是城市房屋产权管理的主要内容。

二、房屋所有权登记

前城乡建设环境保护部 1987 年 4 月公布了《城镇房屋所有权登记暂行办法》。

(一) 房屋所有权登记的涵义

房屋所有权登记是国家为健全法制，运用行政手段，加强产权管理，依法确认房屋所有权的法定手续。房屋的所有权登记，以及他项权利登记的范围包括市区、郊区、县、建制镇、工矿区内所有房屋，无论属于全民、集体或个人所有，无论何种使用的房屋均需按照登记办法的规定，向房产所在地县级以上房地产行政机关申请登记，经审查确认产权后，发给房产所有证。所有权证是国家依法保护房屋所有权的合法凭证，取得产权证才能受到国家法律的保护。可见，只有通过产权登记，才能对房地产权实施有效的管理。

（二）产权登记的特征

建立房屋产权登记制度是由房地产的特征所决定的。房地产的价值大，使用期限长，属于不动产。在长期的占有、使用过程中，不断地更换所有人和使用人，极易发生权属纠纷，因而必须进行产权登记，依法保障产权的合法行使，所以建立产权登记制度，是强化产权管理的重要手段。

房屋产权登记的特点：

1. 具有强制性

房屋产权登记，无论公、私房产均须在规定的期限内申请办理总登记。总登记以后，房地产状况和权属状况有变化时，也必须在规定的期限内（如新竣工的房屋或产权转移和客体变更须在 3 个月内）申请办理产权登记。如逾期不登记的，予以处罚。对其权属，国家不予承认或保护。

2. 具有绝对效力

房屋产权登记和他项权利的设定，非经登记不能取得合法保障。登记之后，领取所有权证即具有绝对效力。依法行使权利，任何人不得干预或侵犯。

3. 具有公信力

房屋产权登记，经过主管部门的严格审查，对产权人、房地产权证、产权来源、房地现状等进行内外结合，认真核对无误后才予确权，因此，凡已登记领到产权证件的房地产，均能保证其真实性，得到国内和国际群众的信赖。

另外，我国 1982 年新宪法宣布城市土地属于国有，使用单位和个人只有使用权，无所有权。房屋产权人在申请所有权登记时，根据房地产权主体一致的原则，同时申请土地使用权登记。

（三）房屋产权登记的种类

房屋产权登记分为总登记、转移登记、变更登记、他项权利登记和其他几种登记。

1. 总登记

属于静态登记，是指在一定的期间内，在较大的行政区域内，进行一次性的、统一的、全面的登记。总登记是编制和整理房地产产权产籍权属关系和基础资料的一个必要的程序和主要手段。因此，总登记是产权登记中最基本的登记。在开办总登记期间，不论房屋产权、房屋状况有无变化，产权人均应申请办理产权登记。

2. 转移登记

在总登记以后，产权发生买卖、赠与、交换、继承和分家析产等转移情节，涉及产权人的变更，必须办理产权过户手续，办理转移登记。

3. 变更登记

在总登记以后，因房屋本身发生翻建、扩建、增建、拆除或部分拆除等增减变化，必须进行登记，即产权变更登记。

4. 他项权利登记

是在所有权基础上设定的权利的登记。所以他项权利也称限制物权。如抵押权、典当权、地上权、地役权等的登记均属他项权利登记。

另外，还有其他几种登记，主要有：

（1）新建登记。即新建的房屋没有进行过所有权登记的，所有权人应在规定的期限内办理新建房屋产权登记。

（2）遗失登记。即房屋所有权证因遗失、焚毁，申请补证而进行的登记。

（3）更正登记。登记发证之后，与实际情况不符，由权利人提出进行更正的登记。

以上，除总登记外，均属经常性的动态登记。

（四）房产产权登记的程序

房产产权登记是一项政策性强、复杂细致、需要内外结合、多层次多环节的工作。大体可以分为：收件、调查、测绘、产权审查、收费发证等5个程序：

1. 登记收件

在经过充分准备和广泛的宣传动员的基础上，开始进入实质性的工作。这个程序主要是验明产权人、检验产权来源和证件，填写登记申请表、地界表等。

（1）检验证件。目的是使权人提交充分和完备的身份证件和产权证件，以便为审查确权提供有力的依据，确保登记的顺利进行。

检验身份证件，审查申请人是否有申请资格。

私有房产申请登记，房屋产权人应一律使用户籍名称；申请人必须是房屋产权人（包括共有人）并出示居民身份证或图章；申请人必须有完全的民事行为能力，无民事行为能力或限制民事行为能力的人应由其法定代理人代为申请；如申请人不在本地，应以书面委托代理人代为申请；如产权人下落不明，由其近亲属或其他共有人代理。

单位房屋申请登记，单位必须具有法人资格，未取得法人资格的不得进行登记。同时需用单位全称的公章，并委派经办人员办理产权登记。

直管公房申请登记，应区别不同情况进行。公产一律使用"国有产"户名；代管产暂不登记；托管产由产权单位自行登记或委托他人代办登记。

（2）检验产权证件。目的是确定产权人是否依法享有产权，申请人是否有合法的产权证件，来源是否清楚，只有证件齐全的才予以收件。检验的证件包括：

私有房产应提交的证件。过去申请过产权登记的，应提交各届地方政府核发的各种所有权证。在领取产权证件以后发生产权转移变更的，应分别提交有关合同和证明文件，影印件和复印件不予登记。

单位房产应提交的证件。应根据产权来源不同，分栋提交有关证件、证明和书面说明。过去登记过的提交所有权证；凡属政府机关核发的产权证件，一律要求收回原件。其他证件因特殊情况无法提交原件的，经单位书面说明，取得登记部门同意，可提交影印件或复印件。

直管房产应提交的证件。直管房产档案一般包括产权管理和经营管理两方面的资料。在产权登记中凡属产权管理方面的资料均应按栋提交。经营管理部门只需保留经营管理方面的资料或保留产权处理的复印件或影印件。

（3）填写申请表和墙界表（房地经界四至）。申请表是产权人向房管机关申述其房产的合法来源和现状，请求确认产权填报的表式。

墙界表是产权人向房管机关提供房地产经界四至，产权归属的自我认定以及相邻产权人的证明，这是确认产权经界的重要依据。

2. 实地调查

根据登记收件和初审意见，调阅内部现有资料，核对地籍图、分户图等，提出调查重点，进行深入实地调查，作到产权来路正当合法，真实可靠。

3. 复丈测图

根据产权转移、变更、合并、分析等情况，对房地产现状进行复丈测图（包括产籍图和分户图等），分户图作为发放房产所有证的附图。

4. 复核发证

对于房产产权申请进行全面复核，正确无误，绘制权证，经领导审批，缮证配图，校对盖印，然后通知产权人缴纳税费，发放产权证。

最后，建立产权档案。在产权登记过程中形成的资料是产权管理的重要的基础资料，须要进行认真筛选、整理、装订成册，移交档案部门，以保证资料的系统性和完整性。

（五）房产所有权审查的原则

1. 以事实为依据，以法律为准绳原则

房产所有权的取得必须以法律事实为依据。在审查所有权时，首先要弄清产权人取得房产所有权的法律事实，证明所有权的来源清楚。同时，要符合有关政策和法律规定，即可确定所有权。

2. 书证原则

房产所有权的取得、转移、变更和他项权利的设定等法律事实，必须用书面证明作为依据。在审查所有权时，需要有原始证件和具有法律效力的书面证明，才能确定所有权。

3. 产权清楚，没有纠纷原则

房产所有权清楚，才准办理所有权登记。如在申请登记过程中，发现有产权纠纷，应弄清纠纷事实，由产权人及有关部门去处理，并作好记录，在纠纷未解决前，不能确定所有权。

4. 实事求是，准确无误原则

房产所有权的审查必须认真负责，准确无误，如发现错误必须及时纠正，以做到真实可靠。

5. 回避原则

房产所有权的审查人员不得参与和本人及亲属房产所有权有利害关系的案件的审查，以做到审查工作的客观公正。

（六）关于房产所有权登记有关几个政策性问题的规定

1989 年 11 月 1 日建设部印发《关于城镇房屋所有权登记中几个政策性问题的原则意见》规定如下：

1. 公有房产登记发证有关产权的确认

（1）产权来源清楚，无产权纠纷，符合法律政策，但证件不全，又无法查找，经调查属实，申请单位书面具结保证，县级以上主管机关证明属实，房管机关认可后，可予登记。

（2）单位合并、分立、撤销，产权已按政策规定作过处理的，按当时处理结果登记；产权归属不明的，由县以上主管机关证明，核实无纠纷，可登记；有纠纷的，主管机关裁定，房管机关认可予以登记。

（3）单位合建，按建房协议，投资比例，双方协商划分产权予以登记，也可由双方议定产权占有比例，作为共有房产登记。

（4）统建开发小区商业、服务业、锅炉房、人防或其他公用房屋，登记确认产权原则：

1）各省市已有文件规定的按文件规定登记；

2）没有文件规定的由投资建房单位登记；

3）投资建房单位不登记的，由房管机关统一登记；

4）由财政投资作为地方政府资产的，也由房管机关统一登记。

（5）现由房管机关管理的单位统建或购买的房屋，按当时文件规定或单位与房管机关协议议定办理。

（6）过去房管机关调拨给单位免租使用的拨用房产，由当地房管机关登记。其中部分为单位新建、扩建的，一般应无偿由房管机关登记。另有规定者按规定办理。

2．宗教房产登记，产权确认

（1）宗教团体教堂、寺院等，不论自用、出租、被占，按国务院政策应予返还的由宗教团体登记；尚未发还的暂缓登记。

原外国教会房产，按国务院政策已转为中国教会所有，由宗教团体登记。

（2）解放以来，按国务院政策，由政府接管、接办原教会的学校、医院、慈善事业的房屋由接管后的单位登记。

（3）宗教团体房屋经规划拆除重建，原房已补偿的归建房单位；未作补偿的暂缓登记。

（4）宗教团体的房屋证件不全，由宗教团体书面说明，主管机关证明，经查属实，产权无纠纷，由宗教团体登记。

（5）信徒个人购建家庙，不作社会宗教活动的，产权仍属个人。

3．历史遗留借地不拆屋的登记

已作过处理的，按处理结果登记；未作过处理的，按契约内容（合法）予以登记。

4．会馆等房产的登记

会馆、祠堂、善堂、书院、行帮等房产，已按国家、省政策接管的，由原接管单位登记。

5．关于违章建筑登记的有关规定

在房屋所有权登记发证工作中，涉及许多违章建筑，为了确保城市规划法的实施，保障产权人的合法权益，原城乡建设环境保护部于 1988 年 2 月 12 日发布了《关于房屋所有权登记工作中对违章建筑处理的原则意见》。

（1）关于时间界限，考虑到《城市规划条例》是国务院 1987 年新颁发的，各地制定城市规划有先有后，在处理违章建筑时，对时限以前的可适当放宽，时限以后的应从严处理。

（2）关于地域界限，凡影响近期规划建设或城市发展的重要地段，违章建筑应从严处理，其他规划发展地区可从宽处理。

（3）凡直接影响交通、消防、市政设施、房屋修缮施工、绿地、环保、防灾和邻里居住条件的违章建筑应从严处理，反之可适当放宽。

（4）参照以上原则确定从宽处理的范围，只要房屋建筑正规，结构合理，经过一定的申报审批程序，给予批评教育或适当罚款后，可以补办手续，确认其所有权，发给产权证件。罚款的额度由各地制定标准，由市人民政府批准。

（5）违章建筑无论能否从宽处理，一律都要进行登记，做到不重不漏，为城市建设和管理积累资料。

临时建筑到期未拆除或已建成永久或半永久性的房屋，是否能登记，可参照上述对违章建筑的处理原则处理。一般均应先由规划部门处理后，再行登记。

6. 关于代管房产登记的规定

根据《城市私有房屋管理条例》规定，代管分为法定代管和委托代管。法定代管，指因产权所有人下落不明又无合法代理人或所有权不清楚，由房屋所在地房管机关代管暂不办理产权登记。委托代管，指因房屋所有人不在房屋所在地或其他原因不能管理其房屋时，可出具委托书委托代理人代为管理。这类房屋须由产权人亲自持有关证件办理登记或出具书面委托书委托代理人代办登记手续。

7. 关于涉外房产登记的有关规定

涉外房产指中外合资、中外合作和外国人私有的房产。

中外合资和中外合作房产是指我国企业或个人与外商或个人合资兴建、购买、产权属于中外合资或中外合作企业的房产。这类房产只要企业具备中华人民共和国企业法人资格，即可按照单位所有房产进行登记。

外产是指外国政府、企业、社团、国际性机构和外国侨民购买或建造的房屋。这类房屋因数量不多，目前尚未进行产权登记。

外国人私有房产是指外国人在我国境内的个人所有或数人共有自用或出租的住宅和非住宅房屋。根据1984年8月国务院批转的《中华人民共和国城乡建设环境保护部关于外国人私有房屋管理的若干规定》精神，外国人私有房屋的所有人，需到房屋所在地城市人民政府房地产行政部门办理房屋所有权登记手续，经审查核实后，领取房屋所有证；房屋所有权转移、房屋状况变更或所有人国籍变更时，需到房屋所在地房地产行政主管部门办理所有权转移或变更手续。

外国人私有房屋在进行所有权登记时，对办理所有权登记手续的各种证件和办理委托手续的证件必须是正本，并须经过公证。在国外办理的公证文书，需经该国外交部或其授权的机构和中国驻该国大使馆、领事馆认证，并须附具中文译本。

8. 关于商品房屋登记的规定

为了加强商品房屋的产权登记管理，建设部于1992年4月21日发布了《关于加强商品房屋产权产籍登记管理的通知》，规定如下：

（1）建立商品房屋销售前的产权登记备案制度。房地产开发公司在商品房屋销售前（包括预售），必须持项目建设图纸和有关批准文件到房地产产权管理机关登记备案，以作为商品房屋产权登记的基础资料。

（2）商品房屋的购买方必须在购买商品房屋的3个月内（期货在交易的结算之日起3个月内），持能证明交易行为合法性的有效证件到房地产产权管理机关办理产权登记手续，领取产权证书。

（3）按商品房屋成本管理办法和价格管理，其建造成本已打入商品房屋成本的拆迁安置用房和公共服务配套建筑，其产权确定为由人民政府房地产管理部门管理的国有房产。由全民所有制房地产开发公司开发建设的上述房产，地方政府房地产管理部门可根据房地产开发公司的物业管理能力，委托其经营管理；也可由地方政府的房地产管理部门统一经营管理。由其它所有制房地产开发公司开发建设的，由地方政府的房地产管理部门统一经营管理。

三、违反城市房屋产权管理的法律责任

单位和个人不遵守暂行办法的有关规定，取得、转移、变更房屋所有权或他项权利的行为，应依法承担法律责任。

（一）违法行为种类

(1)对依法禁止房屋产权转移或设定他项权利的房屋进行产权转移或设定他项权利的；

（2）取得、转移、变更房屋产权或设定他项权利，未按规定申请办理产权登记的；

（3）私自涂改或伪造房屋产权证件的；

（4）在房地产行政主管部门确定的房屋产权总登记或者验证的范围，不按规定办理产权登记或者验证手续的。

（二）对违法行为的处罚

对上述违法行为，其产权取得或设定无效，并可根据情节，给予行政处罚。具体处罚办法由省、自治区、直辖市人民政府确定。

上述违法行为如构成违反治安管理行为的，由公安机关给予治安行政处罚；如构成犯罪的，由司法机关依法追究刑事责任。

第八章　房地产市场管理法规

　　房地产市场管理法规是指调整因房地产流通而产生的各种社会关系法律规范的总称。

　　广义的房地产市场管理法规，从纵的方面看包括宪法、民法、行政法、经济法、土地法、房地产法以及地方性法规、规章等有关房地产市场管理方面的内容。从横的方面来看，除《城市房地产管理法》、《土地管理法》、《土地使用权出让转让暂行条例》和正在拟定的房地产交易管理条例以外，还包括税费法规、合同法规、房地产估价法规、房地产金融法规等有关内容，组成一个有机联系的体系。

　　房地产市场是房地产生产和消费的中间环节，涉及法律关系非常复杂，又由于房地产市场的特殊性，运用法律手段进行调整显得更为重要。

第一节　房地产市场管理法规概述

一、房地产市场的概念

　　城市房地产市场，从狭义上说，是房地产商品交换的场所；从广义上说，是房地产商品交换关系，即房地产流通全部过程的总和。具体地说，房地产市场是房地产商品交换过程的统一，是连接房地产开发建设与房地产消费的桥梁，是实现房地产商品价值和使用价值的经济过程，是房地产商品经济运行的基础。商品生产者必须通过市场才能建立起联系和实现商品的价值，房地产市场自身也是随着商品经济的发展而不断扩大和完善。

二、房地产市场交易的主体和客体

　　房地产市场交易的主体是指直接或间接参与房地产商品交易的各方及在交易关系中所起作用的中间媒体等。交易主体包括国家、集体和个人，具体地可以分为：

　　（一）供给方

　　供给方是向市场投放房地产商品的一方，亦称卖方。主要有国家、房地产开发经营企业、以及出售或出租的私产房屋的个人。

　　（二）需求方

　　需求方是从市场取得房地产商品的一方，亦称买方。主要指房地产商品的购买者或承租者。

　　（三）融资方

　　融资方是用资金投入保证房地产市场交易成功的一方。主要包括银行、国家金融机构、企事业单位、社会团体和个人。

　　房地产交易的客体主要是指作为房地产交易对象的地产和房产。

　　对于地产来说，根据《中华人民共和国土地管理法》规定："城市市区的土地属于全民所有，即国家所有；农村和城市郊区的土地，除法律规定属于国家所有的以外，属于集体所有"。由于城市土地所有权属于国有，进入市场交易的只是土地使用权。因而，在土地出让市场只能由国家垄断经营，通过将土地使用权出让的方式投放市场，或者采取行政划拨方式出让。在地产转让市场为土地使用权的转让、出租、抵押等方式让渡。

对于房产来说，交易的客体为房产的所有权和使用权，连同房屋所占用土地的使用权。由于房产商品在其物质内容的构成上包含着地产，因此，任何一笔房产交易都必然是房地产合一的交易，也就是房产市场和地产市场的融合性。所以说单纯的地产市场是存在的，单纯的房产市场是不存在的。

三、房地产交易活动的方式

《房地产法》第二条指出："本法所称房地产交易，包括房地产转让、房地产抵押和房屋租赁"。

房地产转让，是指房地产权利人通过买卖、赠与或者其他合法方式将其房地产转移给他人的行为。房地产转让有两种情况，一种是有偿的，主要指房地产买卖或交换；另一种是无偿的，主要指赠与和继承。因为后者不属交易行为，故这里所说的转让则是指前者而言。具体地说，房地产交易主要是指房地产买卖、互换、租赁、房地产抵押和土地使用权的让渡。

（一）房地产买卖

即房地产权的交易行为。在房屋买卖过程中，通过房屋买卖行为，卖方出让而买方取得房屋产权，买方向卖方交纳价金。房屋买卖包括商品房买卖、公房买卖和私房买卖。

（二）房屋租赁

即房屋使用权的交易行为。在房屋租赁过程中，产权人收取租金，并在有效租期内将房屋的使用权转移给承租人。房屋租赁包括公房租赁和私房租赁。

（三）房屋交换

即以房屋实物互易的行为。在房屋互换过程中，一方让渡自己房屋的产权或使用权，而取得对方的房屋产权或使用权。房屋互换包括公房交换、私房交换以及公私房的交换。

（四）房地产抵押

房地产抵押是指房地产所有人因借贷或为第三人担保债务的履行，将房地产抵押给债权人，作为保证的一种行为。抵押期满，抵押人应偿还债务本息，结束抵押关系；如到期抵押人无力偿还、抵押权人有权处理房地产优先受偿。

（五）土地使用权出让和转让

1. 土地使用权出让

土地使用权出让是指国家以土地所有者的身份，按照指定地块的用途、规划要求、使用年限等条件，将城市土地使用权出让给土地使用者，并向土地使用者收取出让金的行为。出让交易的主体是国家和企事业单位。国家是出让者，企事业单位是受让者，两者之间体现了责、权、利的关系。

土地使用权出让的方式，一般采取协议、招标、拍卖三种形式。一些特殊用地，如国家机关和军事用地、城市基础设施、公益事业等用地也可采取无偿划拨的形式。

2. 土地使用权转让

土地使用权转让，是指国有土地使用权人作为民事主体的一方，将土地使用权，在一定期限内转移给作为民事主体另一方的行为。包括出售、交换、赠与和继承等内容。

土地使用权转让是一种平等主体之间的民事行为，故地产转让关系是一种民事法律关系，适用于民法的一般原则和调整方法，国家从中起监督作用，并依法收税，以调节地产转让行为。

四、房地产市场的结构

目前，我国房地产市场呈三级结构模式：

一级市场。由国家垄断经营。指土地使用权呈纵向流动。由政府以土地所有者身份，把土地使用权投入市场运营，表现为政府与经营者、使用者之间的行为，反映资源价格和从所有权分离出来的使用权的价格，并由政府确定其交易方式。

二级市场，具有经营性质。房地产呈横向流动，由经营者向使用消费者平行移动。表现为经营者与使用者和消费者之间的交易行为，反映的是以开发经营价值为基础的企业价格，是扩大供给条件下的市场行为。

三级市场，具有消费性质。房地产呈横向流通，即经营者、使用者之间的平行转移，表现为使用者之间的交易行为。反映的是以效用为主的市场价格，是调剂需求和重新配置的市场行为。

以上三种市场模式有内在联系，互相影响、互相促进。其中一级市场起导向作用，二、三级市场形成竞争格局，是我国社会主义房地产市场体系的一个特色。

五、房地产市场的特征

当前，我国房地产市场还处于培育和过渡阶段，存在着不完全性，主要体现在以下方面：

（一）房地产市场的双轨性

我国房地产市场目前存在市场性和非市场性并存的局面。如土地使用权出让，一部分采取拍卖、招标或协议方式，也有一部分采取划拨方式。

（二）房地产市场的非规范性

我国房地产市场的市场体系，一方面存在着双轨性，即非完全商品化，另方面有关房地产金融、劳务、信息市场发育程度很低。同时房地产市场管理薄弱、立法滞后，房地产管理、规划管理、土地管理互不衔接，不够协调，造成房地产投资效率不高。房地产市场的功能和作用得不到充分发挥。

（三）房地产交易价格的非合理性

主要表现在市场房屋买卖价格过高，房屋租金过低，租售比价不合理，影响了群众购买房屋的积极性。

（四）房地产权属管理的重要性

由于房地产是不动产，具有位置固定性的特点，在流通过程中，房地产本身并不发生空间位移，所转移的只是房地产的产权。为保障房地产交易各方面的权益，必须加强房地产权属管理。又由于我国实行土地公有制，加以正在进行住房制度改革，使房地产流通的方式呈现多样化，房地产权属关系更加复杂，所以依法进行房地产权属管理显得至为重要。

（五）房地产信息管理的重要性

房地产市场具有"不完全性"。即房地产买卖双方非专业人员很难有充分的房地产专业知识，很难以合理的价格进行交易，并使房地产得到最充分合理的利用；同时，每一特定位置的土地和房产都具有其特异性，难以进行横向比较，难免使交易某一方权益遭受损害；再有，由于房地产的不可移动性，使房地产市场具有较强的地区性，房地产商品供求不平衡时，不能通过空间位移使房地产市场达到均衡；合适的房地产的寻找费时费力，产权转移的手续复杂等，要求信息管理必须跟上市场发展的需要，以保证信息畅通，最大限度的克服房地产市场的不完全性，使房地产市场健康发展。因而必须依法建立健全房地产市场信息机构，包括房地产中介服务机构。管理部门要加强市场透明度，实现信息公开化，加强房地产市场统计，进行房地产评估，及时公布房地产价格，做好房地产市场调查和预测。并保证房地产经纪人的合法地位，充分发挥其中介和信息咨询职能作用。

（六）防止投机行为的必要性

房地产具有保值升值的特性，土地的有限性、公共投资房地产的特异性、再生产过程的复杂性、流通方式的多样性以及政策法规的不完善性等，都容易造成房地产投机行为的滋生。因此，防止房地产投机行为的有害影响，必须健全房地产法规，加强房地产市场管理。

第二节　房地产市场管理

一、房地产市场管理的涵义

（一）房地产市场管理，是指国家政府房地产行政主管机关依法运用行政手段、经济手段、法律手段，依据社会主义市场经济有关的政策法规，对房地产市场从事房地产交易活动的主体，对房地产商品、价格、合同、信息、税收等各方面进行计划、组织、协调、控制、监督、服务全过程的总和。房地产市场管理是引导房地产行业发展的重要保证。

房地产市场是房地产资源的一种配置方式，通过培育和发展房地产市场机制，使房地产资源按照商品经济价值规律进行流通，建立健全各项规章制度，为房地产市场机制提供良好的内外部环境，培育房地产市场主体，使房地产资源得到有效的配置，提高房地产市场运行效率，使房地产市场健康、高效、和谐有序地运行。

根据党的十四大确定的建设社会主义市场经济体制的目标，必须加快房地产市场体制的建设。但是，目前与建立完整统一的房地产市场的要求差距很大。主要表现，一是房地产市场不统一，房产市场与土地市场分离，形成两个并列的市场，分别由土地行政部门和房地产行政部门管理；二是房地产市场不完整，大部分房地产交易（如所建商品房销售）只由上级开发主管部门批准，没有纳入市场管理，造成管理的混乱。因为房地产为不动产，不可分割，同时房地产交易行为，任何单位批准不能取代市场管理，所以必须建立完整统一的房地产市场，由一个房地产行政主管部门管理。其好处是，可以精简机构，简化手续，提高效率，便利群众，有利于房地产经济的发展。

（二）房地产市场管理的原则

在管理房地产市场活动过程中要遵循以下原则：

1. 促进发展原则

房地产市场管理的首要任务是保证房地产商品的供应和需求，保证房地产商品数量和质量以及房地产资源的有效开发，要处理好近期和远期、局部和整体的关系。

2. 统一协调原则

房地产市场管理涉及规划、城建、物价、工商、税务、金融、土地等各个部门，要积极争取各部门的支持配合，共同作好管理工作。

3. 统一领导和分级管理原则

房产和地产在客观形态上紧密相连，在权益上有相关性，交易是整体转移，必须坚持统一领导。政策要统一，不能政出多门。同时，从国家到地方，各级人民政府要建立相应的房地产市场管理机构，配备管理人员，形成体系，按照管理任务和分工，实施系统管理。

4. 政企分开的原则

长期以来，我国房地产管理实行政企不分的体制，存在着很多弊端。为了适应社会主义市场经济体制的要求，必须实行政企分开。政府对房地产市场进行宏观调控，实行计划指导、组织协调、监督服务；房地产企业则是独立核算、自主经营、自负盈亏的经济实体。从而使政府和企业行为规范化，形成房地产市场良好的外部和内部运行机制。

5. 依法管理的原则

事实证明房地产市场是特殊的商品市场，因而其受特定法律的约束力也最强。依法管理房地产市场是实现管理的科学化和法制化的重要标志。为了作到有法可依、有法必依、执法必严、违法必究。法规的制定必须注意区域性和时效性的特点，并根据不断发展变化的形势，不断修改和完善，以体现法律的严肃性、权威性和延续性。为此，要强化法制建设，建立健全相应的立法、司法和执法机构队伍，以便充分运用法律手段加强对房地产市场的管理。

二、房地产市场管理法规建设

在发展我国房地产市场的过程中，政府对房地产市场管理非常重视，先后颁布了一系列的法规。如1981年4月10日，国务院办公厅转发了国家城市建设总局、中华全国总工会《关于组织城镇职工、居民建造住宅和国家向私人出售住宅经验交流会情况的报告》，在规定住宅价格等方面提出了要求。1982年4月12日，国务院同意下发的国家建委、国家城市建设总局《关于出售城市住宅试点工作座谈会情况的报告》，对补贴出售、按质论价出售住宅的管理以及各部分协调配合等作出了具体规定。1983年12月17日，国务院发布《城市私有房屋管理条例》，对城市私有房屋买卖等管理作了规定。1987年2月9日，城乡建设环境保护部颁布了《关于进一步加强私有房屋管理工作的通知》专门规定了加强私房交易市场管理的内容。1988年8月8日，建设部、国家物价局和国家工商行政管理局联合下发了《关于加强房地产交易市场管理的通知》，对加强房地产经营单位的管理、房地产市场价格的管理和开展房地产价格评估等工作作了明确的规定。同时，各大中城市还结合本市实际情况制定地方性法规和行政管理办法。如武汉、北京、沈阳、大连、石家庄、太原、郑州、西宁、乌鲁木齐等城市先后制定了房地产交易办法和规定等，强化了依法管理。

在地产市场管理方面，结合土地使用制度改革。1987年4月，国务院提出"土地使用权可以有偿转让"，并在一些城市进行了改革试点，从而在我国建立了地产市场。1988年4月，宪法修正案，删除了禁止土地出租的条款，增添了土地使用权可依法转让的内容，为地产市场的建立和发展提供了宪法依据。1988年12月，《土地管理法》也作了修改，明确了"国家依法实行国有土地有偿使用制度。"根据这些规定，1990年5月19日，国务院发布了《中华人民共和国城镇国有土地使用权出让和转让暂行条例》，对国有土地使用权的出让、转让、出租、抵押等作了具体的规定。为我国地产市场的建立和发展，以及对房地产市场实行有效管理提供了法律依据。

地产市场的建立和发展，对维护国有土地所有权，对于改变土地资源配置不合理和严重浪费状况，缓和土地供需矛盾，增加财政收入，促进土地合理流动，都发挥了重要的作用。

1994年7月5日全国人大八届八次会议通过的《中华人民共和国城市房地产管理法》是我国房地产管理的大法，对我国城市土地使用权的出让和划拨，对房地产交易、转让、抵押、租赁、中介服务等的市场行为作了明确的规定。使我国城市房地产市场管理逐步纳入法制管理的轨道。

三、房地产市场管理的任务

房地产市场管理的任务，既要解决生产力（资源）的组织问题，也要解决经济关系的调节问题。需要解决的具体任务如下：

（1）建立健全房地产市场的管理机构，强化房地产行政部门对房地产市场的管理，使房地产市场管理有切实的组织保障。

（2）建立健全房地产市场管理的各项法规，使房地产市场的管理活动有法可依。得到法律上的保障。

（3）加速价格、租金改革的进程，加速土地有偿使用制度改革，深化住房制度改革，使房地产经济的资金进入良性循环，为城市建设提供资金积累，使房地产企业成为房地产市场的主体。

（4）严禁非法交易、侵权行为、投机倒把、非法牟利。打击各种经济犯罪，保证房地产市场的良好秩序。

（5）把一切房地产交易、租赁、抵押、产权登记和转移经营活动纳入统一渠道，由房地产交易所、房地产产权管理部门统一管理。

（6）在实行房地产经济体制改革过程中，努力处理好职能转换过程中的各种矛盾和问题，防止出现管理上的空白。

四、房地产交易管理机构

房地产交易管理机构主要是指由国家设置的专门从事房地产交易管理的机构，包括国家建设部房地产业司及其下属的市场管理处、地方省、市建设厅（建委）下设的房地产管理局及其下属的市场管理处、产权管理部门以及市、区房地产交易管理所。

如前所述，建设部、国家物价局、国家工商行政管理局于1988年发布的170号文件《关于加强房地产交易市场管理的通知》要求尽快恢复和建立房地产交易所，并将任务归纳如下：

（1）为房地产交易提供洽谈协议、交流信息、展示行情等各种业务；

（2）开展地产价值、价格评估；

（3）提供房地产有关法律、政策咨询，接受有关房地产交易和经营管理的委托代理业务；

（4）对房地产经营交易进行指导和监督，调控市场价格，查处违法行为；

（5）办理房地产交易登记、鉴证、权属转移手续。

五、房地产市场管理的内容

房地产市场管理包括：房地产市场流通秩序的管理、房地产交易价格的管理、房地产交易合同管理、房地产中介行业管理等。

根据国务院规定，建设部归口负责房地产行业管理，经营管理和市场管理等工作，因为房地产市场是涉及国民经济各个领域，与人民生活密切相关的全国统一市场，因而房地产管理部门要会同有关经济部门、工商行政管理部门、金融部门、税务部门、物价部门、土地管理部门等协同做好房地产市场管理工作，引导房地产市场健康发展。

第三节 房地产市场流通秩序管理

一、房地产市场流通秩序管理的任务

房地产市场流通秩序管理的任务是保护正当合法的房地产交易、房屋租赁、土地使用权让渡等活动，保障交易双方当事人的合法权益，打击投机倒把、炒买炒卖、非法牟利等违法行为，建立管而不死，活而有序的房地产流通秩序，促进房地产市场的健康发展。

二、房地产市场流通秩序管理的内容

房地产市场流通秩序管理包括房地产交易秩序管理，房地产租赁秩序管理，房屋互换秩序管理以及房地产抵押、土地使用权出让、转让秩序管理。管理的具体内容如下：

（一）房地产交易秩序管理

1. 明晰产权，确立市场主体，加强房屋准入管理。

由于房屋的特殊性，在进入交易市场时，需符合一定的条件。

（1）房屋产权归属清楚，有合法的产权证件。如有的城市对房地产开发公司的商品房实行商品房出售许可证制度。开发公司须具备土地使用证，商品房开发计划、建筑工程规划许可证等条件下方可出售商品房。

（2）房屋如经过改建、扩建、产权人应在房地产行政主管部门办妥变更登记手续后，方能投入市场进行交易。

（3）对出租的房屋如要出售时，必须提前 3 个月通知承租人，并在同等条件下，承租人有优先购买权。

（4）共有房屋的出售，出售人须提交共有人同意或委托出售的证明方能进行。在同等条件下，承租人有优先购买权。

（5）对于享受补贴和以优惠价格购买、建造的房屋，在不满原规定期限时出售，只能按原价或交易评估价出售给原补贴单位或房地产主管部门。

（6）对于继承、赠与、分家析产所得的房屋，必须有公证机关或人民法院的法律文书，方能投入交易市场。

具有以下情况的房屋，不得投入市场交易：

（1）产权未经确认或产权纠纷未得解决，以及他项权利不清的房屋；

（2）产权人出售房屋后，没有合理的居住去向；

（3）未经有关主管部门批准，擅自兴建、扩建的违章房屋；

（4）依法限制产权转移的房屋；

（5）依法公告拆迁的房屋。

2. 房地产交易市场购买主体准入管理

房地产交易市场购买主体进入房地产交易市场应受到一定的限制。

（1）个人购买城市房屋，一般情况下规定购买者必须是房屋所在城市的常住居民，特殊情况下应报经房屋所在地房屋管理机关批准。但是在某些城市就不存在这种限制，例如

福州市农村居民不但可以购买城市房屋，而且还可以解决购买人的户口问题。

（2）个人（单位）购买房屋，一般坚持以自住自用为目的。以防止倒买倒卖牟取暴利行为的发生。如确因正当理由需要出售所购房屋的，则必须严格按照房屋交易管理的各项规定办理。

（3）对单位购买私房进行必要的限制。机关、团体、部队、企事业单位不得购买或者变相购买私有房屋，因特殊需要必须购买的，需报县级以上人民政府批准。

3. 房产交易立契鉴证程序管理

关于房地产市场中房产交易程序管理问题，1988 年 8 月 8 日建设部、国家物价局、国家工商行政管理局（88）建房字等 170 号《关于加强房地产交易市场管理的通知》中明确指出：进行房地产交易的单位和个人，必须持有关证件到当地房地产管理机关办理登记、鉴证、评估、立契过户手续，以维护房地产交易市场的正常秩序。

（二）房屋租赁市场秩序管理

房屋租赁市场秩序管理的内容包括：房屋出租条件限定；租赁关系管理，租赁程序管理等。

1. 房屋出租条件限定

在实际工作中，由于房屋租赁中的情况比较复杂，纠纷也比较多。因此，必须对房屋出租条件加以限定，以保证正常的房屋租赁秩序。

（1）单位自有房屋和私房业主出租的房屋，必须是自住、自用有余的房屋，私房业主不得一方面出租私有房屋，另一方面又租用国家大量补贴的廉价公房。

（2）产权和使用权不清楚或产权和使用权纠纷尚未得到处理的房屋不得用于出租。

（3）为保护承租人的利益和维护城市规划建设管理规定，危险房屋和违章建筑不得用于出租。

（4）数人共有房屋出租，必须经其它共有人同意。

（5）受人委托管理的房屋出租，必须持有房屋产权人的委托证书。

（6）出租的房屋如改变使用性质，应经当地房地产主管部门批准。

2. 房屋租赁关系管理

房屋租赁关系管理对房地产行政主管部门来说主要包括：以法规政策形式，规范公、私房屋租赁中出租方与承租方，双方当事人之间的权利义务内容，并对租赁双方当事人的合法权益加以保护，对租赁双方履行租赁合同过程中不遵守国家管理规定的行为进行经济、行政、法律制裁。

关于租赁双方当事人之间的权利与义务关系，在实践中，我国已有比较固定的内容。在许多地方还制定了地方性的法规，当然这些权利义务内容是以《民法通则》和《经济合同法》有关规定为基础的。

出租人与承租人之间的权利与义务关系如下：

（1）房屋出租人的权利与义务

出租人的权利：

1）有按租约规定向承租人收取租金的权利；

2）有经常检查房屋及其附属设施、指导承租人合理使用房屋的权利；

3）有禁止承租人私拆乱改、乱搭乱建的权利；

4）有向承租人宣传贯彻执行房管政策的权利，对承租人在租用期间违反国家和地方政府有关房屋管理规定的作法有权制止。

承租人有下列情况的，出租人有权终止租赁、收回全部或部分房屋：

1）长期无故拖欠房租的；

2）擅自改变租约规定的房屋用途的；

3）损坏房屋结构、擅自搭、盖、隔断房屋的；

4）利用所租用房屋进行非法活动的；

5）长期空关房屋不用的；

6）承租人死亡或外迁，同住亲属不具备继续承租条件的；

7）承租人把租用房屋擅自转租、转借、转让或私自交换的；

8）因城市建设或特殊需要必须腾让房屋的。

出租人的义务：

1）有保证承租人在租约规定的期间内使用房屋的义务。

2）对出租房屋及其附属设备进行正常的维修，保证承租人的居住和使用安全。如因出租人检查维修不及时，致使承租人生命财产遭受损失时，出租人应承担相应责任。

3）出租人不得向承租人非法索取押金或其他财物，不得借故赶撵承租人搬家，有接受承租人监督，倾听承租人意见的义务。

4）有接受当地房地产行政管理部门指导与监督的义务。

（2）承租人的权利与义务

承租人的权利：

1）承租人在租赁合同规定的期限内，有合法使用所租房屋的权利。

2）有要求出租人及时维修房屋的权利。

3）对出租人出租房屋行为有监督和建议的权利。

4）租赁合同期满，在同等条件下，有优先承租权。承租人无法另找房屋，有适当延长租赁期限或续租的权利。

承租人的义务：

1）有按租约确定的金额，按时交纳房屋租金的义务。

2）有爱护和合理使用房屋的义务，如因承租人使用不当造成房屋及附属设施损坏时，承租人有修复和照价赔偿的义务。

3）出租人因维修房屋，需要承租人暂时搬出，承租人有给予支持和配合的义务，待维修竣工后，再搬回使用。

4）有遵守国家房管政策、法令、接受出租人指导和监督的义务。

规范了租赁双方的权利与义务关系，还需要对这种租赁关系进行管理。目前租赁关系管理应集中在以下两个方面。

1）制定新办法，严禁擅自改变房屋使用性质或转租问题。第一，部分房屋承租人，不经产权人同意，擅自改变房屋使用性质，侵犯了房屋所有者的权利，如将沿街居住用房改作营业用房等。如确需改变使用性质，全部或部分地改做营业用房，则承租者应经产权人同意，并应申请房地产主管部门批准，参考商业用房租金标准，重新核定租金，建立新的租赁关系之后方可进行。第二，部分房屋承租者不经产权人同意，擅自将房屋转租、转让、兴办第三产业，收取高额房租，或以合作兴办第三产业为名，行转租、转让房屋之实。为搞活经济发展第三产业，可以考虑允许住房有余的承租户转租部分房屋用作营业，但必须经房屋产权人同意，重新建立租赁关系。新的租赁关系中，应实行新的租金标准。房屋主管机关对利用沿街房屋开店作营业活动的，在审批手续上要加强管理。

2）综合治理承租人私搭乱建问题。目前有的房屋承租人不顾法律制度，不办理任何申请手续，随心所欲，乱搭乱建，给城市建设、交通、消防、环境卫生和市容管理都带来了严重的不良影响，对此必须采取综合措施加以治理。

（三）房屋互换的秩序管理

房屋互换是房屋所有人之间或房屋承租人之间根据各自的需要，将其所有的房屋或承租的房屋直接或间接地互相调换的活动。

加强房屋互换秩序的管理主要有以下几方面的工作：

1．互换房屋的客体条件管理

不同房屋的所有者之间房屋所有权的互换应纳入房屋买卖的范围；不同所有制房屋承租者之间房屋使用权的互换应征得房屋所有权人的同意。有下列情形的房屋，不得进入调换。

（1）房产产权和使用权权属不清的房屋；

（2）部队、公安、司法、档案等部门和大专院校、军工企业等单位的房屋；

（3）属于违章建筑和危险建筑的房屋；

（4）因城市建设需要，短期内即将拆迁改造的房屋。

2．房屋互换程序的管理

（1）单位、个人换房，须办理换房手续。直管公房与直管公房的互换手续，由房屋所在地的房屋经管单位或换房站负责办理；自管公房与自管公房的换房手续由各自管房单位分别办理。也可委托房屋所在地的换房站代为办理。直管公房与自管公房的互换手续，由直管公房所属的经营部门和自管房单位分别审查并签署意见之后，在房屋所在地的换房站办理，私房业主与公房住户之间的房屋调换，双方须先到房地产交易管理部门办理房屋产权交易过户手续，而后再办理使用权过户手续。

（2）办理房屋互换手续时，互换双方需提供申请报告、租约、原房管部门（自管房单位）审查证明，户口和房屋使用者所在单位的证明等证件。

（3）单位、个人申请调换房屋，房屋所有权单位在签署意见时，须认真审查，有下列情形之一者，不得同意调换。

1）损坏房屋及其附属设施，未按规定赔偿者。

2）未按规定缴足房屋租金者。

3）私自转让、转借、转租房屋者。

4）其它违反房屋管理政策、规章者。

5）换房双方经申请，房屋所有权人审查同意，房屋所在地的换房站办理调换手续后，换房双方任何一方不得悔约。

6）单位个人调换房屋、搬家时不得拆卸或损坏房屋原有设施。拆卸自搭暗楼、自建厨房、厕所或其它建筑设施，应按换房双方事先的约定办理。

（四）房地产抵押管理

房地产抵押系指房地产权人以其房地产设定抵押权作为按期偿还债务的担保，在抵押人不能按期偿还债务时，抵押权人有权依法请求主管机关处分抵押物，并得到债务清偿的经济担保活动。

　　抵押制度的核心是抵押权。即抵押权人对于抵押人或第三人提供的担保物享有物权，但并不移转该担保物的占有。只有在债务人给付迟延时，债权人才得以通过法定程序变卖抵押物，以变卖抵押物所获价金抵偿债务人所欠债务。

　　依我国的土地制度，城市土地一律属于国家所有，土地使用者只有土地使用权而无所有权。因此，就城市房地产抵押而论，所谓"土地"其实为一定时期的土地使用权。牵涉到土地的抵押权是土地使用权上设定的，是一种权利抵押，故土地使用权是该抵押的标的物，它类似于以地上权，永佃权作为抵押标的抵押。

　　依抵押在法律上的特征，就房地产抵押而论，抵押人与抵押权人的权利义务如下：

　　1. 抵押人的权利义务

　　(1) 抵押人的权利：

　　1) 在抵押期间保留房地产占有权。抵押人在抵押期间对抵押的房地产仍有使用、收益的权利。抵押的房地产在因抵押人违约而被抵押权人处分之前的天然、法定孳息仍为抵押人所有，但法律或当事人之间另有约定者除外。

　　2) 一般的，同一处房地产可设定数个抵押权。

　　3) 对抵押的房地产行使处分权。抵押人行使处分权的前提条件是需征得抵押权人的书面同意，不影响抵押权的存在。抵押人对设定抵押权的房地产的处分权表现在出租和转让上。若出租不影响抵押权的实现，则抵押人可以将该房地产出租给第三人。由此推论，出租已设定抵押权的房地产，其出租合同有效期以不超过抵押期为限。若超过抵押期，应征得抵押人的同意。若出租期超过了抵押期且租赁行为未征得抵押权人的同意，则一般来讲，租赁权不得对抗抵押权，但法律另有规定的除外。关于已设定抵押权的房地产的转让，因抵押权设定后，抵押人在抵押期间仍然有抵押物的所有权或使用权，故抵押人仍可进行转让，但未经抵押权人同意的转让合同无效。依法理而定，抵押权的性质是担保物权，具有物权的追及性，因此不管抵押物转让于何人之手，在抵押权人应实现抵押权时，对转让受让人的有要求返还抵押的房地产的权利。

　　(2) 抵押人的义务：

　　1) 抵押人在抵押期间负有保持占管的房地产完整和安全的义务。其一，凡需拆建、改建、增建或变更房屋结构的，需经抵押权人的书面同意；其二，抵押人应合理使用房地产，不得对抵押的房地产造成侵害；其三，因不可抗力造成已设定抵押权的房地产灭失、毁损的，抵押人不对灭失或毁损负责，但残留部分的抵押权不因此而消灭，抵押人仍负有提供与灭失、毁损价值相当的其它担保的义务。

　　2) 抵押人有保证抵押权人充分实现抵押权的义务。

　　2. 抵押权人的权利义务

　　(1) 抵押权人的权利：

　　1) 优先受偿。这是指抵押权人优先于其它债权人受偿。同一处房地产设定数个抵押权的，抵押权人的受偿顺序依抵押登记的先后顺序为准。

　　2) 保全抵押权。抵押人或第三人的行为造成对抵押的房地产的侵害，则抵押权人有权直接或间接通过法院制止。因抵押人责任致使抵押房地产价值减少，抵押权人可要求抵押人提供其他房地产作为抵押担保。

3）物上代位权。抵押的房地产毁损或灭失时，抵押权人依据让与的赔偿或补偿请求权代替抵押人直接向第三人或保险公司请求损害赔偿或保险金，并为房地产保险的第一受益人。

4）处分房地产抵押权。其一，抵押人因各种原因未能如期履行债务时，抵押权人可处分抵押权，变卖抵押的房地产，从中受偿；其二，将抵押权让与他人，但让与时债权随之让与，并需通知抵押人。

（2）抵押权人的义务：

1）抵押人按期清偿债务后，抵押权随之消灭。抵押权人应及时将抵押物返还给抵押人。

2）返还剩余价金。抵押人违约，抵押权人从处分抵押的房地产所获价金中受偿后，应将剩余价金返还给抵押人。

3. 抵押权的实现

由于各种原因抵押人未能如期偿还债务，致使抵押权人变卖抵押物，并以变卖所得价款的全部或一部分抵偿欠债的过程，谓之抵押权的实现。

要求实现抵押权是需要一定条件的。有的地方规章规定的条件是：（1）抵押人未依约清偿债务的；（2）抵押人死亡而无继承人或者受遗赠人的；（3）抵押人的继承人或者受赠人拒绝履行清偿债务义务的；（4）抵押人（法人）解散、破产或者被依法撤消的。

处分抵押房地产所得价款的分配顺序。从已出台的地方有关法规来看，处分抵押物所得价款的分配基本上按下列顺序进行：（1）支付处分该抵押房地产所发生的费用；（2）支付与该抵押房地产有关的应纳法定税费；（3）按抵押登记顺序依法偿还低押人所欠抵押权人的本息及违约金；（4）余额退还给抵押人。

该分配顺序表明，抵押权人优先受偿权不得优先于拍卖机构因拍卖产生的费用的补偿权，也不得优先于国家应收取税费的权利。

（五）城市土地使用权的出让、转让管理

在城市土地所有权人与城市土地使用人统一时，城市土地使用权是指城市土地的所有权人在法律规范约束下，根据土地使用权的性质，用途和功能进行利用，以满足自身需要的权利，当城市土地所有权人和使用人不相统一时，即城市土地所有权与使用权相分离时，城市土地使用权是指使用人依据法律规范和契约规定使用特定土地谋取收益或效用的权利。

我国城市土地最基本的制度是城市土地国有制，任何城市土地使用人都只有土地使用权而没有所有权。

为改变我国过去无偿、无限期、无流动造成土地浪费严重，效益低下的状况，我国实行了城市国有土地使用权有限期有偿出让、转让制度。

1. 城市土地使用权出让

城市土地使用权出让，属于城市土地一级市场，是指国家通过其城市土地所有权的代表，以一定的形式，将若干年期的城市国有土地使用权让渡给一定的土地使用权受让人并获取相应的土地出让金的行为。

依土地使用权出让具体形式的不同，土地使用权出让的方式分为协议出让、招标出让和拍卖出让三种。

2. 城市土地使用权转让

土地使用权转让是城市土地市场的第二个环节，是指土地使用权人将自己拥有的、已经经过出让环节并经过开发的城市土地使用权转移给其他欲拥有该块土地使用权的土地使用者的行为，是城市土地使用权土地使用者之间的横向流动。他们之间所发生的，是平等民事主体之间发生的民事法律关系。其关系的产生和调整适用于我国民法的一般原则和调整方法。

按照国务院 1990 年 55 号令的规定，城市土地使用权转让包括交换、赠与和继承。

交换转让形式在 1990 年 55 号令中没有做出规定。转让方可依照自己的意愿在协议、招标、拍卖三种形式中选择一种。

3. 城市土地市场的秩序管理

所谓城市土地市场的秩序管理，即指城市土地使用权出让、转让市场秩序的管理。

(1) 城市土地使用权出让转让的范围。按照国务院 1990 年 55 号令和许多地方法规的规定，允许实行土地使用权出让的土地范围为国家所有的城镇土地，包括市、县城、建制镇和工矿区范围内属于全民所有的城镇土地。许多地方法规中规定的范围中还包括出让而依法征用的农村集体土地。

与此同时，允许土地使用权转让的土地范围也只能包含在允许土地使用权出让的城镇国有土地范围内。

(2) 城市土地使用权受让人的范围。按照 1990 年国务院 55 号令的规定，中华人民共和国境内外的公司、企业、其它组织和个人均可按 55 号令的规定取得土地使用权，进行土地开发、利用和经营。一些地方法规中进一步稍加限制、规定外国和地区受让人的范围限定在与中华人民共和国建立有外交关系或在中华人民共和国境内设立了商务代表处的国家和地区的公司、企业、其他经济组织和个人的范围之内。

实践当中，具体地块的使用权受让人的范围还因土地使用性质、用途、资信、以及资金能力等因素而有所限制。

(3) 城市土地使用年期限制。城镇国有土地使用权不属于永租权，而是有一定年期的。国务院 55 号令中规定了各类用地使用权出让的最高使用年期。地方政府进行具体地块使用权出让时，其使用年期可在最高期限内视具体情况而定。

土地使用权转让的有效年期为：出让时所确定的土地使用权年期减去土地使用者已使用的年期。

(4) 土地使用权出让工作程序管理。城镇国有土地使用权出让工作应遵循一定的程序进行。

协议出让土地使用权的工作程序如下：

1) 由有意土地使用权受让人提出书面用地申请。

2) 初审，土地局对用地申请书及其它应由申请人提供的文件进行初步审查，并将初审结果回复申请人。

3) 土地局向初审合格的申请人提供拟出让地块的相关资料和有关规定。

4) 由申请人在规定时间内向土地局提交土地开发建设方案和包含出让金，付款方式等在内的文件；出让方在规定时间内给予回复。

5）双方经进一步协商并达成协议后，签订土地使用权出让合同，并由受让方交付定金。

6）受让方按合同规定支付全部出让金后，在土地局办理土地使用权登记，领取土地使用证。

招标出让城镇国有土地使用权的工作程序如下：

1）编制招标文件。

2）确定投标者的资格范围。

3）发布招标广告或招标通知书。

4）有意投标者向招标方报送投标申请表，购买招标文件。招标方对申请者进行资格审查，确定投标人。

5）招标方向投标者解答招标文件中的疑点和其它有关出让问题，也可以组织投标者进行出让地块的实地考察。

6）投标者投"标书"，并按规定缴纳保证金。

7）招标小组或评标委员会开标、验标。

8）对有效标书进行评审，即评标和议标，然后决标，确定中标者。

9）中标者在规定时间内与国有土地所有权代表签订土地使用权出让合同，并支付规定数额的定金。

10）中标者交付完合同规定的全部出让金后，到土地局办理土地使用权登记，领取土地使用证。

拍卖出让城镇国有土地使用权的工作程序如下：

1）由政府土地管理部门编制土地使用权拍卖文件、确定参加竞买者的资格。

2）由政府土地管理部门发布土地使用权拍卖公告。

3）土地管理部门提供拍卖文件，并提供解释。

4）拍卖前一定时间内，有意竞买人到土地主管部门接受资格验证，领取应价牌。

5）拍卖，价高者得。

6）出价最高者与土地所有者代表当即签订《土地使用合同》，进行合同公证，并按规定支付履约定金。

7）办理土地登记手续，领取土地使用证。

（5）城市土地使用权转让工作程序管理：

1）申请，由土地使用权有意转让人向当地政府或其主管机关提出转让土地使用权的申请。对许多地方城市来说，这一程序不一定是必经程序。但一般来说，属于土地使用权或地上建筑物、附着物分割转让的，或土地开发建设尚未达到一定标准的，则这一程序属于必经程序。申请时一般要求提交有关的合法证件和材料。包括土地使用权批准证件、城市规划许可证、土地使用权出让合同，原批准用地红线图、建筑物附着物产权证明、该块土地开发投入资金结算报表和土地使用情况说明，转让合同等。

2）批复。批复系由土地使用权转让人向地方政府或其主管机关提出转让申请后，地方政府或其主管机关表示同意与否的答复。

3）签订转让合同。除继续转让之外，其它转让形式均需要签订土地使用权转让合同。

4）公证和认证。国务院55号令中没有规定土地使用权转让合同必须经过公证和认证程序，但有些地方相关法规中设有该项规定，从而使公证和认证成为转让合同签订生效的必经步骤。

5)登记。土地管理部门和房地产管理部门分别负责土地使用权和地上建筑物、附着物的所有权登记和发证。

第四节　房地产交易价格管理

一、房地产交易价格管理概述

房地产交易价格管理是房地产市场管理的核心内容。

房地产价格管理是指政府房地产主管部门对流通领域的房地产商品的交易价格实行的宏观调控与微观管理的活动。

社会主义市场经济体制要求政府对房地产交易价格从政策法规上加以指导和调控，制定房地产价格的政策法规，建立房地产价格体系。总之，房地产价格管理从某种意义上说就是房地产价格政策的管理。

《房地产法》规定："基准地价、标定地价和各类房屋的重置价格应当定期确定并公布。""国家实行房地产价格评估制度"。"国家实行房地产成交价格申报制度"，即是为了揭示房地产交易价格的规定。

（一）房地产交易价格管理的意义

1. 保证国家有关房地产价格政策、法规的贯彻实施

要加强房地产交易价格的管理，必须按照国家政策法规制定出合理的房地产价格标准，建立必要的房地产价格体系，健全价格评估制度，严格成交价格的申报审批制度，认真监督和查处房地产价格的违章违法行为，才能使房地产价格政策、法规落到实处。

2. 保障国家的利益不受损失

有关房地产价格涉及各级政府利益的，诸如：土地收益、各项税费等。必须强化价格管理、制止土地隐形交易，防止国家税费流失，故须准确评定房地产价格，以避免隐价瞒价行为发生。

3. 保护房地产生产者、经营者和消费者的合法经济权益

生产者、经营者和消费者的合法权益能否得到保护，关键在于房地产价格的评估审定是否公平合理。因此，房地产行政主管部门必须认真做好价格管理工作。

（二）房地产交易价格管理的原则

1. 宏观调控、微观放开的原则

宏观调控，就是要通过对总需求和总供给的控制，通过对产业政策的调节，对金融杠杆的运用和对税收政策的倾斜，通过对基准地价、标定地价的制定，从总体上控制房地产的成本，调节房地产市场行情，创造房地产交易价格正常运行的大环境。

微观放开，就是对具体的交易价格由交易各方当事人共同协商议定。

2. 按质论价，等价交换的原则

按质论价就是按照房地产的质量确定房地产的价格，实行不同的价格标准，使房地产价格正确反映其内在质量的标准。

等价交换是价值规律的一个基本原则，所谓等价交换是使房地产的交换价值必须体现其内在的价值，以防止瞒价、压价和抬价等不正当的交易行为。

（三）房地产交易价格管理的内容

从房地产的生产、流通和消费整个的循环过程都需要价格管理，但管理的重点应为以下几个方面：

1. 定期确定并公布房地产价格标准

房地产价格标准包括基准地价、标定地价和房屋的重置价格标准。

基准地价是指对一定时期和地段范围内的土地所核定的地产转让的基本价格或基础价格，它对范围内土地市场转让价格具有一定的均衡作用和最低限价作用。

标定地价是指对具体地块核定的宗地价格，可以是政府协议出让该地块的标价，也可以是拍卖、招标该地块的底价。

房屋的重置价格是指按当时市场情况建造同类房屋（新房）的造价。

定期确定和公布价格标准的制度，将为房地产价格评估和当事人协商交易价格，提供客观、公平和权威的价格参照标准。

2. 实行房地产价格评估制度

房地产价格评估是以政府公布的基准地价、标定地价和房屋的重置价格为基础，结合当时市场价格情况和科学的测算；对每一宗转让、抵押的房地产所进行的估价活动。其作法是以客观公正的态度为准则，以评定公平合理的价格为目的。由此可见，房地产价格评估既是价格管理的基本内容，又是价格管理的重要手段。

3. 实行房地产成交价格申报制度

政府要求房地产交易的当事人或其代理人，在转让房地产时，应当向县级以上人民政府规定的房地产管理部门（土地部门）如实申报成交价格，不得瞒报或者作不实的申报。其目的是防止房地产交易人瞒价偷税，保护合法交易，保持房地产价格的基本稳定。

4. 查处房地产价格违法行为

房地产价格违法行为是指房地产交易双方当事人违反国家、政府有关的房地产价格政策规定，私自成交或隐价瞒价，偷漏税费等违法违章行为，给国家造成重大经济损失。因此，加强房地产价格管理，加强检查监督，查处违法行为，是房地产市场管理的重要内容。

二、房地产价格构成

房地产商品的价格是其价值的货币表现形式，其价格构成是在正常生产、合理经营情况下房地产品的社会平均生产成本、流通中的经营管理费，加上合理利润和税金构成。

根据原国家物价局、建设部、财政部、中国人民建设银行［1992］价费字 382 号文关于《商品住宅价格管理暂行办法》规定，商品住宅价格由下列项目构成：

1. 成本

（1）征地费及拆迁安置补偿费，按国家规定执行；

（2）勘察设计及前期工程费，依据批准的设计概算计算；

（3）住宅建筑安装工程费，依据施工图预算计算；

（4）住宅小区基础设施建设费和住宅小区级非营业性配套公共建筑的建设费，依据批准的详细规划和施工图预算计算和省、自治区、直辖市城市规模定额指标执行；

（5）管理费，以上（1）到（4）项之和为基数的 1％～3％计算；

（6）贷款利息，计入成本的贷款利息根据当地建设银行提供的具体情况确定。

2. 利润

以第 1 条"成本"1 到 4 项之和为基数核定。利润率暂由省、自治区、直辖市人民政府确定。

3. 税金

按国家税法缴纳。

4. 地段差价

征收办法暂由省、自治区、直辖市人民政府根据国家人民政府有关规定制定。

第五节 房地产交易合同管理

一、房地产合同概述

合同，又称"契约"，是指两个或两个以上当事人之间，确立、变更、终止相互权利义务关系的协议。在我国经济生活乃至社会生活中，存在着各种形式的合同，概括起来说，这些合同不外乎民事合同与经济合同两大类。

民事合同是公民之间确立、变更、终止相互权利义务关系的协议。经济合同是法人之间（包括法人与公民之间）为实现一定经济目的，明确相互权利义务关系的协议。

二、房地产合同的种类

房地产合同分为买卖合同、租赁合同、互换合同、抵押合同以及土地使用权出让、转让合同。

（一）房地产买卖合同

1. 买卖合同内容

买卖合同是买卖双方就房地产买卖事项，确立、变更、终止相互权利义务关系的协议。其主要内容如下：

（1）标的。合同的标的是订立合同当事人双方权利义务共同指向的对象。房地产买卖合同的标的是房屋及其附带的土地使用权。合同标的物是指能够被人们独立支配，客观存在的实体。房地产买卖合同中的标的物即指房屋以及对应于土地使用权的仅限被人们在一定时期内使用的土地。

（2）数量和质量。房地产买卖合同的标的或标的物要用数量和质量两种衡量指标表示。数量包括面积和间数等。质量即指房屋结构、朝向、新旧程度等。此外，由于不动产位置固定性的特点，还需写明房屋的座落四至等基本情况。

（3）价款以及定金。价款是取得标的物的一方向对方支付的代价，即向对方支付的货币。定金是为表明购买诚意而预先向卖方支付的一部分价款。

（4）履行合同的期限。在房地产买卖合同中是指房地产买方向对方支付价款的具体日期和卖方向买方交付房地产的具体日期。

（5）履行方式。在房地产买卖合同中主要是指结算方式和房屋转移方式，如一次性付款或分期付款等。如买方一次性付款，则卖方一般应在见款后同时将房屋（所有权）移交给对方，如为分期付款，则买方付出首次价款后卖方先将房屋交买方使用，待收到全部价款后，再将所有权交给买方。

（6）违约责任。为防止买卖双方中途悔约，一般在合同中都订有惩罚措施。

2. 房地产买卖合同的特点

（1）房屋所有权和土地使用权发生转移，但标的物不发生位置的移动。

（2）买卖合同系双务合同，存在着等价有偿关系。

（3）标的物系特定物。房地产买卖合同订立后，一般不允许以其它房地产替代标的物房地产。

（4）买卖合同属诺成性合同。即合同一经签订，无需立即交付价款和标的物，合同即告成立。

（5）买卖合同属要式合同，需签订书面协议，经房地产交易所鉴证，并进行产权过户登记。

（6）违反合同的法律责任，是一种经济责任，由违约方承担。

（二）房地产租赁合同

房地产租赁合同属于财产租赁合同，是出租方将自己所有的房地产在一定期间内交给承租方使用，承租方给付一定的租金，并在租赁关系终止时将原租赁房地产返还给出租方的协议。

1. 房地产租赁合同的主要内容

（1）名称、数量和质量。指用于租赁的房地产名称及具体座落和房屋结构、间数、面积、装饰、附属设施及其完好程度以及使用土地的面积和四至等。

（2）租赁期限。租赁期限是房地产承租方有权占有和使用租赁标的物的期间，从何时租用到何时返还，可以用年、月、日等计算。

（3）租金和交纳期限。

（4）房地产在租赁期间的修理维护责任。

（5）违约责任。

（6）争议的解决方式。

2. 房地产租赁合同的特点

（1）房地产租赁合同是等价有偿合同。

（2）租赁标的物只转移一定时期的使用权而不转移所有权。

（3）房地产租赁合同是双务合同，双方都有权利并负有义务，而且这一方的权利就是相对一方的义务。

（4）房屋租赁合同属诺成性合同。

（5）房地产租赁合同也是一种要式合同。租赁合同需经过房地产管理部门和工商行政管理部门登记后才能成立。

3. 违反房地产租赁合同的责任

房地产租赁合同是双务合同，任何一方如未正确的履行合同义务都会产生合同责任。

（1）承租方违反房地产租赁合同的责任：

1）逾期不交租金，经出租人催告仍不缴纳者应承担违约责任。

2）由于使用或维修保养不当，造成租赁财产损坏，应负责修复或赔偿。

3）在房地产租赁期间，如果租赁财产发生损坏，承租人应立即通知承租人修理或采取其它必要措施。承租人不及时通知，使出租人遭受损失，应负责赔偿。

4）擅自拆改租赁的房屋及其附属设备，应负责赔偿由此造成的损失。

5）擅自将租赁的房地产转租而使财产受到损坏的，应负责赔偿由此造成的损失。如擅自转租公有房屋，违反了国家公房管理政策，除没收非法所得外，还要受到行政处罚。

6）逾期不返还租赁财产，除补交租金外，还应偿付违约金。

（2）出租方违反房地产租赁合同的责任：

1）未按合同规定的时间提供出租的房地产，承租方有权通过诉讼方式请求出租方履行义务或解除合同，并由出租方赔偿损失。

2）未按合同规定的质量提供出租的房地产，出租方应按承租方的要求修理或减少租金，并负责赔偿由此造成的损失。

3）租赁房地产需要修理时，出租方在接到承租方通知后未及时修理，造成承租人的损失，出租人应负赔偿责任。

（三）房地产互换合同

房地产互换合同，是指在房地产交换过程中，互换各方为达到自身换房的目的达成的协议。换房协议有以下特点：

（1）对标的物的表述和计量是双向或多向的，即互换双方或多方的房屋都应在合同中得到明确的表述。

（2）重要条款中一般不涉及找价还价事项。因为房屋交换不产生相应的资金运动。但对于一些私有房产交换因价值不等时，可实行找价，并需在合同中说明。

（3）互换合同属于要式合同，公产房屋互换须先征得房屋所在地有关房地产经营管理部门的同意，才能办理公产租赁合同变更手续。私产房屋承租人的互换要经过产权人的同意；如系产权人互换，需经房地产交易所鉴证、登记，才能办理有关互换产权证件手续。

（四）房地产抵押合同

房地产抵押合同是抵押人和抵押权人之间签订抵押贷款关系的经济合同。其中心内容是，抵押权人拥有抵押物的抵押权，抵押人可以继续占管、使用抵押物，但须受抵押权的限制。

房地产抵押合同有以下特点：

（1）标的物的所有权受到抵押权的限制，贷款还清，抵押人将恢复对抵押物的所有权，但到期不能还清贷款，抵押人将丧失其所有权；

（2）在抵押权关系存在期间，抵押人对抵押物的使用权和收益权不发生转移；

（3）抵押双方存在着债务关系；

（4）抵押合同属双务合同；

（5）抵押合同属诺成性经济合同；

（6）抵押合同是要式合同。

（五）土地使用权出让合同

土地使用权出让合同是指国有土地代表者与土地使用权受让人之间就出让土地使用权与土地使用者在如何行使土地使用权方面确立、变更、终止相互权利义务关系的协议。

土地使用权出让合同的主要内容：

1. 出让土地的自然状况

包括土地的位置、面积、四至界限、地貌等。

2. 土地使用权出让期限

土地使用权出让的最高年限已由立法确定，具体地块的具体年限只能在立法规定的最高年限内确定。如果属于协议出让，则土地使用权受让方可以与出让方协商使用年限，如果属于招标或者拍卖出让，则土地使用权出让方在招标和拍卖之前就已经确定，无协商的余地。

3．土地使用条件或使用规则

土地使用条件或使用规则是土地使用权出让方根据城市总体规划的要求，就具体出让土地而提出的建设规划设计要求，如规划用途、建筑密度、容积率、公益工程、基础设施、建设进度、土地使用权转让等若干方面的要求。

4．违约责任

出让方若未按合同规定提供土地使用权，则土地使用权受让方可要求解除合同，并请求违约赔偿。如受让方不履行合同或不适当履行合同，则出让方可没收其定金或处以罚款直至无偿收回土地使用权。

土地使用权出让合同的组成：

根据各地的土地使用权出让实践来看，土地使用权出让合同至少包括两个文件：《土地使用合同书》和《土地使用规则》。前者的主要条款是立合同人；以位置、面积和界限等所表示的出让地块及其它指标所表示的土地状态；土地使用权价金；支付方式和支付期限；土地使用年限；违约责任等。后者是政府为保证城市规划的顺利实施，顺利履行土地使用合同，明确用地者的责任而制定的各种规定。其主要条款有地价的缴纳；土地利用要求；公益工程要求；设计、施工图；施工完工方面的要求；建筑维修活动以及土地使用权转让方面的要求等。

如果为招标出让，则有时也将《土地使用权投标书》作为合同的一部分。

（六）土地使用权转让合同

土地使用权转让合同是指土地使用者将已经经过出让的土地使用权出售、交换、赠与时，与土地使用权新的受让人之间订立的土地使用权让渡协议。

土地使用权转让合同除原土地使用权出让合同所载明的权利义务外，还包括如下内容：

（1）标的。这里指某地块的土地使用权。作为标的重要内容之一的土地使用年限，为土地使用权出让合同规定的使用年限减去原土地使用者已使用年限后的剩余年限。

（2）转让方式。转让的基本方式为买卖、赠与或交换。买卖方式中又可分为协议、招标、拍卖三个具体方式。具体采用哪种方式需在转让合同中载明。

（3）转让价格。指新的土地使用权受让人一方，向转让人一方支付的价格。在交换和赠与合同中，该条款不是必须具备的条款。

（4）地上建筑物、构筑物、其它附着物的已使用年限、净值和重置价，或已投入的土地开发资金额以及所完成的建设工程。

（5）合同的有效期、履行方式。

（6）违约责任。除原土地使用权出让合同中规定的违约责任外，还应有转让人与新的土地使用权受让人之间就一些新的权利义务内容而制定的违约责任条款。

（7）转让后的土地用途。

三、房地产交易交易合同的管理

（一）房地产交易合同管理的法律依据和基本原则

1．房地产交易合同管理的依据

房地产交易合同管理的主要依据是《民法通则》中有关民事法律合同的有关条款和《中华人民共和国经济合同法》。这些法规是指导法人和公民签订交易合同的法律依据，也是合同管理的法律规定。

2. 合同管理的基本原则

（1）追究违反经济合同责任的原则。经济合同依法签订之后，即具有法律约束力。除因人力无法抗拒的自然灾害及战争等对房屋造成破坏，致使合同无法全部或部分履行，可以全部或部分免除有关当事人的责任。但当事人一方应及时向对方通报不能履行或需延期履行、部分履行经济合同的理由，在取得有关主管机关的证明之后，允许延期履行、部分履行或者不履行。并可根据情况，部分或全部免除承担违约责任。由于人为原因或过失原因，造成房屋破坏，而不能履行或不能完全履行合同时，要追究违约责任。

追究违约责任，主要采取偿付违约金和赔偿金的形式。对由于失职、渎职或其他违法行为造成重大事故和严重损失的直接责任者，除给予经济惩罚外，还要根据实际情况追究行政责任乃至刑事责任。在采用违约金方式进行经济惩罚时，无论对方是否遭受损失，如逾期交付房屋价款，均需按一定比例，偿付违约金。如因违约造成对方损失超过违约金比例的，应补足差额。违约方支付违约金和赔偿金后，其履约责任并未免除，如另一方要求继续履约，仍应继续履行。如继续履约已成为不必要或失去实际意义，另一方有权解除合同。

（2）经济合同的变更与解除的原则。经济合同的变更与解除，是指当事人双方在原合同的基础上达成新的协议，其产生的法律后果，即相应的权利义务也与原合同的规定不尽相同。合同的解除，意味着合同的提前终止，除了法律另有规定者外，因合同解除造成的损失，原则上都应由责任方给对方赔偿。合同的变更，是对合同内容条款的重新订正。变更后，合同当事人相应产生新的权利和义务。根据我国经济合同法规定，下列情况允许变更或解除经济合同：

1）当事人双方协商同意，并且不损害国家的社会经济利益，不影响国家计划的执行。

2）订立经济合同所依据的国家计划被修改或被取消，导致经济合同解除或变更的。

3）由于不可抗力和无法预见的原因，致使经济合同解除或变更的。但是，如果能够事先预料而不采取措施的则应区别对待。

4）由于一方违约，使合同履行已不必要。

（二）合同纠纷的调解和仲裁

合同纠纷发生后，合同当事人双方应及时协商解决。如协商不成时，任何一方均可向专业管理机构申请调解或仲裁。

第六节　房地产中介行业管理

一、房地产中介行业概况

（一）房地产中介

中介现象及其规律，在自然、社会和人类思维领域是普遍存在的。中介是事物联系的纽带，相互沟通的桥梁，发展变化的环节。充分认识和发展房地产中介服务体系，发挥其在房地产活动中的联系和纽带作用，对促进我国房地产业的发展将起重要作用。

狭义的房地产中介是指房地产市场中房地产买卖租赁等的居间活动或委托代理业务，以提供房地产供需咨询，协助双方公平交易，繁荣房地产市场为目的。广义的房地产中介则包括房地产投资、经营、管理、消费活动等各个环节在租赁双方、买卖双方、资金供需双方、房地产纠纷双方以及房地产的所有者与土地的使用者之间进行居间活动或委托代理业务。从事中介活动的中介人可以是"自然人"（如房地产代理人，经纪人），也可以是"法人"（即专业性机构，如评估事务所、咨询公司、顾问公司、测量行、代理行等）。

（二）房地产中介服务体系

完备的房地产中介服务体系，按服务的内容可分为房地产金融中介、房地产市场中介和房地产服务三个部分。这三个部分相互联系，相辅相成，一个中介机构根据其自身条件和有关规定可同时承担多项中介职能；同样，一项房地产活动（如房地产投资）的完成，往往需要多个中介机构或一个中介机构的多种职能的介入。

1. 房地产金融中介

统指发生在房地产活动中的各种存贷、投资、信托、保险、抵押、贴现、承兑和代理发行房地产股票、债券及其交易的中介服务。我国目前以专业性金融机构承办为主，其业务范围和业务量呈不断扩大和增长的趋势，对房地产业的发展起到了很好的促进作用。

2. 房地产市场中介

指服务于房屋买卖、租赁、调换、抵押、典当、信托及城市土地使用权出让、转让、出租等的居间活动或委托代理业务。房地产经纪人、房地产代理商是房地产交易中介服务的主要参与者。

3. 其它中介服务

包括房地产策划、广告、测量、会计、咨询、法律、仲裁、物业估价、管理、劳动等等。

（三）房地产经纪人

房地产经纪人是市场经济的必然产物。长期以来，视其为异端，称其为黄牛掮客，房纤儿，跑街先生，甚至在某些房地产规章中，把他们当作打击的对象。随着改革的不断深化，房地产经纪人开始登台亮相，人们对此开始有了新的思考，但由于认识上的偏差和管理上的滞后，房地产经纪人至今仍未取得应有的地位和法律保障。

1. 房地产经纪人的涵义

房地产经纪人，是指处于房地产市场买方和卖方之间的独立的代理中间商，他们通过市场调研、咨询服务、融通资金、广告宣传和公共关系等，为买卖双方撮合成交，或者代替某一方买卖。他们的主要业务活动就是买卖中介居间代理，如：房地产广告代理、经销代理、经租代理、估价代理、抵押代理、调房代理等。

2. 房地产经纪人的资质审查

资质审查，就是指政府机构（房管机关、工商行政机关）对房地产中介服务机构和中介人（经纪人）资格的审查和确认。

房地产中介服务企业作为房地产市场的主体进入房地产市场必须具有的资质条件。

一般地从事房地产中介服务的资质条件是：具有自主经营、自负盈亏、自我约束、自我发展，能独立享有民事权利和承担民事义务的企业法人的经济实体。

我国民法通则规定，法人应具备的条件包括：依法成立；有必要的财产和经费；有自己的名称、组织机构和场所；能独立承担民事责任。

对房地产经纪人的审查是从资质审查和行为规范两个方面进行。

房地产经纪人的资质，是指正常参与市场中介活动的必备资格和基本素质。

目前，我国尚未作出统一的规定，因而必须从速制定严格的执业标准和考核制度，并以立法形式予以确认。

根据我国国情，经纪人的资质标准和审查制度内容应包括以下方面：

（1）具有多方面的专业知识和经营能力。如：

1）正确评估房地产数量、质量、售价、租金、折旧、维修升值和保险、纳税、抵押、信贷等经济学方面的知识；

2）正确处理和协助处理房地产买卖、租赁、析产、分割、继承、过户登记等国家政策法规方面的知识；

3）城市土地开发和再开发，房屋维修、拆建、重建、回迁等规划、建筑和房地产管理等方面的知识；

4）民俗民情，邻里关系，社区传统，家庭结构、人口变化等社会学方面的知识；

5）噪音、绿化、采光、水源、供电、供暖、道路交通等环境保护和基础设施配套等方面的知识以及一定的信息收集、储存、传播交换的能力和较强的公关能力和基本的房地产测绘能力。

在房地产经纪人必备知识与能力的审查上，对未从事过居间代理业务的申请者，应了解其文化水平、履历、职业培训和技术考核的证书等；对已从事过居间代理业务的申请者，主要了解其经营年限，成交数量、面积、金额、成功率等。对于个人的书面陈述要求有第三方（单位或个人）的证明或担保。

（2）具有明确的经营范围和相对固定的服务场所。

鉴于房地产相关业务的复杂性和广泛性，房地产经纪人应根据社会需要和自身特长，按照业务种类或地域分区确定经营范围，以便于归口分级管理。对于服务场所和工作时间也应相对固定，以利于社会服务。

（3）具有良好的职业形象和伦理道德。区别经纪人合法性的依据有：

1）经纪人的活动，应当是在国家法律法规允许的范围内，为买卖双方介绍、撮合、促进成交的一种服务方式。

2）经纪人不能从事非法倒卖和中间介绍活动，或提供经营性服务，以免造成非法交易，触犯法规。

3）经纪人应遵循诚实、信用的原则，对买卖双方负责，不损害国家、社会公共利益和单位、个人的利益，不能利用经纪人的身份推销危险房屋、违章建筑以及改造规划区内的房地产，参与投机和哄抬、瞒报房地产价格，或通过不良的欺诈手段收取居间劳务费、佣金、回扣等。

4）经纪人必须有法定资格，要通过房地产行政机关的考核认可，并经工商行政管理部门颁发营业执照，对不合格者不准营业。

5）收费标准要按房地产行政机关的规定收取，不得巧立名目，多收多要，并应依法完成和交纳一定的管理费。

（四）对房地产经纪行业的管理

组建房地产经纪人行业协会，加强对房地产经纪行业管理，从政策上引导、行政立法、统一规划、组织协调、服务监督入手，使房地产经纪业的长远发展有一个切实可靠的规划，使房地产经纪行业的发展实现良性循环。建立房地产经纪人行业协会进行行业管理，是房地产经纪发展的客观要求。房地产经纪人行业协会建立后，可以负责行业组织，行业规章制度的制订、信息分享、自律监督等工作。使其成为经纪人与政府联系的桥梁。

（五）建立房地产经纪人管理机构

房地产经纪人管理机构负责监督、审查房地产经纪人及其经营机构的经营活动，使他们的经营活动置于政府职能部门的监督管理之下，保证房地产经纪活动健康发展。

（六）建立对房地产经纪的监管制度

国家（政府）对房地产经纪的监管除法律法规的约束外，还要有一定的制度保证，如经营报告制度、经纪收费标准、反投机管理制度、交纳管理费制度、年检制度和培训制度等。

二、房地产市场估价管理

（一）房地产市场估价的性质和作用

1. 房地产市场估价的性质

房地产估价，又称房地产价格评估，是用货币形态表现出来的商品的价值。房地产商品的价格关系到房地产的生产、流通和消费过程的各个方面。

房地产是不动产。由于这种特定商品的固定性，决定了结构相同和标准相同的房屋在不同的城市或在同一城市的不同地段，其价格不同，甚至相差悬殊。为了确定房地产的合理价格，必须通过房地产市场估价来实现。所以，房地产市场估价是房地产价格管理的核心。

2. 房地产市场估价的作用

房地产市场估价的作用主要有以下方面：

（1）资产估值。房地产评估可以测算现有存量市场中的房地产的价值量，为房地产管理工作提供依据。对于企业来说，房地产是基本的固定资产，是协调国家、地方和企业之间利益关系的基础。正确估值有利于企业在平等的基础上进行竞争，有利于保护国有资产不受侵犯。

（2）市场交易。房地产商品流通、交易活动，需要估价工作提供合理的价格导向。在房地产的买卖、租赁、抵押、使用权出让、转让等过程中，应先经法定评估机构进行估价作为依据，再由交易双方参照市场供求情况进行协商议定。

（3）房地产征税。

（二）房地产评估的业务范围

（1）国有土地使用权有期有偿使用，招标、协议、拍卖等形式地价的评估。

（2）城市住房制度改革，出售公房房价的评估。

（3）房地产交易，包括买卖、租赁、拍卖、交换、拆迁补偿、分割赠与的价格评估。

（4）金融、信贷、保险、为房地产抵押、贷款、投保的价格评估。

（5）企业承包、合股、合资经营、兼并、倒闭、房地产固定资产价格评估。

（6）房地产纠纷仲裁、诉讼的价格评估。

（三）房地产评估的原则

1. 房地结合的原则

房地结合是指房价或地价的估算，必须对房屋和土地两个因素的内涵进行综合分析，统一评估。因为，房依地建，地为房载，二者密不可分，在经济表现方面，地价是房价的基础，是房价的重要组成部分，并通过房价实现。因而要求评估实务中要处理好房价和地价的内在联系和相互影响，从而使评估价格尽可能的符合客观实际。

2. 遵循价值规律的原则

价值规律是商品经济的基本规律。是商品经济运作过程中内在的、本质的、必然的联系。房地产商品在生产、流通和消费过程中同样受价值规律的调节，因而要求不同种类的房地产商品必须遵循按质论价、等价交换的原则，体现出商品合理、公正的价格关系。

3. 替代原则

在商品交换关系中，同类型的，相互可以替代的商品价格总是相互影响、相互制约的。房地产商品在同一供应范围内，类型相同、功能相同，其价格总是逐渐趋于一致的，这一原则广泛用于各项评估方法。

4. 供需原则

在市场机制作用下，商品的价格决定于供应与需求的均衡点。如供大于求，则价格下降；供小于求，则价格上升，这就是价值规律的作用。因而，要正确分析和掌握供需与价格的相互制约作用的关系，同时，还要考虑时间因素，作动态分析，才能作出正确的评估。

5. 公平适法原则

房地产价格评估必须实事求是、公平合理，遵守国家有关各项法律和法规，依法进行评估。

6. 遵守社会主义职业道德的原则

（四）房地产评估的工作程序

房地产评估必须实行规范化工作程序，优质高效的服务，准确科学的评估，严密工作程序，客观、公正、实事求是，保证估价质量。

1. 制定科学的作业计划

根据工作任务，作好工作安排，确定工作人员、作业程序、审核、定案、综合报告等，制定时间安排，并进行检查监督。

2. 进行资料分析研究

估价单位要建立经常性的资料储存系统作为房地产评估的重要依据。对申请评估单位的资料，要确认产权无误，确定房地产座落面积。

3. 现场查勘

鉴定评估房地产的位置，建筑物的结构、层次、朝向及内外装修等情况，进行实地勘测。了解当地房地产交易情况、买卖价格、分析地理环境等相关因素，并进行拍照或录像。

4. 选择适当的方法进行评估

对评估标的，运用科学分析计算的方法，选用适当的一种或多种估价方法，进行估价。

5. 撰写估价报告

对评估委托单位，标的物地址、日期、土地及建筑物面积以及相关因素，对评估依据，评估结果，有关文件及资料等，简明扼要的交待清楚。

6. 送审定案

评估结果，对小宗的估价，可请有经验的估价人员审核，报主管领导批准。对大宗的估价，须组成评估机构进行审核。

7. 综合作业

审核、校对、打印估价报告；整理有关文件、图表资料、归档。交付委托者估价报告书，合理收取估价费用。

（五）房地产价格评估及专业评估人员管理

1. 房地产价格评估机构的设置

随着改革、开放的深入进展，我国房地产市场机制的恢复和建立，房地产商品大量的进入流通领域，建立专门的评估机构十分必要。在当前要加强统一领导，由政府房地产管理机关有计划、有步骤地建立房地产价格评估机构，对机构和成员进行资质审查，确定评估机构的职责范围，制定估价管理办法，依法进行房地产价格评估。

2. 专业评估人员的资质管理

专业评估人员，需具备中专以上学历，从事房管工作 3 年以上，经过实践考核，进行岗位培训合格后方可持证上岗。同时，要加强职业道德教育，遵纪守法，不循私情，恪守信誉，合理收费。并建立评估师专业职称系列。

3. 制定房地产价格评估纠纷仲裁办法

房地产价格纠纷仲裁应本着先调解，调解不成再仲裁的原则，合理解决评估纠纷，保护当事人的合法权益。

第九章 房地产税收法规

第一节 税 法 概 述

一、税收和税法的概念

(一) 税收的概念和特征

税收是国家为了实现其职能，凭借政治权力，按照国家法律、法规预先规定的标准，无偿地强制取得财政收入的一种分配关系。分配的目的是为了实现国家职能的需要。税收既是一个财政范畴，也是一个历史范畴，它是人类社会发展到一定历史条件下的产物。国家的出现和税收的产生有着本质的联系。马克思指出："国家存在的经济体现就是捐税"。(《马克思恩格斯全集》第4卷第342页) 税收是实现国家职能的物质基础，只有出现了国家，才有通过征税来满足国家政权行使其职能的物质需要。税收同国家取得财政收入的其他形式相比较，它具有三个明显的特征：

1. 强制性

税收以国家政治权力为依托，国家用法律形式规定，纳税人必须依照法律规定，按期定额地纳税，否则国家就要运用行政的或司法的权力，强制他们向国家缴纳税款或予以法律制裁。

2. 无偿性

纳税人依法纳税后，财产所有权发生了单方面转移，税金就成为国家的财政收入，不再归还给纳税人。

3. 固定性

在征税前，国家采取法律的形式，对征税对象、纳税人以及征收数额标准等都规定下来，征纳双方都必须严格遵守，不得擅自改变。

在社会主义市场经济条件下，税收不仅是国家参与社会产品分配，组织财政收入的主要手段，而且是国家直接掌握的调节社会再生产各个环节的经济杠杆，其地位和作用是其他任何行政手段和经济杠杆无法代替的。随着我国计划经济向市场经济转轨，一些原来在计划经济中起主导作用的国家调控手段，如行政命令、指令性计划等，其职能趋于弱化，资源配置将主要通过市场机制去进行；价格杠杆的调节职能，也由国家直接管理价格的形式，变为按照价值规律的客观要求发挥作用。但是，在社会主义国民经济的运行中，一些带根本性的重大问题，如经济总量的平衡，产业结构的调整，保证竞争的公平性，解决社会分配不公等等，都不能完全靠市场机制的作用完成，而必须依靠国家的宏观调控。在这种情况下，税收因其同时具备法律地位和调节经济的功能，必然要成为社会主义市场经济中国家所掌握的最主要的宏观调控手段之一，发挥重要的作用。

(二) 税法的概念和调整对象

税法是调整税收关系的法律规范的总称。税法是国家向纳税人征税的依据，是纳税人履行纳税义务的准绳。税法的表现形式包括法律、条例、规定、试行办法等。税法的调整对象是参与税收征纳关系主体之间所发生的经济关系。这里的征纳关系，一般指代表国家行使征税权的税务机关向负有纳税义务的社会组织和个人征收现金或实物的关系。由于税收活动与国家职能活动有密切关系，如税收管理体制，管理权限等，所以，税法还调整国家权力机关、国家行政机关、税务机关在管理国家税务活动中发生的一种行政权限关系。

税法与税收联系紧密又互有区别。税法属法律规范，税收则属财政经济范畴。税法是税收的法律表现形式，税收则是税法所确定的具体内容。税法与税收相互依赖，不可分割，离开了税法，税收的财政经济、国家宏观调控职能就无从体现。

二、税收法律关系

税收法律关系，是税法调整国家与纳税人在税收活动中所发生的征纳关系而形成的权利和义务关系。了解税收法律关系，对于正确理解国家税法的本质，严格依法纳税、依法征税具有重要的意义。

（一）税收法律关系的构成

税收法律关系在总体上与其他法律关系一样，是由主体、客体和内容构成的。

（1）税收法律关系的主体是指在税收法律关系中享有权利和承担义务的当事人。其主体资格是由国家法律、法规直接规定的。税收法律关系的主体，分为征税主体和纳税主体。

征税主体指国家权力机关、国家行政管理机关和税务职能机关。国家最高权力机关，即全国人民代表大会及其常务委员会，根据宪法规定的权限，制定并颁布税法；授权国务院制定并颁布税收条例。这些法律和法规，都是征纳双方参与税收活动时必须共同遵守的行为规则，也是税务机关进行税收管理活动的依据。国务院负责管理全国税收工作，并由它所属的财政部、国家税务局、海关总署组织实施税法、实施税收职能。税务机关是税收征管的执行机关，它在直接参加税收管理活动中，是以国家代表的身份出现的。

纳税主体指履行纳税义务的人。纳税义务人包括法人、自然人和其他组织。这里的法人、自然人和其他组织也包括在华的外国企业、组织、外籍人、无国籍人，以及在华虽然没有机构、场所，但有来源于中国境内所得的外国企业或组织。

（2）税收法律关系的客体是指税收法律关系主体之间的权利和义务共同指向的对象和实现的目标。税收法律关系的客体同征税客体不同，后者是指国家对什么征税，如对流转额、所得额、财产价值、行为等。而前者指征纳双方之间、国家机关之间共同实现的目标和指向的对象，包括货币、实物和行为三个方面。这里的行为是指税法制定和执行过程中，发生于行政机关和权力机关之间、税务机关与行政机关之间拟订的税收指标的行为和金库对税款核实、报解等行为。

（3）税收法律关系的内容是指征纳双方所享有的权利和应承担的义务。这是税收法律关系中最实质的东西，也是税法的灵魂。

征税主体（即国家各级税务机关）的权利是依法进行征税，办理税务登记，进行税务检查和对违章者进行处罚；其义务主要是把征得的税款及时无误地上缴国库，及时地把税收争议案件提交上级机关处理以及向纳税人宣传、咨询、辅导税法等。

纳税主体（即纳税人）的权利是按照税法享有减免税和申请退税的权利，对税务机关作出的不合法决定，有权申请上级税务机关复议，对复议仍持异议，可诉请法院。其义务主要是必须按时办理纳税登记、进行纳税申报，接受监督检查，提供真实的会计报表及纳税资料，依法缴纳税款，不拖欠，不偷税，不抗税等。

（二）税收法律关系的产生、变更和终止。

税收法律关系通过一定的法律事实产生、变更和终止。

（1）下列法律事实的出现产生税收法律关系：纳税人发生了税法规定的应纳税的行为和事件；新的纳税人的出现。

（2）下列法律事实的出现变更税收法律关系：税法的修改或规定新的税收优惠；征税程序的变动；纳税人的收入或财产状况发生了变化；由于灾害造成财产的重大损失致使纳税人难于履行纳税义务。

（3）下列法律事实的出现终止税收法律关系：纳税人履行了纳税义务；纳税人符合免税的条件；税法的废除；纳税人的消失，如企业解体、公民死亡等。

三、税法的构成要素

税法由若干要素构成。税法的构成要素一般包括：征税对象、纳税人、税目、税率、纳税环节、纳税期限、减税免税、罚则等。

（一）征税对象

征税对象又称征税客体，是指对什么征税，它是税法的最基本要素，是一种税区别于另一种税的主要标志。每一种税法都明确规定征税对象，如营业税的征税对象是企业经营业务收入和商品的销售收入，增值税的征税对象是企业产品的增值额。

（二）纳税人

纳税人亦称纳税主体，是指税法规定直接负有纳税义务的社会组织和个人，每一种税在税法中都规定了特定的纳税人。当主体符合这一特定资格，就要依法履行纳税义务。

（三）税目

税目是各税种所规定的具体征税项目，是征税对象的具体化，它的作用在于明确征税对象的范围和广度。

（四）税率

税率是纳税额与征税对象之间的比例，它是计算应征税额的尺度，是税法构成要素的核心部分。我国现行的税率分为比例税率，累进税率和定额税率。

1. 比例税率

是对同一征税对象，不论数量或金额多少，只规定一个比例征收。如房产税、营业税、增值税、契税等采用的都是比例税率。

2. 累进税率

是根据征税对象数额的大小，规定递增等级的税率，征税对象数额越大，税率越高，累进税率分为全额累进税率和超额累进税率。全额累进税率是征税对象全部数额，按照规定等级的税率计征税款。当征税对象的数额由一个等级上升到另一个等级时，即对其全部数额，均按照上升后的等级税率计算征税。超额累进税率是根据征税对象数额的不同等级部分，按照规定等级适用税率分别计算征收，征税对象数额增加，需要提高一级税率时，仅对增加的数额部分按高一级税率计征税款。如土地增值税实行四级超额累进税率，个人所得税中的工资，薪金所得适用九级超额累进税率。

3. 定额税率

又称固定税率。是按每一单位征税对象，直接规定固定税额的一种税率。它一般适用于从量定额征收，如资源税、耕地占用税、城镇土地使用税等。

（五）纳税环节

纳税环节是对商品生产、流通活动所经过的工业销售、商业调拨、批发和零售等多种环节中，具体确定在哪个环节缴纳税款。

（六）纳税期限

纳税期限是指税法规定纳税人缴纳税款的具体期限。纳税期限是税收固定性特点在时间上的体现。

（七）减税免税

是国家为了更好地贯彻税收政策和实行调控手段，对某些纳税人和征税对象采取减少征税或免予征税的特殊规定。它是把税收的严肃性和必要的灵活性结合起来的一种措施，它主要包括起征点、固定的免征额和减税免税规定等内容。

（八）罚则

罚则又称法律责任，是对纳税人违反税法的违章行为采取的惩罚措施，它集中体现了税法的强制性及严肃性。

四、我国现行税收体系下的税种构成

我国的税收体系目前主要由以下税种构成：

（一）流转税类（含附加税）

（1）增值税；

（2）营业税；

（3）消费税；

（4）城市维护建设税。

（二）收益税类

（1）个人所得税；

（2）企业所得税；

（3）外商投资企业和外国企业所得税；

（4）土地增值税。

（三）财产税类

（1）房产税；

（2）车船税。

（四）资源税类

（1）资源税；

（2）耕地占用税；

（3）土地使用税。

（五）行为税类

（1）印花税；

（2）契税；

（3）固定资产投资方向调节税；

（4）关税。

第二节 房产税收法规

一、房产税收概述

房产税收是我国税收体系中不可分割的重要组成部分，它是指国家根据法律规定向房产所有人、经营管理人、投资建设人、使用人或受让人无偿地、强制地取得财政收入的一种分配关系。房产税收包括从房产投资、占有到转让，即一切与房产有直接关系的税收都属房产税收。目前我国房产税收主要包括房产税、固定资产投资方向调节税和契税三种。

房产税收除了具有一般税收所共有的强制性、无偿性和固定性三个基本特征外，还具有区别于其他税收的特征。即房产税收是以特定的房产价值、房产投资行为为征税对象的税收，不同于以其他事项为征税对象的税收。在房产税收种类中，房产税和契税属于财产税，固定资产投资方向调节税属于特定行为税，因此，房产税收不同于流转税、所得税等其他税种。

在我国，房产税收具有重要的作用，主要体现在以下几个方面：

（一）房产税收是国家财政收入的重要来源

目前，我国财政收入的 90％以上来源于各种税收。房产税收虽然目前在国家税收总额中所占比例还很小，但它仍然是国家财政收入不可缺少的组成部分。可以预见，随着房产制度的改革和房产经济的活跃、发展，房产税收将逐渐成为国家财政收入的重要渠道。

（二）房产税收是国家管理房产的重要手段

通过房产税收的征收活动，有关部门可以及时掌握房产的投资、使用、交易情况以及折旧、毁损等情况，从而结合国家房产政策和法律、法规，调整房产活动，加强房产管理。

（三）房产税收是国家调节房产经济的有力杠杆

如固定资产投资方向调节税的开征，可以调节资金投资方向和投资结构，加强国家重点建设，促进产业政策的贯彻落实。又如，为了鼓励华侨向国内投资、汇款，增加国家的外汇收入，税法规定对于用侨汇购买房屋，免征契税；为了推行住房制度改革、鼓励住房自有，国务院规定首次购买公有住宅，免征契税等。

二、房产税

房产税是指以房产为征税对象，按照房产的计税价值或按房屋出租的租金收入征收的一种税。1986 年 9 月 15 日国务院发布了《中华人民共和国房产税暂行条例》，从同年 10 月 1 日起在城市、县城、建制镇和工矿区征收。开征房产税，有利于运用税收经济杠杆，加强对房屋的管理，提高房产使用效益；有利于贯彻国家房产政策；有利于调节收入。房产税属于地方税，为我国实行分税制的改革提供了一定条件。

（一）纳税人和征税范围

房产税的纳税人是房产的产权所有人。产权属于全民所有的，由负责经营管理的单位缴纳，产权出典的，由承典人缴纳。产权所有人，承典人未在房产所在地的，或者产权未确定及租典纠纷未解决的，由房产代管人或使用人缴纳。

房产税在城市、县城、建制镇和工矿区范围内征收（城市，是指经国务院批准设立的市，征税范围包括市区、郊区和市辖县县城，不包括农村。县城，是指未设立建制镇的县人民政府所在地，征税范围为县人民政府所在的城镇。建制镇，是指经省、自治区、直辖市人民政府批准设立的建制镇，征税范围为镇人民政府所在地，不包括所辖的行政村。工矿区是指工商业比较发达，人口比较集中，符合国务院规定的建制镇标准，但尚未设镇建制的大中型工矿企业所在地。开征房产税的工矿区须经省、自治区、直辖市人民政府批准）。

（二）计税依据和税率

房产税的计税依据分为从价计征和从租计征两种。从价计征是指以房产的价值作为计税依据。根据规定，从价计征的，依照房产原值一次减除10%～30%后的余值计算，税率为1.2%。原值减除的具体幅度由各省、自治区、直辖市人民政府规定。这里所说的房产原值是指纳税人按照会计制度规定，在帐簿"固定资产"科目中记载的房屋原价。对纳税人未按会计制度规定记载的，在计征房产税时，应按规定调整房产原值，对房产原值明显不合理的，应重新予以评估。没有房产原值作为依据的，由房产所在地税务机关参考同类房产核定。从租计征是指以房产的租金收入作为计税依据，适用于对出租房产的征税。从租计征的，税率为12%。

（三）税款的减免

根据规定，下列房产免征房产税：

（1）国家机关、人民团体、军队自用的房产，即这些单位本身的办公用房和公务用房。

（2）由国家财政部门拨付事业经费的单位自用的房产，即这类单位本身的业务用房。

（3）宗教寺庙、公园、名胜古迹自用的房产，也就是举行宗教仪式的房屋和宗教人员的生活用房，以及供公共参观游览的房屋及其管理单位的办公用房。

（4）个人所有非营业用房产。

（5）经财政部批准免税的其他房产。这主要有：1986年9月25日财政部税务总局发布的《关于房产税若干具体问题的解释和暂行规定》中，对房产税免征的特殊情况作了规定。这类特殊情况主要是：企业办的各种学校、医院、托儿所，幼儿园自用的房产，以比照由国家财政部门拨付事业经费的单位自用的房产，免征房产税；企业停产、撤销后，对他们原有的房产闲置不用的，经省、自治区、直辖市税务局批准可暂不征收房产税；凡是在基建工地为基建工地服务的各种工棚、材料棚、休息棚和办公室、食堂、茶炉房、汽车房等临时性房屋在施工期间一律免征房产税；房屋大修停用在半年以上的，经纳税人申请，税务机关审核，在大修期间可免征房产税。另外，1987年12月1日财政部税务总局发出的《关于对房管部门经租的居民住房暂缓征收房产税的通知》指出："对房管部门经租的居民住房，在房租调整改革之前收取租金偏低的，可暂缓征收房产税，对房管部门经租的其他非营业用房，是否给予照顾，由省、自治区、直辖市根据具体情况按税收管理体制的规定办理"。

税法还规定，纳税人纳税确有困难的，可由省、自治区、直辖市人民政府确定，定期减征或者免征房产税。

（四）税款的征缴

房产税由房产所在地的税务机关征收。房产税的纳税人应将应纳税房产的座落位置、面积、建筑结构、原值或租金收入额等情况据实向所在地税务机关办理纳税申报登记，并按规定纳税。

房产税按年征收，分期缴纳。具体纳税期限由省、自治区、直辖市人民政府规定。

三、契税

契税也称房产合同税。是国家对房产发生产权转移，如买卖、典当、赠与、交换时，按照当事人双方订立的契约，向承受人征收的一种税。

新中国的契税税法是1950年4月政务院公布的《契税暂行条例》。该条例规定，凡是土地房屋的买卖、典当、赠与或交换，均应凭土地房屋所有证，并由当事人双方订立契约，由承受人交纳契税。《契税暂行条例》在全国实行一个时期后，随着土地的公有化和禁止买卖以及私房的社会主义改造，征税范围大大缩小。但是，只要发生房屋买卖、典当、赠与、交换行为，还应当征收契税。对此，财政部曾于1970年10月予以重申。目前，我国对契税的征收主要还是依据《契税暂行条例》，以及财政部对契税征收工作中遇到具体问题所做的补充规定。

随着房地产业的改革和发展，房产交易活动逐渐频繁，契税的征收工作显得十分重要，修订或重新制定契税税法已成为必要。

（一）纳税人

契税由法律规定的房产交易中的房产承受人缴纳。房屋买卖的，由买方缴纳；房屋典当的，由承典人缴纳；房屋赠与的，由受赠人缴纳；房屋交换的，由交换后所得房产价值较高的一方缴纳。

（二）计税依据和税率

买契税按买价的6%征收；典契税按典价的3%征收，先典后买的买契税，得以原纳契税划抵买契税款，但以承典人与买主同属一人者为限，继承原承典人之直系亲属及配偶以同属一人论；赠与契税按房屋现值的6%征收，财政部于1986年在关于契税若干问题的批复中规定，对银行开展有奖储蓄，奖给中奖者的房屋，房屋产权属于无偿转让，应比照赠与税率征收契税；交换契税，若双方交换房产价值相等，可以免征，若不等，则超过部分按买契税率征收。

（三）税款的减免

财政部1954年6月11日发布的《关于契税暂行条例若干条文修改的通知》中规定："凡机关、部队、学校、党派、受国家补贴的团体、国营和地方国营企、事业单位以及合作社等，凡有土地房屋的买、典、承受赠与或交换行为者，均免纳契税"。

1985年3月9日财政部《关于城市个人购买公有住宅免征契税问题的批复》规定："对经国务院批准的直辖市和各省、自治区确定的实行公有住宅补贴出售试点的城市，个人购买公有新住宅，不论是按补贴价格还是按全价购买，一律免征契税。对试点城市个人购买房管部门折价出售的公有旧住宅，比照上述原则免征契税。"

另外，华侨、港澳同胞以及他们的家属以侨汇、外汇购买房产免征契税。

（四）契税的征纳

契税由房屋所在地的县（市）及相当于县（市）的人民政府征收。在实践中，房屋转移契税实际上是由房管部门代办征收。

契税缴纳应于产权变动成立契约后3个月内办理报税手续，并按当地政府规定期限缴纳税款。

四、固定资产投资方向调节税

固定资产投资方向调节税是对单位和个人用于固定资产投资活动的各种资金开征的一

种特别税收。其前身为建筑税,是房产税收的特殊种类。

国家开征固定资产投资方向调节税的目的是为了贯彻国家产业政策,控制投资规模,引导投资方向,调整投资结构,加强重点建设,促进国民经济持续、稳定、协调发展。

固定资产投资方向调节税是自 1991 年度起,在停征原建筑税的基础上新开征的税种,其法律规范主要是:国务院 1991 年 4 月 16 日发布的《中华人民共和国固定资产投资方向调节税暂行条例》(以下简称《暂行条例》);国家税务局 1991 年 6 月 18 日颁发的《中华人民共和国固定资产投资方向调节税暂行条例实施细则》;国家计划委员会和国家税务局1991 年 7 月 12 日联合颁发的《关于实施〈中华人民共和国固定资产投资方向调节税暂行条例〉的若干补充规定》。

(一) 征税范围和纳税人

根据规定,在中华人民共和国境内用各种资金进行固定资产投资,都属于固定资产投资方向调节税的征税范围。各种资金包括:国家预算资金、国内外贷款、借款、赠款、各种自有资金、自筹资金和其它资金。投资范围包括:基本建设项目、更新改造项目、商品房建设项目和其它固定资产投资项目。但是,中外合资经营企业、中外合作经营企业和外资企业的固定资产投资,不适用《暂行条例》。国家禁止发展项目的投资,也不适用《暂行条例》。由计划部门依照国家有关法律、法规和方针、政策的规定另行处置。《国家禁止发展项目表》由国务院定期调整。

固定资产投资方向调节税的纳税人,是指用各种资金进行固定资产投资的单位和个人,包括:各级政府、机关团体、部队、国有企业事业单位、集体企业事业单位、私营企业、个体工商户及其它单位和个人。

(二) 计税依据和税率

固定资产投资方向调节税的计税依据为固定资产投资项目实际完成的投资额,包括:建筑安装工程投资、设备投资、其他投资、转出投资、待摊投资和应核销投资。为了鼓励现有企业进行技术设备更新改造,《暂行条例》规定,更新改造项目,以该项目的建筑工程实际完成的投资额为计税依据,建筑工程以外的投资不予计征调节税。

固定资产投资方向调节税根据国家产业政策和项目经济规模实行差别税率。《暂行条例》专门附有一份《固定资产投资方向调节税税目税率表》,该表对各种固定资产投资项目的各单位工程分别确定了所适用的税率。《税目税率表》由国务院定期调整,以适应贯彻产业政策的需要。

直接涉及房产的固定资产投资项目,其税率情况主要是:

(1) 科学业务用房投资、教学用房投资、专业剧团排练及舞美用房投资、运动员训练用房投资、城乡个人住宅投资、学校教职工住宅和学生宿舍投资、科研院所住宅投资、符合《民用建筑节能设计标准》规定的北方节能住宅投资等适用零税率。

(2) 一般民用住宅(包括商品房住宅)投资等项目,适用 5% 的税率。

(3) 公费建设超标准独门独院、别墅式住宅投资,以及按《楼堂馆所建筑管理暂行条例》及其它有关规定,经有批准权单位批准并由房地产开发公司建设的楼堂馆所等项目,适用 30% 的高税率。

(4) 除上述情况以外的其他商品房屋建设投资项目,一律适用 15% 的税率。

(三) 优惠与税款的减免

固定资产投资方向调节税，除国务院另有规定外，不得减免。对于少数民族地区的投资方向调节税，国家另行规定优惠办法。按照国家规定不纳入计划管理。投资额不满5万元的固定资产投资，其调节税的征收和减免，由省、自治区、直辖市人民政府决定。

（四）税款的征缴

固定资产投资方向调节税由国家税务机关负责征收。为了确保征收工作顺利进行，国家高度重视对税收源泉的控管，规定对投资项目实行计划统一管理和投资许可证相结合的管理办法。根据该办法，各地固定资产投资项目计划，均由所在省、自治区、直辖市或计划单列市的计委统一汇总，并经同级税务机关审定各项目适用的税目、税率和应纳税额后，由计划部门下达。纳税人在使用项目的年度投资以前，应当到项目所在地的税务机关办理税务登记、纳税申报等手续。项目开户银行和其他金融机构则根据税务机关填发的专用缴款书划拨应缴税款。纳税人只有在缴纳税款后，才能凭纳税凭证向计划部门申请发放投资许可证。

固定资产投资方向调节税按投资项目的单位工程年度计划投资额预缴。年度终了后，按年度实际完成的投资额结算，多退少补；项目竣工后，再按全部实际投资额清算。纳税人按年度计划投资额一次预缴全年度税额确有困难的，经税务机关批准，可于当年9月底以前分次缴清。具体缴款方式一般为代扣代缴，即由中国人民建设银行、中国银行和交通银行、其他金融机构及有关单位负责从投资帐户中按规定划拨缴税。

纳税人在报批固定资产投资项目时，应当将该项目的投资方向调节税税款落实，并列入项目总投资，进行项目的经济和财务评价。但税款不作为设计、施工和其他取费的基数。

第三节　土地税收法规

一、土地税收概述

土地税收是国家以土地为征税对象，凭借政治权力，运用法律手段，按照预先确定的标准，无偿地、强制从土地所有者、土地使用者或土地使用权转让者手中取得一定土地收益的一种分配关系。土地税收是建立在土地制度基础之上，并且与之相适应的，在不同社会制度下，由于土地制度不同，土地税收的性质也不相同。

在我国土地税收具有以下职能作用：

（一）增加国家财政收入，促进经济建设

土地是人们重要的生活资料和生产资料，随着经济的发展和人类的繁衍，土地将日益重要。因此，土地税收成为国家的一种长期、稳定的财政收入来源。在我国，城市基础设施建设由于缺乏足够的资金，长期拖欠，严重阻碍城市建设的发展。地方政府通过土地税收可以将积累的资金进行此方面的投入，加快城市基础设施的建设。另外，地方政府也可以将土地税收积累的资金，用于农业基本建设，促进农业生产的发展。

（二）促进土地资源的合理配置和有效使用

加强土地税收，土地使用者要依法向国家缴纳不同定额的税金，有利于克服浪费土地的现象，促进土地使用者节约土地，合理使用土地，促进土地资源的合理配置。

（三）调节经济，创造较公平的企业竞争环境

土地税收是国家调节经济的重要经济杠杆之一。国家可以通过土地税收，促进产业结

构的转换，落实产业政策；通过土地税收调节级差收入，促进理顺土地经济关系，使土地收益的分配逐步趋向合理，也促使企业公平合理地开展竞争。

（四）有利于遏制土地盲目需求，抑制城市过分膨胀

城市发展，形成对土地的需求。由于土地的有限性和稀缺性，土地供给有限，特别是城市建设用地与农业用地矛盾十分尖锐，通过征收土地税，可以有效地解决城市与农业争地的矛盾，特别是在一定程度上制约城市盲目外延扩展，合理调控城市规模。

（五）有利于加强对土地的监督管理

国家在征纳土地税的过程中，必然要掌握纳税人的用地情况，对纳税人违反土地法规的行为进行制约。同时，土地税收，客观上要求加强土地管理的基础工作，特别是地籍管理，弄清土地面积与权属，这样才有可能达到公平税负。

我国现行的土地税主要有耕地占用税，城镇土地使用税和土地增值税。

二、耕地占用税

耕地占用税是国家对占用耕地建房或者从事其他非农业建设的单位和个人征收的一种税，属资源税类。国务院于 1987 年 4 月 1 日发布《中华人民共和国耕地占用税暂行条例》（以下简称《暂行条例》），于发布之日起施行。

征收耕地占用税是国家为保护耕地，增加农业投入，开发建设农用土地资源的一项重大决策，具有重要的现实意义和长远的经济意义。

（一）纳税人和征税范围

根据《暂行条例》的规定，占用耕地建房或者从事其他非农业建设的单位和个人，都是耕地占用税的纳税义务人，都应当按照《暂行条例》的规定缴纳耕地占用税。耕地占用税的纳税人不是固定的，只要行为人发生了占用耕地的目的是为了建房或者从事其他非农业建设，不论耕地的所有权、使用权归属，也不论占用耕地的数量多少，都要依法缴纳耕地占用税。

《暂行条例》第十四条规定，该条例不适用外商投资企业，外商投资企业占用耕地纳税的问题由国务院另行规定。

耕地占用税在特定的范围内课征。其一是限于占用耕地；其二是限于建房或从事非农业建设用地。只有同时具备上述两个条件，才构成耕地占用税的征税对象。

《暂行条例》所称的耕地，是指用于种植农作物的土地。占用前 3 年内曾用于种植农作物的土地，都视为耕地。列入纳税范围的耕地有：

（1）种植粮食作物、经济作物的土地，包括粮田、棉田、麻田、烟田、蔗田等。

（2）菜地，包括城市郊区种植蔬菜的土地。国家建设征用城市郊区的菜地，用地单位除向当地政府缴纳新菜地开发建设基金外，仍要按照《暂行条例》的规定，缴纳耕地占用税。

（3）鱼塘。

（4）园地，包括苗圃、花圃、茶圃、果园、桑园和其他种植经济林木的土地。

（5）其他农用土地，例如已开发从事种植、养殖的滩涂、草场、水面和农地等。对占用这类土地是否征收耕地占用税，由各省、自治区、直辖市人民政府本着有利于保护农用土地资源和保护生态平衡的原则，结合具体情况加以确定。

（二）计税依据和税率

耕地占用税采用定额税率，按纳税人实际占用的耕地面积，确定每平方米应适用的税额，一次性征收。耕地占用税实行地区差别税额，税额标准，以县为单位按人均占有耕地多少，并参照经济发展情况确定：

人均耕地在 1 亩以下（含 1 亩）的地区，每平方米为 2～10 元；

人均耕地在 1～2 亩（含 2 亩）的地区，每平方米为 1.6～8 元；

人均耕地在 2～3 亩（含 3 亩）的地区，每平方米为 1.3～6.5 元；

人均耕地在 3 亩以上的地区，每平方米为 1～5 元。

农村居民占用耕地新建住宅，按上述规定税额减半征收。经济特区、经济技术开发区和经济发达，人均耕地特别少的地区，适用税额可以适当提高，但最高不得超过上述税额的 50％。各地适用税额，由省、自治区、直辖市人民政府在上述规定税额范围内，根据本地区情况具体核定。

为了协调政策，避免毗邻地区征收税额过于悬殊，保证国家税收任务的完成，财政部对各省、自治区、直辖市每平方米平均税额又作了具体规定：上海市 9 元，北京市 8 元，天津市 7 元，浙江、福建、江苏、广东四省各 6 元，湖北、湖南、辽宁三省各 5 元，河北、山东、江西、安徽、河南、四川六省各 4.50 元，广西、陕西、贵州、云南四省区各 4 元，山西、黑龙江、吉林三省各 3.50 元，甘肃、宁夏、内蒙古、青海、新疆五省区各 2.50 元。各省、自治区、直辖市应有差别地规定各县（市）和市郊区的适用税额，但全省平均数不得低于上述核定的平均税额。

（三）税款的减免

根据《暂行条例》以及有关规定，免税范围主要有：

（1）部队军事设施用地；

（2）铁路线路，飞机场跑道和停机坪用地；

（3）炸药库用地；

（4）学校、幼儿园、敬老院、医院用地；

（5）殡仪馆、火葬场用地；

（6）直接为农业生产服务的农田水利设施用地；

（7）水库移民、灾民、难民建房用地。

农村革命烈士家属、革命残废军人，鳏寡孤独以及革命老根据地、少数民族聚居地区和边远贫困地区生活困难的农户，在规定用地标准以内新建住宅纳税有困难的，由纳税人提出申请，经所在地乡（镇）人民政府审核，报经县级人民政府批准后，可以给予减税或者免税。

（四）税款的征缴

耕地占用税由当地财政机关负责征收。土地管理部门在批准单位和个人占用耕地后，应及时通知所在地同级财政机关。获准征用或占用耕地的单位和个人，必须持县级以上土地管理部门的批准文件向财政机关申报纳税，土地管理部门凭纳税收据或者征用批准文件划拨用地。纳税人必须在经土地管理部门批准占用耕地之日起 30 日内缴纳耕地占用税。纳税人按有关规定向土地管理部门办理退还耕地的，已纳税款不予退还。

三、城镇土地使用税

城镇土地使用税是国家向在城镇和工矿区范围内使用土地的单位和个人，按占用土地面积分等定额征收的一种土地税,属于以有偿占用和调节级差收入为特点的资源税类。1988年9月27日国务院发布了《中华人民共和国城镇土地使用税暂行条例》(以下简称《暂行条例》),并从1988年11月1日起施行。征收城镇土地使用税具有重要的意义。

首先,征收城镇土地使用税,使用土地者依法向国家交纳不同定额的税金,有利于限制用地单位浪费土地的行为,并适应不同行业用途的需要,使土地达到合理配置,提高土地使用效益。

其次,征收城镇土地使用税,一方面,国家的土地所有权在经济上得到体现,把国家大量流失的土地级差收益收回;另一方面,有利于合理调节不同城市和同一城市不同地段土地的级差收入,克服因土地级差收入不同带来的不平衡因素,可以促使企业在平等的地位上开展竞争。

第三,征收城镇土地使用税,可以为地方政府积累资金,为搞好城市建设进行更多的投入。

(一)征税范围和纳税人

城镇土地使用税的征税范围,是城市、县城、建制镇、工矿区范围内的土地使用者使用的土地,包括生产用地和生活用地。由于对城市的征税范围是市区和郊区,因此,征税对象不仅包括属于国家所有的土地,也包括集体所有的土地。县城的征税范围为镇人民政府所在地。城市、县城、建制镇、工矿区的具体征税范围,由各省、自治区、直辖市人民政府划定。由于考虑到使用土地的情况相当复杂,征税面不宜过宽,所以对上述范围以外使用的土地不征税。同时,为了适应对外开放政策的需要,对三资企业在开征地区范围内使用的土地,也暂不征收土地使用税,而按国家其他有关规定执行。

根据《暂行条例》规定,凡是在城市、县城、建制镇、工矿区范围内使用土地的单位和个人,都是城镇土地使用税的纳税义务人。具体说,土地使用税由拥有土地使用权的单位或个人缴纳。拥有土地使用权的纳税人不在土地所在地的,由代管人或实际使用人纳税;土地使用权未确定或权属纠纷未解决的,由实际使用人纳税;土地使用权共有的,由共有各方分别纳税。

(二)计税依据和税率

城镇土地使用税采用定额税率,实行从量定额计征。即以纳税人实际占用的土地面积为计税依据,依照规定税额计算征收。根据《暂行条例》第四条规定,土地使用税每平方米的年税额按照城镇大小规定有幅度的差别税额,即:

大城市0.5~10元;

中等城市0.4~8元;

小城市0.3~6元;

县城、建制镇、工矿区0.2~4元。

上述大、中、小城市按国务院有关规定的标准划分。在国家规定的上述税额幅度内,各省、自治区、直辖市人民政府有权根据市政建设状况和经济繁荣程度等条件,确定所辖地区适用的税额幅度。在省、自治区、直辖市规定的税额幅度内,市、县人民政府可根据当地实际情况,将本地区的土地划分为若干等级,制定出相应的适用税额标准,报经省、自治区、直辖市人民政府批准执行。另外,经省、自治区、直辖市人民政府批准,经济落后的地区土地使用税的适用税额标准可以适当降低,但降低额不得超过《暂行条例》第四条规定的最低税额的 30%。经济发达地区，土地使用税的适用税额标准可以适当提高，但须报经财政部门批准。

（三）税款的减免

根据《暂行条例》第六条规定，下列土地免缴土地使用税：

（1）国家机关、人民团体、军队自用的土地；

（2）由国家财政部门拨付事业经费的单位自用的土地；

（3）宗教寺庙、公园、名胜古迹自用的土地；

（4）市政街道、广场、绿化地带等公共用地；

（5）直接用于农、林、牧、渔业的生产用地；

（6）经批准开山填海整治的土地和改造的废弃土地，从使用的月份起免缴土地使用税5～10 年；

（7）由财政部另行规定免税的能源、交通、水利设施用地和其他用地。

《暂行条例》同时规定：纳税人缴纳土地使用税确有困难需要定期减免的，由省、自治区、直辖市税务机关审核后，报国家税务局批准。

（四）税款的征缴

土地使用税由土地所在地的税务机关征收。土地管理机关应当向土地所在地的税务机关提供土地使用权属资料。

土地使用税按年计算，分期缴纳。缴纳期限由省、自治区、直辖市人民政府确定。

新征用的耕地，自批准征用之日起满一年时开始缴纳土地使用税；新征用的非耕地，自批准征用次日起缴纳土地使用税。

如果纳税人使用的土地不属于同一省（自治区、直辖市）管辖范围的，应由纳税人分别向土地所在地的税务机关缴纳土地使用税。如果在同一省（自治区、直辖市）管辖范围内，纳税人跨地区使用的土地，如何确定纳税地点，由省、自治区、直辖市税务局确定。

四、土地增值税

土地增值税是国家对中华人民共和国境内一切单位和个人转让国有土地使用权、地上建筑物及其附着物（以下简称房地产）取得增值额所课征的税。国务院于 1993 年 11 月 26日发布《中华人民共和国土地增值税暂行条例》（以下简称《暂行条例》，于 1994 年 1 月 1日起施行。1995 年 1 月 27 日财政部又发布了《中华人民共和国土地增值税暂行条例实施细则》，从发布之日起施行。

对土地增值课税的理论依据是：非因土地改良而增值的地价，是基于社会经济的发展而增加的收益，这一收益不能全归卖方所有，国家理应通过课税回收这一部分利益。目前，世界上有 60 多个国家和地区直接对土地（有的连同地上建筑物）转让收入课税。

在我国开征土地增值税有以下主要作用：

首先，开征土地增值税，有利于抑制房地产的投机，炒卖活动，防止国有土地收益的流失。我国自 1987 年对土地使用制度进行改革以来，房地产业发展很快，但也出现一些问题。如房地产市场机制不完善，市场行为不规范，"炒"风过盛。由于土地增值税是以转让房地产收入的增值额为计税依据，并实行超额累进税率，对增值多的多征，对增值少的少征，就能在一定程度上抑制房地产的投机炒卖。还因为在计算增值额时，对批租地的出让金和用于改良土地的开发成本加以扣除，这既制约了任意降低出让金的行为，鼓励对国有土地的开发建设，同时又限制了炒地皮现象的发生。

其次，开征土地增值税，开辟新税源，有利于增加财政收入。税收除了要利用现有税种加强对现有税源的征管外，应该把着眼点放在开辟新的税源上。第三产业作为我国今后在很长一段时间内要重点发展的产业，这无疑是一块有待开发的新税源。而在第三产业中，房地产业是高附加值产业，其支柱产业的地位日益明显，是国家应引起足够重视的新税源中的重点。因此，开征土地增值税，从财政的角度是必要的。

第三，开征土地增值税，符合对税制改革的总体设想，是建立分税制财政体制的需要。

我国设置土地增值税的原则有三点：

（1）无论是单独出售土地使用权还是地上建筑物及其附着物和土地使用权一并出售，均要征收土地增值税。

（2）对出售房地产所取得的增值收益，不分纳税人性质，一律征收土地增值税。增值多的多征，增值少的少征，无增值的不征。

（3）开征土地增值税，必须考虑我国的现实情况，为了改善人民的居住条件，对从事某些普通住宅开发的单位和个人给予一定的优惠。

（一）纳税人和征税范围

土地增值税的纳税义务人是以出售或者其他方式有偿转让国有土地使用权、地上建筑物和其他附着物并取得收入（包括转让房地产全部价款及有关经济收益的单位和个人，具体包括：国家机关、社会团体、部队、企业事业单位、个体经营者及国内其他单位和个人；外商投资企业、外国企业及外国机构、华侨、港澳台同胞及外国公民等）。

土地增值税的征税范围是：凡有偿转让中华人民共和国国有土地使用权及地上建筑物和其他附着物产权并取得收入的单位和个人。这里包含两层含义：一是只对转让国有土地使用权征税，因为按现行土地管理法规的规定，集体土地必须先由国家征用后，才能转让；二是只对有偿转让的房地产征税，对以继承、赠与等方式无偿转让的房地产不征税。此外，这里所说的地上建筑物、其他附着物包括地上一切建筑物、构筑物，地上地下的各种附属设施及附着于该土地上的不能移动，一经移动即遭损坏的其他物品。

（二）计税依据和税率

土地增值税的计税依据是土地增值额，即纳税人转让房地产所取得的收入减去法定扣除项目金额后的余额。

根据《暂行条例》第六条规定，计算增值额的扣除项目为：

（1）取得土地使用权所支付的金额。即通过有偿出让方式取得土地使用权时所支付的出让金；通过行政划拨方式无偿取得土地使用权的，在其转让土地使用权时按规定外交的出让金，或在其征地时已支付的土地征用及拆迁补偿费用。

（2）开发土地的成本费用。包括土地征用补偿、拆迁补偿及前期工程费用。

（3）新建房屋及配套设施的成本、费用。成本，是指建筑安装工程费、基础设施费、公共配套设施费、开发间接费用。费用，是指与房地产开发项目有关的销售费用、管理费用、财务费用。或者旧房及建筑物的评估价格。评估价格须经当地税务机关确认。

（4）与转让房地产有关的税金。指转让房地产时缴纳的营业税、城市维护建设税、印花税。因转让房地产交纳的教育费附加，也可视同税金扣除。

（5）财政部规定的其他扣除项目。系指根据条例第六条第（五）项规定，对从事房地产开发的纳税人可按本条（一）、（二）项规定计算金额之和，加计20%的扣除。

土地增值税实行四级超额累进税率：每级"增值额未超过扣除项目金额"的比例，均包括本比例数。

增值额未超过扣除项目金额50%的部分，税率为30%。

增值额超过扣除项目金额50%，未超过扣除项目金额100%的部分，税率为40%。

增值额超过扣除项目金额100%，未超过扣除项目金额200%的部分，税率为50%。

增值额超过扣除项目金额200%的部分，税率为60%。

计算土地增值税税额，可按增值额乘以适用的税率减去扣除项目金额乘以速算扣除系数的简便方法计算，具体公式如下：

（1）增值额未超过扣除项目金额50%的：

土地增值税税额＝增值额×30%

（2）增值额超过扣除项目金额50%，未超过100%的：

土地增值税税额＝增值额×40%－扣除项目金额×5%

（3）增值额超过扣除项目金额100%，未超过200%的：

土地增值税税额＝增值额×50%－扣除项目金额×15%

（4）增值额超过扣除项目金额200%的：

土地增值税税额＝增值额×60%－扣除项目金额×35%

纳税人有下列情形之一的，按照房地产评估价格计算征收：

（1）隐瞒、虚报房地产成交价格的；

（2）提供扣除项目金额不实的；

（3）转让房地产的成交价格低于房地产评估价格，又无正当理由的。

上述房地产评估价格，是指由政府批准设立的房地产评估机构根据相同地段、同类土地和房产售价综合评定的，并经当地税务机关确认的价格。

纳税人成片受让土地使用权后，分期分批开发、分块转让的，对其允许扣除项目的金额，原则上按转让土地使用权的面积占总面积的比例计算分摊。若按此办法难以计算或明显不合理的，也可按建筑面积计算出比例，再去分摊允许扣除项目的金额。对项目完全竣工前无法按实际成本计算的，可先按建筑面积预算成本计算，待项目完工再按实际发生数进行清算，多退少补。

纳税人采取预售方式出售商品房的，在计算缴纳土地增值税时，可按买卖双方签订预售合同所载金额计算出应纳土地增值税数额，再根据每笔预收款所占总售价款的比例计算分摊每次所需交纳的土地增值税税额，在每次预收款时计征土地增值税。

（三）税款的减免

根据《暂行条例》第八条的规定，有下情形之一的，免征土地增值税：

（1）纳税人建造普通标准住宅出售，增值额未超过扣除项目金额20%的。普通标准住宅，是指一般居住用住宅。高级别墅、公寓、小洋楼、度假村等以及超面积、超标准豪华装修的住宅均不属于普通标准住宅。免税的普通标准住宅须经税务机关确认。

（2）因国家建设需要依法征用、收回的房地产。这是指因城市市政规划，国家重点建设项目的需要而被政府征用的房产或收回的土地使用权。

（四）税款的征收

土地增值税由税务机关征收。房地产管理部门应当向当地税务机关提供有关房屋及建筑物产权、土地使用权、房地产评估价格、土地出让金数额及产权变更等方面的资料，以协助税务机关依法征收土地增值税。

纳税人应当自转让房地产合同签订之日起 7 日内，向房地产所在地主管税务机关办理纳税申报，并在税务机关核定的期限内缴纳土地增值税。房地产所在地是指房地产的坐落地。跨两个或两个以上管辖区的房地产，凡独立核算单位在房地产所在地的，在独立核算单位所在地缴纳，独立核算单位不在房地产所在地的，由上级税务机关根据情况具体确定。

纳税人未按照本条例缴纳土地增值税的，按照《中华人民共和国税收征收管理法》第四十条的规定进行处理。同时，土地管理部门、房产管理部门不得办理有关的权属变更手续。

第四节　税收征收管理法律制度

一、税收征收管理概述

税收管理是税务机关根据税收法规，对纳税人进行日常的管理、征收和稽查的税收活动。它是贯彻税收法令，实现税收职能，发挥税收作用的基本环节，是整个税务管理活动的重要组成部分。

税务机关对纳税人进行管理、征收和稽查的税收活动，是国家行使政治权力的体现，反映了税收参与社会产品分配的本质属性。纳税人履行纳税义务，是宪法规定的每个公民应尽的义务。

税收征收管理的主要内容是管理、征收和稽查。管理包括：经济税源管理、税务登记、纳税辅导、税法宣传、发票、帐簿管理，以及减税、免税管理。征收包括：纳税申报、税款征收和纳税资料的收集、整理、传递和保管工作。稽查包括：纳税检查和违章处理两个方面。通过管理，指导纳税人正确履行纳税义务；通过征收，将应收的税款，及时征收汇解入库，完成税收收入任务；通过稽查，一方面对纳税人履行纳税义务的情况进行监督；另一方面，也是对税务机关本身征收管理质量的检查和考核。

税收征管活动作为一种行政执法活动，必须有一套行之有效的行为规范，这些行为规范就是税收征收管理法律制度。税收征收管理法律制度，是征纳双方共同遵守的规范，是搞好税收征管工作的必要条件和重要保证。

我国的税收征收管理法律制度是随着社会经济和税收分配的不断发展逐渐丰富和完善的。党的十一届三中全会，为了改变我国过去一直没有一个完整统一的全国性的税收征收法规的状况，适应经济发展的新形势和多税种、多环节、多层次的复合税制的需要，国务院于 1986 年颁布了《中华人民共和国税收征收管理暂行条例》。该条例的颁布，是我国税收征管制度逐步实现系统化、法律化的一个重要步骤，标志着我国税收征管制度开始进入了一个新的阶段。但随着我国经济的进一步发展，多种经济成份，多种经营方式，多种流通渠道，多种分配形式相互并存，纳税人成倍增长，偷税、漏税和抗税案件时有发生。为了整顿税收秩序，加强税收征管，推进依法治税，强化税收征管力度，有效控制偷税、漏税，全国七届人大常委会第 27 次会议于 1992 年 9 月 4 日通过了《中华人民共和国税收征收管理法》（以下简称《税收征管法》），并于 1993 年 1 月 1 日起实施。1993 年 8 月 16 日国务院发布了《中华人民共和国税收征收管理法实施细则》。

《税收征管法》总结吸收了我国税收征管工作成功的经验，借鉴国外税收管理有益的做法，对税收征管作了一系列新的规定，在税收征管法制建设方面取得了重大突破，主要体现在：统一了对内税收和涉外税收征管制度，强化了税务机关的行政执法权限，增强了税法的原则性；完善了对税务机关的执法制约制度和对纳税人合法权益的保护制度；《税收征管法》的颁布实施，对于强化国家税收职能，建立良好的税收管理环境，促进改革开放和社会主义市场经济的发展，以及对于从 1994 年开始实施的新税制的贯彻落实，都将起到极为重要的作用。

二、税收征收管理法律制度的基本内容

（一）税务登记制度

税务登记又称纳税登记，是税务机关对纳税人的开业、变动、歇业以及生产经营范围实行法定登记的一项管理制度。它是确定纳税人履行纳税义务的法定手续，也是税务机关切实控制税源和对纳税人进行纳税监督的一项依据。

根据《税收征管法》及其实施条例规定：

企业、企业在外地设立的分支机构和从事生产、经营的场所，个体工商户和从事生产、经营的事业单位自领取营业执照之日起 30 日内，持有关证件，向税务机关申报办理税务登记。税务机关审核后发给税务登记证件。

从事生产、经营的纳税人，税务登记内容发生变化的，自工商行政管理机关办理变更登记之日起 30 日内，持有关证件向原税务登记机关申报办理变更税务登记。

纳税人发生解散、破产、撤销以及其他情形，依法终止纳税义务的，应当在向工商行政管理机关办理注销登记前，持有关证件向原税务登记机关申报办理注销税务登记。

从事生产、经营的纳税人，在规定的时间内向税务机关书面申报办理税务登记，如实填写税务登记表。

（二）纳税申报制度

纳税申报是纳税人按税法规定，向税务机关报送纳税申报表、财务会计报表及其他有关资料的一项征管制度。它是纳税人履行纳税义务的法定手续，也是基层税务机关办理征收业务，核实应征税款，开具完税凭证的主要依据，是税收征管的重要环节。

纳税人、扣缴义务人必须在法律、行政法规规定的或税务机关依照法律，行政法规的规定确定的申报期限内，到主管税务机关办理纳税申报或者报送代扣代缴、代收代缴税款报告表。纳税申报表或代扣代缴、代收代缴税款报告表的主要内容包括：税种、税目、应纳税项目或应代扣代缴、代收代缴税款项目，适用税率或单位税额，计税依据，扣除项目及标准，应纳税额或者应代扣代缴、代收代缴税款，税款所属期限等。

《税收征管法》为体现对纳税人合法权益的保护，设置了延期申报制。即纳税人按期申报确有困难的，应当在规定的期限内向税务机关提出书面延期申请，经税务机关核准，在核准的期限内办理。

（三）税款征收制度

税款征收是指纳税人在计算应纳税款后缴纳税款和税务机关组织征收税款的工作。税款征收是税收征管的中心环节，直接关系着国家税款能否及时、足额入库。

税务机关对纳税人的应纳税款，从稽核计算到填票入库的纳税全过程所实行的具体方

式，称为税款征收方式。《税收征管法》规定，税务机关可以采取查帐征收、查定征收、查验征收、定期定额征收以及其他方式征收税款。

为了保证国家税收收入不受侵犯，《税收征管法》规定了税收保全和税收强制执行的有关措施。

税务机关有根据认为从事生产、经营的纳税人有逃避纳税行为的，可以在规定的纳税期限之前，责令其限期缴纳应纳税款；在限期内发现其有转移、隐匿应纳税商品、货物或财产的迹象的，可以要求其提供担保，不能提供担保，则可以采取书面通知纳税人开户银行暂停支付金额相当于应纳税款的存款或扣押、查封纳税人的价值相当于应纳税款的商品、货物或者其他财产的税收保全措施。

从事生产、经营的纳税人、扣缴义务人未按规定期限缴纳或解缴税款，纳税担保人未按期缴纳所担保的税款，税务机关责令限期缴纳，逾期仍未缴纳，则可以采取以下强制执行措施：书面通知其开户银行或其他金融机构从其存款中扣缴税款；扣押、查封、拍卖其价值相当于应纳税款的商品、货物或其他财产，以拍卖所得抵缴税款。

税务机关采取税收保全措施和税收强制执行措施，必须经县以上税务局（分局）局长批准。对采取税收保全措施不当，或者纳税人在限期内已缴纳税款，税务机关未立即解除税收保全措施，使纳税人的合法利益遭受损失的，税务机关应当承担赔偿责任。

（四）帐簿，凭证管理制度

帐簿、凭证是从事生产、经营的纳税人开展生产、经营活动的必须工具和资料，也是税务管理、税款征收和税务检查的重要文字依据。

从事生产、经营的纳税人，扣缴义务人应按照国务院财政、税务主管部门的规定设置帐簿，根据合法、有效凭证记帐，进行核算。从事生产、经营的纳税人的财务、会计制度或者财务、会计处理方法，应报送税务机关备案，并按照国务院财政、税务主管部门规定的保管期限保管帐簿、记帐凭证、完税凭证及其他有关资料。

发票应由省、自治区、直辖市税务机关指定的企业印制；增值税统一发票由国家税务局统一印制。各种发票都必须套印全国统一发票监制章。依法办理税务登记的单位和个人，在领取税务登记证后，可以向主管税务机关申请领购发票。税务机关进行审核后，发给发票领购簿，凭此领购发票。

（五）税务检查制度

税务检查是税务机关依法对纳税人履行纳税义务的情况进行的审查监督活动。通过税务检查，可以正确贯彻国家税收政策，严肃纳税纪律，加强纳税监督，确保国家财政收入。

根据《税收征管法》第 32 条规定，税务机关有权进行下列税务检查：

（1）检查纳税人的帐簿、记帐凭证、报表和有关资料，检查扣缴义务人代扣代缴、代收代缴税款帐簿、记帐凭证和有关资料。

（2）到纳税人的生产、经营场所和货物存放地检查纳税人应纳税的商品、货物或其他财产，检查扣缴义务人与代扣代缴、代收代缴税款有关的经营情况。

（3）责成纳税人、扣缴义务人提供与纳税或者代扣代缴、代收代缴税款有关文件、证明材料和有关资料。

（4）询问纳税人、扣缴义务人与纳税或者代扣代缴、代收代缴税款有关的问题和情况。

（5）到车站、码头、机场、邮政企业及其分支机构检查纳税人托运、邮寄应纳税商品、货物或者其他财产的有关单据、凭证和有关资料。

（6）经县以上税务局（分局）局长批准，凭全国统一格式的检查存款帐户许可证明，查核从事生产、经营的纳税人、扣缴义务人在银行或者其他金融机构的存款帐户；查核从事生产、经营的纳税人的储蓄存款，须经银行县、市支行或者市分行的区办事处核对，指定所属储蓄所提供资料。

税务机关调查税务违法案件时，对与案件有关的情况和资料，可以记录、录音、录像、照像和复制。

《税收征管法》对纳税人、扣缴义务人、有关部门和单位以及税务检查人员在依法进行税务检查时应承担的义务作了规定：

纳税人、扣缴义务人必须接受税务机关依法进行的税务检查，如实反映情况，提供有关资料，不得拒绝、隐瞒。税务机关依法进行税务检查时，有关部门和单位应当支持、协助，向税务机关如实反映纳税人、扣缴义务人和其他当事人的与纳税或者代扣代缴、代收代缴税款有关的情况，提供有关资料及证明材料。税务机关派出的人员进行税务检查时，应当出示税务检查证件，并有责任为被检查人保守秘密。

三、法律责任

税收征收管理中的法律责任是指税收征收管理法律关系的主体，因其违反《税收征管法》所应承担的法律后果。

根据《税收征管法》和全国人大常委会《关于惩治偷税、抗税犯罪的补充规定》，违反税收征收管理法的法律责任可分为行政责任和刑事责任。

（一）行政责任

1. 行政处罚

应当给予行政处罚的违法行为包括：

（1）纳税人和扣缴义务人实施的、经税务机关责令限期改正。逾期不改正的行为主要是指：纳税人未按照规定期限申报办理税务登记、变更或注销登记的；纳税人未按照规定设置保管帐簿或保管记帐凭证和有关资料的，纳税人未按照规定将财务、会计制度或财务、会计处理办法报送税务机关备查的；纳税人未按照规定办理纳税申报的；扣缴义务人未按照规定设置、保管代扣代缴、代收代缴税款帐簿或者保管代扣代缴、代收代缴税款记帐凭证及有关资料的；扣缴义务人未按照规定期限向税务机关报送代扣代缴、代收代缴税款报告表的。

（2）纳税人偷税数额不满1万元或者偷税数额占应纳税额不到10％的行为。

（3）扣缴义务人采取偷税手段，不缴或者少缴已扣、已收税款，数额不满1万元或者数额占应缴税额不到1％的行为。

（4）纳税人欠缴应纳税款，采取转移或者隐匿财产的手段，致使税务机关无法追缴欠缴的税款，数额不满1万元的行为。

（5）企业事业单位采取对所生产或者经营的商品假报出口等欺骗手段，骗取国家出口退税款，数额不满1万元的行为；以及其他单位或者个人骗取国家出口退税款，数额较小，不构成犯罪的行为。

（6）情节轻微，未构成犯罪的抗税行为。

（7）从事生产、经营的纳税人、扣缴义务人在规定期限内不缴或者少缴应纳或者应解缴的税款，经税务机关责令限期缴纳，逾期仍未缴纳的行为。

（8）非法印制发票的行为。

对以上违法行为的行政处罚措施包括：由税务机关追缴偷税、不缴、少缴、欠缴、拒缴的税款和骗取的退税款；罚款；由税务机关销毁非法印制的发票；没收非法所得。

对于应由税务机关给予的行政处罚，由县级以上税务局（分局）决定；对个体工商户及未取得营业执照从事经营的单位、个人罚款数额在1千元以下的，由税务所决定。税务机关罚款必须开付收据。

2. 行政处分

应当给予行政处分的行为包括：

（1）税务人员与纳税人、扣缴义务人勾结，唆使或者协助纳税人偷税；采取转移或者隐匿财产的手段，致使税务机关无法追缴欠缴的税款；以及骗取出口退税的行为。

（2）税务人员利用职务上的便利，收受或索取纳税人、扣缴义务人财物，未构成犯罪的行为。

（3）税务人员玩忽职守，不征或者少征应征税款，未构成犯罪的行为。

（4）税务人员滥用职权，故意刁难纳税人，扣缴义务人的行为。

（5）擅自决定税收的开征、停征或者减税、免税、退税、补税的行为。

行政处分包括：给予警告、记过、记大过、降级、降职、撤职、开除留用察看直至开除。

当事人对税务机关的处罚决定不服的，可以在接到处罚通知之日起15日内向作出处罚决定的上一级机关申请复议；对复议决定不服的，可以在接到复议决定之日起15日内向人民法院起诉。当事人也可以在接到处罚通知之日起15日内直接向人民法院起诉。当事人对税务机关的处罚决定逾期不申请复议，也不向人民法院起诉、又不履行的，作出处罚决定的税务机关可以申请人民法院强制执行。

（二）刑事责任

对触犯刑律的纳税人或其直接责任人员以及税务人员，应当由司法机关追究其刑事责任。有关规定主要体现在《刑法》第121条和1992年9月4日全国人大常委会《关于惩治偷税犯罪的补充规定》中。

1. 纳税人或者其直接责任人员触犯刑律的刑事责任

（1）纳税人偷税数额占应纳税额的10%以上，并且偷税数额在1万元以上的，或者因偷税被税务机关给予二次行政处罚又偷税的，处3年以下有期徒刑或者拘役，并处以偷税数额5倍以下的罚金；偷税数额占应纳税额的30%以上，并且偷税数额在10万元以上的，处3年以上7年以下有期徒刑，并处以偷税数额5倍以下的罚金。

扣缴义务人采取前款所列手段，不缴或者少缴已扣、已收税款，数额占应缴税额的10%以上，并且数额在1万元以上的，依照前款规定处罚。

对多次犯有前两款规定的违法行为未经处罚的，按照累计数额计算。

（2）纳税人欠缴应纳税款，采取转移或者隐匿财产的手段，致使税务机关无法追缴欠缴的税款，数额在1万元以上不满10万元的，处3年以下有期徒刑或者拘役，并处欠缴税款5倍以下的罚金；数额在10万元以上的，处3年以上7年以下有期徒刑，并处欠缴税款5倍以下的罚金。

（3）企业事业单位犯有上述罪的，依照第1、2条的规定，判处罚金，并对负有直接责任的主管人员和其他直接责任人员，处3年以下有期徒刑或者拘役。

（4）纳税人向税务人员行贿，不缴或者少缴应纳税款的，按照行贿罪追究刑事责任，并处不缴或少缴税款5倍以下的罚金。

（5）企业事业单位采取对所生产或者经营的商品假报出口等欺骗手段，骗取国家出口退税款，数额在1万元以上的，处骗取税款5倍以下的罚金，并对负有直接责任的主管人员和其他直接责任人员，处以3年以下有期徒刑或者拘役。

前款规定以外的单位或者个人骗取国家出口退税款的，按照诈骗罪追究刑事责任，并处骗取税款5倍以下的罚金；单位犯本罪的，除处以罚金外，对负有直接责任的主管人员和其他直接责任人员，按照诈骗罪追究刑事责任。

（6）对抗税罪，处3年以下有期徒刑或者拘役，并处拒缴税款5倍以下的罚金；情节严重的，处3年以上7年以下有期徒刑，并处拒缴税款5倍以下的罚金。

以暴力方法抗税，致人重伤或者死亡的，按照伤害罪、杀人罪从重处罚，并依照前款规定处以罚金。

另外，根据《刑法》124条规定："以营利为目的，伪造车票、船票、邮票、税票、货票的，处2年以下有期徒刑、拘役或者罚金；情节严重的处2年以上7年以下有期徒刑，可以并处罚金。"

2. 税务人员触犯刑律的刑事责任

（1）税务人员与纳税人、扣缴义务人勾结，唆使或者协助纳税人、扣缴义务人犯《税收征管法》第40条、第41条、第42条、第44条罪的，按照刑法关于共同犯罪的规定处罚。

（2）税务人员利用职务上的便利，收受或者索取纳税人、扣缴义务人财物，构成犯罪的，按照受贿罪追究刑事责任。

（3）税务人员玩忽职守，不征或者少征应征税款，致使国家税收遭受重大损失的，依照《刑法》第187条玩忽职守罪的规定追究刑事责任。

（4）税务人员私分所扣押、查封的商品、货物或者其他财产，情节严重，构成犯罪的依法追究刑事责任。

第十章　涉外房地产法规

第一节　涉外房地产法规概述

一、涉外房地产的涵义

涉外房地产是指在我国境内，具有涉外因素的房产和地产。所谓涉外因素是指因房屋或土地所发生的所有权或使用权关系中，其主体具有涉及外国的因素。

涉外房地产的主体包括涉及到的外国人，无国籍人、外国企业和组织，涉及到华侨、华侨企业或组织，涉及到外国政府和国际性组织等。涉外房地产可以大体分为三类：

（1）外户。即外国人、无国籍人、外国企业和组织、外国政府和国际性组织在我国境内依法取得所有权或使用权的房产，以及取得使用权的地产。

（2）侨产。即华侨、华侨企业或组织在我国境内依法取得所有权或使用权的房产，以及取得使用权的地产。

（3）中外合资产。即我国公民、企业或组织与外国人、外国企业或组织（包括华侨、华侨企业或组织）在我国境内共享所有权或共享使用权的房产，以及共享使用权的地产。

此外，涉及到港、澳、台同胞及其企业组织的房地产，虽然不属于涉外房地产，但因存在着特殊性，在许多问题上也参照涉外房地产对待。

二、涉外房地产管理

（一）涉外房地产管理的涵义与任务

涉外房地产管理是我国房地产行政管理的重要内容之一。指我国政府及房地产管理职能部门对具有涉外因素的房地产，依法进行管理的活动。

涉外房地产因在我国境内，在我国主权管辖之下，故涉外房地产的权利人应当遵守我国法律，依法享受权利和承担义务，除法律另有规定外，应当接受我国政府的管理和监督。

由于涉外房地产存在涉外因素，在管理方面具有更强的政策性和复杂性，与国家的主权、对外开放政策、对外民事、经济、科技、文化交流等都有直接和间接的关系。如果处理失当会损害国家的主权和尊严、损害我国国际声誉，不利于对外交往，不利于引进外资，不利于促进我国经济发展，不利于实现祖国统一大业。因此，必须加强涉外法制建设、加强涉外房地产的管理。

涉外房地产管理的主要任务是，通过加强管理、调节和监督活动，维护我国国家的主权和尊严，维护我国土地的社会主义公有制，保护涉外房地产权利人的合法权益，促进对外开放和国际交往，为我国社会主义现代化建设服务。

（二）涉外房地产管理的法律依据

为了实现涉外房地产管理的任务，必须实现涉外房地产管理的法制化，依照我国的法律、法规和有关政策进行管理。涉外房地产管理的法律依据可以分为两部分。第一部分是我国现有的法律、法规、原则、制度，如《土地管理法》、《城市房地产管理法》等，这部分法规除非条文中明确指出不适用于涉外房地产或者法律上另有规定的以外，对于涉外房地产管理同样具有规范意义。第二部分是有关涉外房地产管理的专门规定。如：1980 年 3 月 5 日国务院转发《关于用侨汇购买和建设住宅的暂行办法》，1984 年 8 月 25 日城乡建设环境保护部发布《关于外国人私有房屋管理的若干规定》，1980 年 7 月 26 日国务院发布《关于中外合资经营企业建设用地的暂行规定》，1990 年 5 月 19 日国务院发布《外商投资开发经营成片土地暂行管理办法》，以及《中外合资经营企业法》、《中外合作经营企业法》、《国务院关于鼓励外商投资的规定》、《国务院关于鼓励华侨和香港、澳门同胞投资的规定》、《涉外经济合同法》和房地产管理地方性法规、规章等。

以下将对有关法规作重点介绍。

第二节　涉外经济合同法

一、涉外经济合同法概述

（一）涉外经济合同法的概念

1. 涉外经济合同的概念

涉外经济合同是指中国企业或者其他经济组织同外国的企业和其他经济组织或者个人之间签订的确立经济关系的协议。

涉外经济合同有如下法律特征：

（1）具有涉外因素：

1）合同当事人一方是外国的法人或自然人；

2）合同的标的在国外；

3）合同的订立或履行在外国。

（2）一般来说，合同的双方当事人具有不同国籍，但也不能排除具有相同国籍，营业所位于不同国家的当事人所签订的合同。

（3）涉外经济合同与当事人双方所属国家利益密切相关，受国家间政治、经济、文化、外交的影响和制约。

（4）涉外经济合同由于主体的国籍不同，就涉及到合同适用法律的问题，涉外经济合同可以适用不同国家的法律。

（5）涉外经济合同受国际条约、国际惯例的影响，适用国际条约和国际惯例优于国内法。

2. 涉外经济合同法的概念

涉外经济合同法从狭义上讲，是指 1985 年 7 月 1 日开始实施的《中华人民共和国涉外经济合同法》。广义上讲，除包括涉外经济合同法法典外，还包括涉外经济合同的相关法律、法规等。可见，涉外经济合同法是调整中国企业或其他经济组织同外国企业和其他经济组织及自然人之间所签订的确定相互经济权利与义务关系协议的法律规范的总称。

（二）涉外经济合同法的基本原则

1. 独立自主的原则

独立自主的原则，也就是维护国家主权的原则。维护国家主权，就是依照我国的法律和政策独立自主地处理各种涉外经济关系，不受其他国家和国际组织的干涉和控制，保护我国的合法权益。为此，我国涉外经济合同法明确规定："订立合同，必须遵守中华人民共和国法律，并不得损害中华人民共和国的社会公共利益。""违反中华人民共和国法律或者社会公共利益的合同无效。"

2. 平等互利的原则

平等互利是我国处理和发展同外国的各种经济关系的一贯原则立场。我国在同客商的各种经济友好往来中，一视同仁，平等对待，在平等的基础上兼顾中外双方的合法权益，使双方有利可图。

3. 参照国际惯例的原则

参照和吸收行之有效的公认和国际惯例是我国涉外经济合同法立法、执法的重要原则。

（三）涉外经济合同法的适用范围

我国《涉外经济合同法》第二条规定："本法的适用范围是中华人民共和国的企业或者其他经济组织同外国的企业和其他经济组织或者个人签订的经济合同（国际运输合同除外）。

1. 涉外经济合同主体

涉外经济合同主体是指签订涉外经济合同的当事人。

（1）中方主体。中方主体主要是企业和其他经济组织。

（2）外方主体。外方主体范围广泛，包括外国企业，其他经济组织或者个人。

2. 涉外经济合同的法律适用

（1）涉外经济合同适用法律，要依据合同的准据法确定，可以选择适用外国法律。但我国法律、法令规定订立合同不准与之相违背的，不允许选择适用外国法律，只能适用中国法律。

（2）我国承认和缔结的条约，与我国法律规定不同时，适用国际条约规定，但我国声明保留的条款除外。

3. 适用涉外经济合同法的涉外经济合同

适用涉外经济合同法的涉外经济合同包括货物买卖合同、合资经营企业合同、合作经营企业合同、合作勘探开发自然资源合同、借贷合同、租赁合同、技术转让合同、工程承包合同、成套设备供应合同、加工承揽合同、劳务合同、补偿贸易合同、科技咨询合同、设计合同、担保合同、保险合同、仓储保管合同、委托代理合同等（国际运输合同不适用涉外经济合同法）。

二、涉外经济合同的订立

（一）涉外经济合同的成立

1. 涉外经济合同的形式

根据我国涉外经济合同法的规定，涉外经济合同应以书面形式订立。书面形式除了正式合同文件外，还包括文件、电报、电传以及合同订立的附件。

2. 涉外经济合同的成立

（1）当事人就合同条款以书面形式达成协议并签字，即为合同成立。

（2）通过信件、电报、电传达成协议，一方当事人要求签订确认书的，签订确认书时方为合同成立。

（3）凡依中国法律、行政法规规定应当由国家批准的合同，获得批准时，方为合同成立。

（二）涉外经济合同的基本条款

1. 涉外经济合同的法定条款

我国涉外经济合同法规定，合同应当具备以下条款。

（1）合同当事人的名称或者姓名、国籍、主营业所或者住所。这一条款可确定当事人是否具有签约能力。

（2）合同签订的日期、地点。合同成立的日期是确定合同生效期的起点。

（3）合同的类型和合同的种类、范围。

（4）合同标的的技术条件、质量、标准、规格、数量。

（5）履行的期限，地点和方式。

（6）价格条件、支付金额、支付方式和各种附带的费用。

（7）合同能否转让或者合同转让的条件。

（8）违反合同的赔偿和其它责任。

（9）合同发生争议时的解决方法。

（10）合同使用的文字及其效力。

2. 涉外经济合同的约定条款

约定条款是基于合同的性质或当事人认为必要，双方同意的条款。约定条款的前提是不违背当事人国家的法律和社会公共利益。约定条款一般有以下几种：

（1）履行标的的承担风险条款；

（2）对标的的保险范围、保险费由何方承担条款；

（3）担保条款；

（4）解除合同条件的条款；

（5）违约责任条款；

（6）免责条款；

（7）法律适用条款等。

3. 涉外经济合同的优惠保护条款

依据法律规定，在中国银行，并经国家批准的中外合资经营、合作经营、中外合作勘探开发合同，在有新的法律规定时，可按合同规定执行，但是其规定对一方有利时，经另一方同意也可适用新法。此外，在税收上享有特殊规定，这也是优惠保护条款的体现。

（三）涉外经济合同的无效及法律后果

1. 无效经济合同的认定

依据我国涉外经济合同法及有关法规之规定，涉外经济合同有下列情形之一的，应当确认无效。

（1）订立合同的当事人不具备合法主体资格。

（2）订立合同的我国当事人未经国家主管机关批准授予对外经营权的。

（3）订立合同的我国当事人超越其经营范围经营的。

（4）没有代理权、超越代理权或者代理权终止以后以被代理人名义订立合同，未经被代理人追认的。

（5）订立合同未采用书面形式的。

（6）我国法律和行政法规规定应当由国家主管机关批准成立的合同未经批准的，或者其重大变更或权利义务的转让未经原批准机关批准的。

（7）一方当事人采用故意制造假相，隐瞒事实真相或者其他欺骗手段，致使对方形成错误认识与之订立合同的；或者采用胁迫手段，以给对方造成经济损失或其他损害为要挟与之订立合同的；或者乘人之危，迫使对方违背自己的意志，按不公平的条件订立合同的。

（8）双方当事人恶意串通，订立损害国家、集体或者第三方利益的合同；或者以合法形式掩盖非法目的而订立合同的。

（9）合同内容违反我国法律的基本原则或者我国社会公共利益的。

2．无效涉外经济合同的法律后果

（1）合同部分条款无效，如果不影响其他部分的效力的，其他部分仍然有效；无效条款经当事人协商同意予以取消或者在改正后，不影响合同的效力。

（2）合同被确认无效或者被撤销，如果是当事人一方的过错造成的，有过错的一方应当对另一方因合同无效或者被撤销而遭受的损失负赔偿责任。如果当事人双方对合同无效或者被撤销都有过错的，各自承担相应的责任。

（3）当事人双方恶意串通，假借签订涉外经济合同进行违反国家法律或者损害社会公共利益的活动以及损害国家或者第三方利益的，除确认合同无效外，还应当追缴双方非法取得的财产收归国家所有或者返还第三方，并可视其情节轻重，依据法律规定给予训诫、罚款或者拘留等处罚；触犯刑律的，依法追究刑事责任。

三、涉外经济合同的履行和违约责任

（一）涉外经济合同的履行

1．合同履行的概念

涉外经济合同的履行是双方当事人根据涉外经济合同规定的内容，完成各自承担的合同义务的法律行为。

我国涉外经济合同法规定："合同依法成立，即具有法律约束力。当事人应当履行合同约定的义务，任何一方不得擅自变更或者解除合同"。合同的履行受国家强制力的保证，如果当事人一方不履行合同义务，应负法律责任，另一方可通过国家依法律程序得到补救。

2．合同履行的内容

（1）按约定的标的履行；

（2）按约定的数量、质量履行；

（3）按约定的价格或酬金履行；

（4）按约定的期限履行；

（5）按约定的地点履行；

（6）按约定的方式履行。

3．合同的担保

合同担保是为了保证合同切实得到履行，应合同一方当事人要求，由另一方当事人采取的保证措施，是双方当事人经协商而自愿采取的法律形式。合同担保即履约保证。

我国涉外经济合同法规定："当事人可以在合同中约定担保，担保人在约定的担保范围内承担责任"。

担保可采用定金或履约保证金担保、财产抵押担保、银行或公司及企业组织担保等形

式。合同担保从属于业已订立的合同，合同担保不能脱离业已订立的合同独立存在。

（二）涉外经济合同的违约责任

1. 违约的概念及其原因

（1）违约是一方或双方不履行或不完全履行或不按规定履行自己应承担的合同义务。

（2）出现违约的原因主要有：

1）对外商资信不了解，或不全面了解，没有认真考虑对方是否能够履行；

2）对合同的审查管理不严格，缺乏可行性研究及风险预测；

3）国际市场及其价格变化的影响；

4）外商的不轨意图或故意毁约、撕毁合同；

5）我方管理经营不善，不能按合同履行；

6）合同条款不完备、不明确或不公平，或双方均有过错，等等。

2. 构成违约的条件

（1）有不履行合同的行为；

（2）有损害的事实；

（3）不履行合同方有过错；

（4）不履行合同的行为与损害事实有因果关系。

3. 违约责任

依据我国涉外经济合同法规定，违约方应承担的责任主要有：

（1）当事人一方违反合同的，另一方有权要求赔偿损失或者采取其他合理的补救措施。

（2）当事人一方违反合同，应赔偿对方的损失。

（3）当事人双方都违反合同，应当各自承担相应的责任。

（4）当事人一方因另一方违约而受到损失，应当及时采取适当措施防止损失进一步扩大。若不采取适当措施而使损失扩大的，则无权就扩大的损失要求赔偿。

4. 不能履行合同的免除责任条件

依据我国涉外经济合同法规定，当事人因不可抗力事件不能履行合同的全部或者部分义务的，免除其全部或部分责任。

所谓不可抗力事件，是指当事人在订立合同时不能预见，对其发生和后果不能避免，不能克服的事件。它通常包括两类：一是自然现象，如地震、洪水、台风、冰雹、爆炸等；二是社会现象，如战争、政府禁令、敌对行为、罢工、暴动等。

按照涉外经济合同法的规定，合同双方当事人可以自行约定不可抗力事件的范围。

（三）涉外经济合同的变更、解除与终止

1. 涉外经济合同的变更

我国涉外经济合同法规定："经当事人协商同意后，合同可以变更。"

法律允许在一定条件下变更涉外经济合同，变更以后就产生了新的权利与义务，从而直接影响到当事人的权益。所以变更是有条件的：

（1）变更合同需双方当事人协商一致，同时订立书面协议；

（2）凡是中国法律，行政法规规定应该由国家批准成立的合同，其重大变更应由原批准单位批准；

（3）变更合同不能影响当事人要求赔偿损失的权利。

2. 涉外经济合同的解除

涉外经济合同的解除是指合同订立后，尚未履行或尚未全部履行时，解除原订合同所规定的权利义务关系。我国涉外经济合同法规定，有下列情形之一的，可以解除合同：

(1) 一方违反合同，以致严重影响订立合同所期望的经济利益；

(2) 另一方在约定的期限内没有履行合同；在允许推迟履行的合理期限内仍未履行；

(3) 发生不可抗力事件，致使合同的全部义务不能履行的；

(4) 合同约定的解除合同条件已经出现；

(5) 在合同的履行过程中，由于某种情况的出现，双方达成某种协议，并不影响第三者利益的，可以解除合同。

3. 涉外经济合同的终止

(1) 合同终止的种类：

1) 自然终止，即当事人双方按照约定使合同的内容履行完毕或合同有效期届满；

2) 违约终止，即合同签订后，由于发生了重大违约，或不可抗力事件，经当事人要求，由法院或仲裁机构宣布终止；

3) 协议终止，在合同履行中，当事人双方协商一致终止合同，并不因此损害第三者利益。

(2) 合同终止的法律后果：

1) 合同终止，当事人将终止履行权利和义务；

2) 重大项目要立即上报备案；

3) 合同约定的解决争议的条款和结算、清理的条款不因合同的终止失去效力；

4) 合同终止同合同解除一样，不影响当事人要求赔偿损失的索赔权。

四、涉外经济合同争议的解决及法律适用

(一) 涉外经济合同争议的解决

1. 协商与调解

发生合同争议，双方可以通过协商达成协议，解决争议。协商不成的可请第三者居中公正的调解，促使双方达成协议。

2. 仲裁（公断）

合同双方当事人发生争议后，协商、调解不成，当事人可依据合同中的仲裁条款或争议发生后达成的申请仲裁协议，由仲裁机构依法做出裁决。

仲裁比较灵活，仲裁机构一般是民间组织，仲裁员可以由当事人选择，处理问题主要是依据国际惯例，而不是一定要依据法律。

3. 诉讼

涉外经济合同发生争议，可直接向法院起诉，要求作出判决。要注意的是，合同中有仲裁解决争议的条款的，不能向法院起诉，仲裁不服的，也不能向法院起诉，仲裁的裁决是终局的。

(二) 涉外经济合同的法律适用

涉外经济合同含有涉外因素，免不了要涉及不同国家的法律。涉外经济合同的法律适用是指受理涉外经济合同案件的我国法院，在我国法律与外国法律发生冲突时，依我国的冲突规则的指引，适用某一国的实体法。

我国法律、法规对涉外经济合同的法律适用作如下规定：

(1) 当事人在订立合同时或者发生争议后，对于合同所适用的法律已有选择的，人民法院在审理该项合同纠纷案件时，应以当事人选择的法律为依据。当事人选择的法律可以是中国法，也可以是港澳地区的法律或是外国法。但是当事人的选择必须经双方协商一致。

(2) 在中国境内履行的中外合资经营合同、中外合作经营合同、中外合作勘探开发自然资源合同，必须适用中国法律，当事人协议选择外国法律的合同条款无效。

(3) 当事人在订立合同时或者发生争议后，对于合同所适用的法律未作选择的，人民法院受理案件后，应当允许当事人在开庭审理以前作出选择。如果当事人仍不能协商一致作出选择，人民法院应按照最密切联系原则确定所应适用的法律。

(4) 当事人协议选择的或者人民法院按照最密切联系原则确定的处理合同争议所适用的法律，是指现行的实体法，而不包括冲突法规范和程序法。

(5) 如果当事人未选择合同所适用的法律时，对于下列涉外经济合同，人民法院按照最密切联系原则确定所适用的法律，在通常情况下是：

1) 国际货物买卖合同，适用合同订立时卖方营业所所在地的法律；

2) 银行或者担保合同，适用贷款银行或者担保银行所在地法律；

3) 保险公司，适用保险人营业所所在地法律；

4) 加工承揽合同，适用加工承揽人营业所所在地的法律；

5) 技术转让合同，适用受让人营业所所在地法律；

6) 工程承包合同，适用工程所在地的法律；

7) 科技咨询或者设计合同，适用委托人营业所所在地的法律；

8) 劳务合同，适用劳务实施地的法律；

9) 成套设备供应合同，适用设备安装运转地的法律；

10) 代理合同，适用代理人营业所所在地的法律；

11) 关于不动产租赁、买卖或者抵押合同，适用不动产所在地的法律；

12) 动产租赁合同，适用出租人营业所所在地的法律；

13) 仓储保管合同，适用仓储保管人营业所所在地法律。

(6) 当事人有一个以上营业所的，应以与合同有最密切联系的营业所为准。当事人没有营业所的，以其住所或者居所为准。

(7) 我国缔结或者参加的有关国际条约，如果同涉外经济合同法或者我国其他与涉外经济合同有关的法律有不同规定的，适用国际条约的规定，但是我国声明保留的条款除外。

(8) 在应当适用我国法律的情况下，如果我国法律对于合同当事人争议的问题未作规定的，可以适用国际惯例。

(9) 在应当适用的法律为外国法律时，如果适用该外国法律违反我国法律的基本原则和我国的社会公共利益的，则不予适用，而应适用我国相应的法律。

五、涉外房地产合同

利用外资发展房地产业是我国房地产业的一个重要组成部分。近几年来，我国利用外资开发房地产发展很快，范围越来越大，如土地使用权出让，房地产转让，房地产抵押，房地产租赁，举办中外合资、合作及外资房地产开发企业等。而这些房地产经济活动都是以合同形式实现的，这就是涉外房地产合同。

（一）涉外房地产合同的概念

1. 涉外房地产合同的概念

涉外房地产合同是涉外经济合同的一种，是指中国法人或其他经济组织和自然人同外国法人、经济组织及自然人在房地产经营活动中明确相互权利义务关系的协议。

2. 涉外房地产合同的特征

涉外房地产合同具备涉外经济合同的特征，此外还有如下特征：

（1）合同标的是不动产，具有固定性。

（2）合同主体广泛。作为中方主体可以是企业、经济组织，也可以是政府主管机关或自然人。而一般涉外经济合同的中方主体只能是企业或其他经济组织。

（3）涉外房地产合同适用中国法律。这是根据国际法和我国涉外经济合同法的规定，不动产租赁、买卖或者抵押合同，适用不动产所在地的法律，中外合资、中外合作经营合同必须适用中国法律。

（二）涉外房地产合同的操作

涉外房地产合同的订立、履行必须依据《中华人民共和国城市房地产管理法》和《中华人民共和国涉外经济合同法》及相关法律、法规。

涉外房地产合同作为涉外经济合同的一种，完全适用前述的关于涉外经济合同的订立、履行、违约责任、担保、争议的解决及法律适用的内容，这里不再重述。

涉外房地产合同主要包括吸引外资开发房地产的合同。如中外合资房地产开发合同；中外合作房地产开发合同；土地使用权出让合同；租赁合同；房地产抵押合同；房屋买卖合同；外商进行房地产成片综合开发合同等等。这些合同国家已经或正在制定格式合同，实际操作中我们应以格式合同为准，同时依据相关法律，结合因地、因人而异的情况设定协议条款，以使合同更加完善。

第三节　利用外资开发房地产法规

利用外资开发房地产是在国际投资的大环境下进行的。在房地产经济活动中利用外资尤为重要。外商投资者已经成为我国房地产业中的一支生力军，为我国利用外资、充分利用土地，创造更好的社会效益和经济效益发挥了重要作用。

一、中外合资经营企业法律制度

（一）中外合资经营企业的概念

1. 中外合资经营企业的概念

中外合资经营企业是指中国合营者与外国合营者依据《中外合资经营企业法》在我国境内共同举办的合营企业。

中国的合营者是指中国的公司、企业或其他经济组织。外国的合营者是指外国的公司、企业和其他经济组织或个人。

2. 中外合资经营企业的法律特征

（1）由中外合营者共同投资、共同经营。中外合营各方均认缴企业的注册资本，并以货币、实物、工业产权和专有技术、场地使用权等出资方式履行出资义务。外国合营者的出资比例一般不得低于合营企业注册资本的 25％。合营企业实行董事会领导下的总经理负责制，董事会的董事由中外合资各方参照出资比例委派，正副董事长、正副总经理由中外合资各方分别担任，合资企业由中外合资各方共同管理。

（2）由中外合资各方共担风险、共负盈亏。中外合资各方按各自认缴的出资额在合资企业注册资本中的比例分享利润和分担风险及亏损。合资企业解散时，其剩余财产也按合资各方出资比例分配。

（3）它的组织形式为有限责任公司。中外合资各方以各自认缴的出资额为限对合资企业承担债务责任；合资企业以其全部资产为限对企业债权人承担债务责任。合资企业符合我国法律关于法人的法定条件，依法取得中国法人资格。

（二）中外合资经营企业投资总额

中外合资经营企业的投资总额是指按照合营企业合同、章程规定的生产规模需要投入的基本建设资金和生产流动资金的总和。《中外合资经营企业法实施条例》等法规对合营企业的投资总额作了明确规定，投资总额包括注册资本和企业借款。

1. 合营企业的注册资本

注册资本即为设立合营企业在登记管理机构登记的资本总额，是合营各方认缴的出资额之和。《中外合资经营企业法》及《实施条例》等法规对合营企业的注册资本作了明确规定，注册资本是合营各方用作出资的货币、实物、技术、土地使用权等折价之后的货币表现，一般应以人民币表示，也可用合营各方约定的外币表示。

2. 注册资本与投资总额的比例

注册资本在投资总额中应保持适当的比例，以使投资者和我国的金融机构在合营企业中能够承担与其收益相应的风险，也有助于鼓励外商在我国进行大额投资。为了防止注册资本与投资总额比例悬殊的不合理现象，1987年3月1日国家工商行政管理局发布《关于中外合资经营企业注册资本和投资总额的比例的暂行规定》，合营企业的注册资本与投资总额应保持如下比例关系：

（1）投资总额在300万美元以下（含300万美元）的，其注册资本至少应占投资总额的7/10。

（2）投资总额在300万美元以上至1000万美元（含1000万美元）的，其注册资本至少应占投资总额的1/2，其中投资总额在420万美元以下的，注册资本不得低于210万美元。

（3）投资总额在1000万美元以上至3000万美元（含3000万美元）的，其注册资本至少应占投资总额的2/5，其中投资总额在1250万美元以下的，注册资本不得低于500万美元。

（4）投资总额在3000万美元以上的，其注册资本至少应占投资总额的1/3，其中投资总额在3600万美元以下的，注册资本不得低于1200万美元。合营企业增加投资的，其追加的注册资本与增加的投资额的比例，应按上述比例执行。

（三）中外合资开发房地产

中外合资开发房地产是指中国合营者与外国合营者依照《中外合资经营企业法》在我国境内设立的共同投资、共同经营、共负盈亏的房地产开发企业。

中外合资房地产开发企业必须经我国政府批准，在中国境内设立，具有中国法人资格。合营企业采取股权式方法分享利润和承担风险。中外合资房地产开发企业的设立要履行审批手续。设立的步骤如下：

1. 申请立项

中国合营者在选好合营伙伴后，向政府计划部门、建设部门提出项目申请，经主管部门审查同意后，转报审批机关（对外贸易部及其有权机关）批准、立项。

2. 签订协议、合同和章程

举办中外合资房地产开发企业的申请，经批准后，合营各方在此基础上商签合营企业协议、合同和章程。

3. 审批

合营企业协议、合同、章程正式签订后，中国合营者负责报请审批机关审查、批准。申请时应提交申请书，合营企业协议、合同章程、可行性报告、董事会组成人员名单等文件。

对外贸易部或有权机构应自接到申请文件之日起 3 个月内决定批准或不批准。

4. 登记

申请者在收到批准证书后 1 个月内，依法向合营企业所在地的工商行政管理局办理登记手续，领取营业执照，合资经营企业方告成立。

中外合资房地产开发企业为有限责任公司，即以其注册资本对外承担有限责任，合营各方以各自认缴的出资额承担有限责任，在合营期限内不得减少注册资本。

二、中外合作经营企业法律制度

（一）中外合作经营企业的概念

1. 中外合作经营企业的概念

中外合作经营企业指中外合作各方依照我国《中外合作经营企业法》，在我国境内共同举办的合作经营企业。

2. 中外合作经营企业的法律特征

（1）中外合作经营企业是契约式企业。其主要法律特征在于，中外合作各方有权依法在合作企业合同中约定企业设立、经营、管理、终止中的各项重要事项。《中外合作经营企业法》第二条规定："中外合作者举办合作企业，应当依照本法的规定，在合作企业合同中约定投资或者合作条件、收益或者产品的分配、风险和亏损的分担、经营管理的方式和企业终止时财产的归属等事项"。可见，合作各方以合同（契约）为基础建立彼此间的合作关系，通过合同确立相互间的权利义务，并依照合同规定的条件对投资分别承担或共同承担风险。

（2）合作经营企业既可以是法人企业、也可以是非法人企业。《中外合作经营企业法》第二条第二款规定："合作企业符合中国法律关于法人条件的规定的，依法取得中国法人资格"。可见，合作各方可举办符合法人条件的，依法取得中国法人资格的合作企业，也可以在不具备法人条件的情况下举办非法人的合作企业。

3. 中外合作经营企业的优点

（1）互惠性。在平等互利的基础上，满足双方合作者在经济上的需要和利益。

（2）安全性。对外方合作者来讲，有提前收回投资的优惠，风险小；对中方合作者来讲，投资多属不动产，经济责任较小，合作期满后，不必另出外汇资金即可购得外方的投资。

（3）灵活性。以合同为基础，充分发挥各自的优势，自主地、灵活地建立彼此间的合作关系。

（4）手续简便，程序简单。与合资企业相比，其成立、审批等方面手续简便。

（二）合作经营合同

合作经营合同是合作经营企业的所有问题的基础，是确立合作双方当事人权利义务的依据。中外合作各方应当在合作企业合同中约定如下重要事项：

1. 合作企业的组织形式

中外合作各方有权约定合作企业设立为有限责任公司或其他组织形式。设立为有限责任公司的，符合中国法律关于法人条件的规定，依法取得中国法人资格。

2. 中外合作各方的投资或者合作条件

中外合作各方有权约定合作各方以"投资"方式或"合作条件"方式向合作企业提供财产。

3. 合作企业的收益或产品分配方式

中外合作各方有权约定的收益或产品分配方式主要有：按中外合作各方认缴的注册资本比例利润分成；按中外合作各方在合作企业合同中约定的比例利润分成；保证合作各方的收益达到一个固定值；产品分成。

4. 中外合作各方风险和亏损的分担方式

中外合作各方有权约定的风险和亏损分担方式主要有：按中外合作各方认缴的注册资本比例分担；按中外合作各方利润分成比例分担；按合作企业合同约定比例分担。

5. 合作企业的经营管理方式

中外合作各方有权约定的经营管理方式主要有：董事会领导下的总经理负责制；联合管理机构；董事会或联合管理机构委托中外合作者以外的他人经营管理。

6. 外国合作者的资本回收

中外合作者有权约定在合作期满，合作企业全部固定资产归中国合作者所有的前提下，外国合作者在合作期限内先行回收投资的办法。

（三）中外合作开发房地产

中外合作开发房地产是指中外合作方依照《中外合作经营企业法》在我国境内设立的基于合同约定方式分享权益和承担风险的房地产开发企业。

中外合作房地产企业可以是法人组织，也可以是非法人组织，由于合作方式较合资企业更加灵活、方便，外商非常愿意接受，目前已成为中外合作开发房地产的普遍形式。

三、外资企业法律制度

（一）外资企业的概念

1. 外资企业的概念

外资企业是指依照《外资企业法》在我国境内设立的全部资本由外国投资者提供的企业。

外国投资者是指外国的企业和其他经济组织或者个人。外资企业不包括外国的企业和其他经济组织在中国境内的分支机构。

2. 外资企业的法律特征

（1）外资企业是依中国法律在中国境内设立的，受中国法律的管辖与保护。《外资企业法》第八条规定："外资企业符合中国法律关于法人条件规定的，依法取得中国法人资格"。

（2）外资企业全部资本归外国投资者所有。

（3）外资企业盈利依法由外国投资者独享。

（4）外资企业经营风险和亏损由外国投资者自己承担。

（5）外资企业的经营管理权由外国投资者依法行使。

（二）外资企业设立的条件

《外资企业法》第三条规定："设立外资企业，必须有利于中国国民经济的发展，并且采用先进的技术和设备，或者产品全部出口或者大部分出口"。

（三）设立外资企业的程序

1．申请

由外国投资者直接向我国有关政府部门提出开业申请，申请时需提交申请表、投资者的资信证明、可行性研究报告、公司章程等文件。

2．审批

由地方政府及国家对外经济贸易部对投资者的申请进行审查，并发给批准证书。

3．登记注册

设立外资企业的申请批准后，外国投资者应在接到批准证书之日起30天内向工商行政管理机关申请登记，领取营业执照。外资企业营业执照签发日期，为该企业成立之日。

（四）对外资企业的管理和监督

（1）外资企业必须遵守中国的法律、法规，不得损害中国社会的公共利益。

（2）工商行政管理机关对外资企业的投资情况进行检查和监督；外资企业无正当理由没有在审批机关核准的期限内投资的，工商行政管理机关有权吊销其营业执照。

（3）外资企业必须在中国境内设置会计帐簿，进行独立核算，按规定报送会计报表，并接受财政税务机关的监督；如果拒绝在中国境内设置会计帐簿，财政税务机关可以处以罚款，工商行政管理机关可以责令停止营业或者吊销营业执照。

（五）外商独资开发房地产

外商独资开发房地产是指依据《外资企业法》在我国境内设立的外商独资房地产开发企业。

我国对外资企业审批控制比较严格，目前，房地产开发允许设立外资企业。外资房地产开发企业从事房地产开发主要适用于那些投资大、建筑设计先进、施工技术和建筑材料需要国外协助和进口的项目，以及产品主要外销的项目。外资房地产开发企业从事房地产开发业务主要在经济特区，与中外合资、中外合作房地产开发企业相比，数量较少。

四、外商投资房地产应规范的内容

（1）鼓励外商进行工业用地、旧房改造和普通住宅开发。

（2）明确外商投资必须要与建设项目相结合，可申请成立中外合作经营、中外合资经营或外商独资经营的项目型房地产开发企业，项目开发完毕，企业即行终止。

（3）加强对外商投资的资金管理，在合资企业中，外资不得少于20%，外商不能以大陆的银行贷款作为股本金，中方不得为外商投资担保，以确保外资的真正进入。

第四节 涉外土地使用制度

一、涉外土地使用制度概述

（一）涉外土地使用的涵义

法律意义上的涉外关系是指法律关系的主体、客体和内容有一项发生在国外，即构成了涉外法律关系。最常见的涉外土地使用关系有两种，一是主体为中方、客体在境外；二是主体为外方，客体在我国境内。由于在国际私法中存在着"因不动产而产生的权利义务，由不动产所在地法律调整"的冲突规范，而且我国民法也接受了这一国际惯例，因此我国公民或法人在境外使用土地的行为，必须以土地所有国的法律条文来处理问题，而不能依照中国法律。这样，我国涉外土地制度的调整内容就成了外国法人、经济组织或外国公民在我国境内使用土地时与我国政府、法人、集体组织或公民之间形成的权利义务关系。主体在涉外是涉外土地使用关系的主要特征。因此，从这个意义上讲，涉外土地使用制度也可以叫作"土地的涉外使用制度"。

根据我国有关涉外法律的规定，土地使用法律关系中的涉外主体有涉外法人和外国公民两类：涉外法人包括中外合资企业、中外合作企业、外商独资企业以及不具备完整法人条件的境外企业驻中国分支机构。外国公民包括外籍人和无国籍人。由于香港、澳门、台湾等地区的政治特殊性及其法律制度与大陆制度的差异，一般地，我国法律也把这些地区的法人或公民按涉外主体处理。

（二）涉外土地使用的方式

从我国的法律规定和具体的实践看，涉外土地使用的方式有两种，一种是以生产其他商品为目的，土地仅作为其生产条件的使用方式，这种使用方式直接表现为土地仅仅作为建设用地和生产场地被使用，另一种是以土地为生产对象的使用方式，即使用土地的目的是将土地作为产品被利用和销售，它既可以是对土地的单项开发，也可以是进行房地产的综合开发。对第一种使用方式，我国目前没有专门的法律予以调整，而是由《土地管理法》、《中外合资经营企业法》、《中外合作经营企业法》、《外资企业法》、《关于鼓励外商投资的规定》等法律文件中的相关规范予以调整。对第二种使用方式则是由专门的《外商投资开发经营成片土地管理办法》予以调整。

（三）涉外土地使用制度的原则

涉外土地的使用除要遵守我国土地使用的基本原则外，还应遵循以下两个原则

1. 平等原则

平等原则是指涉外主体在使用土地时与国内主体享有平等的权利，承担平等的义务，它不是在最初立法时就已存在的原则，而是在涉外经济活动发展到一定阶段时逐步形成的。近些年来，外商开发，经营房地产弥补了我国建设资金的不足，在促进城市建设和经济发展方面起了积极的作用。但是，一些地方为竞相吸引外资，有的盲目压低地价，有的扩大了减免税费的优惠政策，致使外商在房地产开发经营活动中获利过多，也使国内开发企业在其竞争中处于不平等的地位。为此，我国房地产法律在实践中逐步确定了"外商可以依据法律在中国境内开发，经营房地产，并承担与国内房地产开发企业相等的义务"的原则性规范。

2. 限制原则

外商向中国投资在弥补国内资金和技术不足的同时，也"挤占"了中国的土地，冲击了中国国内企业的发展。因而在房地产活动中对涉外土地使用权也作了限制性规定：一是对涉外企业用地期限作了限制，即合同规定的使用年限与企业注册期限必须一致，期满或企业提前解体，使用权收归国有，不得擅自转让土地使用权；二是在使用土地过程中不得侵犯我国的国家利益，违反我国的法律；三是成片开发经营土地，只能在经济特区，沿海开放城市和沿海经济开放区范围内进行；四是开发经营房地产，应当结合建设项目进行，以国家规定的鼓励措施与引进项目相配套的房地产开发为主。

二、外商投资企业建设用地制度

（一）建设用地的取得方式

中外合资合作企业取得土地使用权的方式主要有两种：一是申请方式，即合资、合作企业成立后向企业所在地的土地管理部门提出用地申请，经政府批准后交纳土地出让金，获得土地使用权；二是作价入股方式，即合资合作企业所需的土地使用权已为中方合资合作者所拥有，中方合资合作者可将土地使用权作价，以股份的方式投入合资合作企业中，从而使合资合作企业取得该块土地的使用权。

外商独资企业取得土地使用权的方式只能是申请方式。

（二）取得使用权的程序

一是作价入股方式取得土地使用权时，合资、合作企业被批准后，在工商行政管理部门注册登记，领取营业执照的同时，即取得了土地使用权。

二是因有关项目以申请方式取得土地使用权时，各投资者须持国务院有关部门和地方人民政府批准的项目建议书和其他有关文件，按照土地管理法规定的审批权限，提出用地申请，然后由土地管理部门会同计划、规划等部门选择地块，核拨土地，征收土地使用费，核发土地使用证书。

三是因设立企业必须占用经营场地，建设办公用楼，而以申请方式取得土地使用权时，各投资者必须持企业批准成立文件和其他有关文件按土地管理法规定的审批权限和程序提出用地申请，经人民政府批准后核发土地使用证。

（三）场地使用费

场地使用费是指涉外企业法人使用土地时，所应缴纳的费用，其相当于土地出让金。场地使用费包括征用土地的补偿费用，场地原有建筑物的拆迁费用，人员安置费用，为企业直接配套的厂外道路，管线等公共设施应分摊的投资费用等。具体标准应根据场地的用途、地理环境条件、征地拆迁、人员安置的难易程度和企业对基础设施的要求等因素加以确定。

产品出口企业和先进技术企业的场地使用费可酌情在一定期限内免收。

对作价入股的土地使用费，其作价金额应由资产评估部门评估，原则上应与取得同类场地使用权所应缴纳的使用费相同，而且应由中方合资者或合作者缴纳。

三、外商成片开发土地制度

（一）成片开发的概念

成片开发是指涉外企业取得国有土地使用权后，依照规划对土地进行综合性开发建设的经营活动，外商使用土地的范围称为开发区域。

成片开发经营的内容：一是平整场地，建设公用设施，形成工业用地和其他建设用地条件，然后从事转让土地使用权或经营公用事业等活动。二是在形成工业用地和其他建设用地条件之后，进而建设通用工业厂房以及相配套的生产和生活服务设施等地面建筑物，然后对这些地面建筑物从事转让或出租等经营活动。

外商进行房地产成片集合开发时，必须首先对国家制定的开发规划，由涉外企业的协议、招标或转让等方式获得土地使用权后才能组织开发建设。因而成片开发必须确定明确的开发目标。有了明确利用土地的意向，然后才能进行开发建设。

（二）开发规划

1. 开发区用地规划

用地规划应由县、市人民政府提出，目的是为吸引外商投资进行成片开发。

首先要由县、市人民政府编制成片开发项目建议书或初步可行性研究报告，然后报请审批。开发项目使用耕地不足1千亩的或其他土地不足2千亩的，集合开发投资额在省级政府审批权限内的，其项目建议书由省级政府审批；开发项目使用耕地超过1千亩的或使用其他土地超过2千亩的，或者综合开发投资额超过省级政府审批权限的，项目建议书应报国家计划委员会审核和综合平衡后，由国务院审批。

2. 开发企业建设规划

开发企业中标后，即获得土地使用权，应当编制成片开发规划或可行性研究报告，明确规定开发建设的总目标和分期目标，实施开发的具体内容和要求，以及开发后的土地利用方案。开发规划首先由县、市人民政府审核，然后由省级政府就有关公用设施建设和经营等事宜，组织有关主管部门协调，对开发规划进行审批。

（三）开发区公用设施经营规范

对一般的项目，土地开发后，开发公司可以直接按自己的投资目的进行转让、出租等经营活动。对公用设施的开发经营应按照以下原则办理。

（1）开发区域的邮电、通讯事业，应由邮电部门统一规划、建设和经营。经省级邮电部门批准，开发企业可自行投资建设，或者开发企业与邮电部门合资建设通讯设施，建成后移交邮电部门经营，并由邮电部门对开发企业给予经济补偿。

（2）开发区域的电站、热力站、水厂等由开发企业投资建设的生产性公用设施，可以由开发企业自行经营，也可以交地方公用事业企业经营。公用设施能力有余，需要供应区域外的，或者需要与区域外设施联网运行的，开发企业应与地方公用事业企业签订供热、供电、供水合同，按合同条件经营。

（3）开发区域须与区域外接引水、电、热等资源的，必须由地方公用事业企业经营。

第五节　外国人私有房屋管理制度

外国人私有房屋的管理，是指我国政府、房地产管理机构对外国人在我国境内的个人所有、数人共有、自用或出租的房屋，依法进行的管理活动，关于中外合资经营企业、中外合作经营企业和外资企业所有的房屋，虽然其中可能有外国人个人的产权成份，但其在法律上已属外商投资企业的财产，故不属于外国人私有房屋管理范围之内。

对外国人私有房屋的管理，应当遵照《城市私有房屋管理条例》的规定。任何外国人对其在我国境内的私有房产，均应按照有关规定接受我国政府、房地产管理机构的管理，履行因此产生的权利和义务。

为了加强对外国人私有房屋的管理，保护外国人对其房屋的合法权益，针对其特殊性，国务院原城乡建设环境保护部于 1984 年 8 月发布了《关于外国人私有房屋管理的若干规定》（以下简称《若干规定》）作了一些专门的规定。

近几年来，随着对外开放政策的深入，涉外房产事业发展很快，原来的《若干规定》已经不能满足外国私有房屋管理的需要，有必要结合实际情况制定新的、比较全面的关于外国人私有房屋管理的法规。有关部门已开始草拟，下面仅就现行的外国人私有房屋管理规定的内容作一简单介绍。

一、《若干规定》的适用范围和调整对象

（一）立法目的

《若干规定》的立法目的是，加强对外国人在中国境内私有房屋的管理，保护房屋所有人的合法权益。国家依法保护外国人在中国境内的私有房屋的所有权，任何单位或个人都不得侵占、毁坏。

（二）适用范围

随着对外开放，申请在中国购买、租赁和继承房屋的外国人不断增多，对外国人私有房屋的管理除依照《城市私有房屋管理条例》外，还应根据外国人私有房屋的特点予以特别规定。《若干规定》第一条就明确指出："对外国人在中国境内的个人所有、数人共有的自用或出租的住宅和非住宅用房的管理，应当遵守《城市私有房屋管理条例》的规定。"因此，《若干规定》的适用范围是外国人在中国境内的个人或数人共有的自用或出租的住宅和非住宅房屋，它的适用对象必须是外国人的房屋，适用的地域范围是在中国境内，两者必须同时具备才能适用《若干规定》。

（三）调整对象

《若干规定》第七条明确规定："本规定不适用于中外合资经营企业、中外合作经营企业和外资企业所有的房屋"。这一规定，明确了《若干规定》的调整对象是涉外房产关系，即外国人在中国因房屋买卖、租赁和所有及共有等发生的关系。由于中外合资经营企业、中外合作经营企业和外商独资企业属于中国法人，所以不受《若干规定》的调整。

二、《若干规定》的主要管理内容

（1）外国人私有房屋的所有人，须到房屋所在地人民政府房地产管理机关（以下简称房管机关）办理房屋所有权登记手续，经审查核实后，领取房屋所有权证；房屋所有权转移、房屋现状变更或所有人国籍变更时，须到房屋所在地房管机关办理所有权转移或变更登记手续。

（2）办理外国人私有房屋所有权登记或转移、变更登记手续时，须提交国籍、职业证明和下列证件：

1）新建、翻建和扩建的房屋，须提供房屋所在地规划管理部门批准的建设许可证和建筑图纸；

2）购买的房屋，须提交原房屋所有权证、买卖合同和契证；

3）赠与的房屋，须提交原房屋所有权证、赠与书或赠与证件和契证；

4）交换的房屋，须提交双方的房屋所有权证、双方签订的协议书和契约；

5）继承的房屋，须提交原房屋所有权证、遗产继承证件和契证；

6）分家析产，分割的房屋，须提交原房屋所有权证，分家析产单或分割单和契证；

7）获准拆除的房屋，须提交原房屋所有权证和批准拆除证件。

证件不全或房屋所有权不清楚的，暂缓登记，等条件成熟后办理。

（3）外国人私有房屋出租或出借，其租赁合同或出借凭证，应当送交房屋所在地房管机关备案。

（4）外国人私有房屋所有人不能亲自办理房屋所有权登记或转移、变更登记手续时，以委托代理人或中国律师代为办理。委托代理应由本人出具委托书。

外国人私有房屋所有人因不在房屋所在地或其他原因不能管理其房屋时，可以在房屋所在地委托代理人代为管理。委托代管应由本人出具委托书。

（5）办理房屋所有权登记或转移、变更登记和委托手续的证件、文书、须经公证。在国外办理的公证文书，须经该国外交部或其委托的机构和中国驻该国大使馆、领事馆认证。

办理房屋所有权登记或转移、变更登记和委托手续的证件、文书，必须是正本。如果证件、文书是用外国文字书写的，须同时附交经公证和认证的中文译本。

第十一章 房地产纠纷的解决

第一节 房地产纠纷概述

近年以来，房地产纠纷日渐增多，一直居高不下。究其原因，主要由于我国房地产政策有着复杂的历史背景，改革开放迄今形势变化很大，而完全适应社会主义市场经济的房地产法规体系尚在初创阶段，因而房地产纠纷案件的处理难度较大，困难较多。

在处理房地产纠纷案件中，不仅要适用民法、经济法、民事诉讼法等一般的法律原则，还要符合房地产法律、法规和政策等的特别规定，以便对房地产纠纷案件进行综合治理，依法解决。

一、房地产纠纷的涵义

房地产纠纷是指纠纷当事人之间因涉及房产和地产方面的权利、义务而发生的争执。主要是关于房产和地产的所有权、使用权和经营管理权等方面的纠纷。这种纠纷可能发生在国家机关、国营企业或事业单位、集体组织、私营企业、公民之间，也可能发生在实行分级管理的企业、事业内部单位以及他们和公民之间，还可能发生在中国人和外国人之间。

房产和地产是人们的基本生产、生活资料和要素，由于历史的、现实的、内部的、外部的、经济的、政治的、思想的等方面的原因，经常发生对房地产权利、义务的争执，因而产生房地产纠纷。

房地产纠纷在不同的历史时期有不同的特点。在剥削制度的条件下，房地产纠纷是剥夺者之间进行争夺和他们向劳动人民进行掠夺的一种表现形式。在社会主义制度的条件下，房地产纠纷主要是人民内部利益分配关系自我调节过程的一种表现形式。我国的社会主义法律保障国家、集体和公民的合法权益不受侵犯。

二、房地产纠纷的类型

房地产纠纷属于财产权益纠纷，经常和其它权利、义务相联系并且互相影响。从纠纷的内容来看，有以下几种类型：

（一）权属纠纷

即房屋所有权和土地所有权、使用权的纠纷，包括土改时期、社会主义改造时期、"文革"时期等运动中错误处理的房地产权。目前，在国有资产清产登记中，又发生了大量的房地产权权属纠纷。房屋所有权和土地所有权、使用权的纠纷主要包括：关于房地产所有权登记、房地产共有关系、相邻关系、他项权利，以及国家机关、国营企业、事业单位经营管理的房地产权属纠纷等。

（二）债权纠纷

即关于房地产的买卖、租赁、互换、借用、赠与、代管、修建、损害赔偿、无因管理等纠纷。债的发生根据主要包括：合同之债、无因管理之债、不当得利之债以及侵权行为之债。

（三）继承纠纷

是指由于出现房地产继承的客观事实，继承主体之间因涉及房产和地产方面的权利、义务而发生的争执。

（四）其他纠纷

还有一些纠纷是因为房地产所有人或者使用人不按期交纳房地产税、费、房屋建筑管理不善，以至于妨碍社会公益而发生的纠纷。这些纠纷往往和义务人未尽某些社会义务相关联。

三、正确处理房地产纠纷

为了正确处理房地产纠纷，必须作到以下三点：

（一）认准房地产纠纷的类型

只有认准房地产纠纷的类型，才能正确适用法律。不同类型的纠纷，具有不同性质的特征，所适用的法律也不相同。比如房地产所有权，它是一种具有排他性的最充分的绝对权利，如果产权不清，就有可能判定非法占有为合法，侵害国家、集体或者私有产权人的合法权益。

（二）抓住房地产纠纷的本质和产生的主要原因

房地产纠纷的本质不单纯是房屋和土地的纠纷，而是涉及到房地产的人和人的社会关系上的纠纷，这种关系被法律规定和调整时，就表现为法律上的权利、义务关系，因而解决房地产纠纷不仅要看到房地产本身，也要看到有关的人。

房地产纠纷经常要涉及很多矛盾，处理这些矛盾要抓住要害和主要原因，弄清它是围绕什么权利、义务发生的，就要对纠纷的发生、现状和过程作深入、细致的调查研究，弄清纠纷的本质。

（三）严格遵照法律规定的原则和程序去解决房地产纠纷

房地产纠纷的解决，因其性质不同有多种的解决方法，但是必须严格遵照法律规定的原则和程序，保证查明事实、分清是非、确认当事人的权利义务关系，制裁违法行为，保障国家、集体和公民的合法权益，坚持以调解为主，充分体现社会主义制度的无比优越性。

第二节　房地产纠纷的协商和调解

房地产纠纷发生后，当事人可以通过协商、调解、仲裁、诉讼等方式解决争端。

一、协商解决房地产纠纷

（一）协商的概念

协商是指房地产纠纷的当事人双方，在无第三者参与下，在平等互利的基础上，以互谅互让的精神，分清是非，明确责任，就所涉及的房产和地产的权利义务达成协议，使房地产纠纷得到解决的一种方式。

（二）协商解决的原则

1. 自愿平等原则

协商不是法定的解决房地产纠纷的必经程序，所以，必须是在双方当事人都同意的情况下，才能以此种方式解决房地产纠纷。在协商解决房地产纠纷的过程中，双方的法律地位是平等的，所达成的协议必须是出于当事人的真实意思表示，否则，即为无效。

2. 合法原则

协商解决房地产纠纷必须遵守法律，法律没有规定的，应当遵守国家政策。就双方所达成的协议来讲，如果协议本身不合法，即使当事人双方一致同意，这种协议也是无效的。

3. 维护国家和社会公共利益原则

协商解决房地产纠纷应当尊重社会公德，不得损害社会公共利益，破坏国家经济计划，扰乱社会经济秩序。

4. 不得损害他人合法权益的原则

《民法通则》第5条规定："公民、法人的合法民事权益受法律保护，任何组织和个人不得侵犯。"协商解决房地产纠纷，虽然是在双方当事人之间进行的，但是，当事人不得为达成协议和为了各自的利益而损害第三人的合法权益，否则，这种协商就失去了它的公正性和合理性，是应予撤销的、不受法律保护的。

（三）协商解决房地产纠纷的优点

当事人协商解决房地产纠纷，简单易行、迅速稳妥，双方当事人不伤感情，也有利于社会的安定团结。

二、调解解决房地产纠纷

（一）调解的概念

调解是指房地产管理部门、城镇居民委员会、农村村民委员会或者其他有关部门根据一方当事人的申请主持解决房地产纠纷的一种方式。

这里所说的调解是诉讼外的调解，它是解决房地产纠纷的一种方式。

（二）调解的原则

1. 自愿原则

主持调解的有关部门，应当根据当事人的自愿进行调解，不得强迫。

2. 依法调解原则

调解工作必须要认真执行有关法律、法规的规定，从程序上和实体上解决房地产纠纷必须有法律依据。

3. 公平合理原则

调解房地产纠纷不能有任何偏向，不得为了一方的利益而损害另一方的合法权益。

依照《中华人民共和国民事诉讼法》的规定，人民调解委员会的调解不是诉讼的必经程序，当事人不愿调解、调解不成或反悔的，可以向人民法院起诉。

对于由房地产管理部门调解解决房地产纠纷是必经程序，我们国家法律没有规定。但是，有些地区为了减轻人民法院的负担，减少积案，同时也因为房地产纠纷案件的特殊性。规定：房地产管理部门调解房地产纠纷，是诉讼解决房地产纠纷的必经程序。就是说，对于房地产纠纷如未经房管部门调解，人民法院不予立案。

第三节　房地产纠纷的仲裁

一、仲裁的概念

仲裁是解决房地产纠纷的一种重要形式。所谓仲裁，是指房地产纠纷的双方当事人在争议发生之前或者争议发生之后，达成协议，自愿将争议交给第三方作出裁决，争议双方有义务执行该裁决，从而解决房地产纠纷的法律制度。

前一阶段，我国没有颁布统一的房地产仲裁法，也没有全国性的房地产仲裁机构，为了适应工作的需要，不少大中城市颁布和实施了地方性的《房地产仲裁条例》并建立了地方性的房地产仲裁机构。因为房地产仲裁委员会是由地方各级人民政府设立的，仲裁委员会组成人员需经同级人民政府批准，负责本辖区房地产纠纷的仲裁，从其性质来说，是一种行政行为。这种仲裁形式对于解决房地产纠纷虽然发挥了一定的作用，但是很不规范，很不统一，因具有行政司法的性质，也不利于对行政权力的制约。

1994年8月31日，第八届全国人大常委会第九次会议通过了《中华人民共和国仲裁法》。于1995年9月1日起施行。该法不仅对国内各方面的仲裁活动作了统一规范，而且对于仲裁机构的设立、组织、性质、管辖、受理案件范围和仲裁程序与规则等方面，都作了很大的改革。新的仲裁制度与现行的房地产仲裁活动有很大差异。为使房地产仲裁活动符合仲裁法实施要求，建设部于1995年2月6日以建房〔1995〕34号文件发出《关于房地产管理部门配合作好仲裁法实施准备工作的通知》，要求认真学习《仲裁法》、城市已经组建或正在组建仲裁委员会的，房地产管理部门及其仲裁委员会机构应主动取得联系，积极参与这项工作，在本法实行前争取在仲裁委员会下设房地产专业仲裁机构。本法通过前设立的房地产仲裁机构，依照《仲裁法》第七十九条规定，在规定期限内重新组建，或终止仲裁活动。城市仲裁委员会下不准备单独设立房地产仲裁专业部门的，房地产管理部门要抓紧对原机构的撤销，停止受理新案，清结前案。《仲裁法》施行后，处理房地产合同案件和房地产权益纠纷应当通过仲裁程序或诉讼程序解决。并提出由北京、上海、天津、广州、西安、呼和浩特、深圳等七个重新组建仲裁机构试点城市的房地产管理部门加强联系，作好工作。

二、仲裁的特征及有关规定

（一）房地产仲裁特征

1. 仲裁必须有三方活动主体

仲裁除当事人双方参加外，必须还有第三方，即房地产仲裁委员会参加。

2. 仲裁必须遵循一定的程序

仲裁活动要遵循一定的程序，包括申请和答辩、庭审方式、调查取证、对仲裁程序的司法上的协助等等。

3. 裁决具有强制性

当事人一旦选择仲裁解决争议，仲裁委员会所作的裁决即具有法律效力，对双方当事人都有拘束力，当事人应当履行，否则权利人可以向法院申请强制执行。

（二）仲裁的原则

我国房地产仲裁，应遵守以下原则：

1. 当事人平等原则

在仲裁程序中，当事人双方在适用法律上一律平等，仲裁机关应当保障和便利当事人行使权利。当事人有平等的权利和义务。

2. 以事实为根据，以法律为准绳的原则在仲裁程序中，适用法律和作出的裁决必须以客观上确实存在的事实作为依据。仲裁人员必须坚持调查研究、实事求是，客观全面地收集和核实证据，防止偏听偏信和主观臆断，充分听取双方当事人的陈述、证人的证言和鉴定人的鉴定意见。只有确凿无疑的证据和真实可靠的事实才能作为处理案件的根据，才能为正确地适用法律打下可靠的基础。

仲裁必须以法律、政策作为处理案件的标准和衡量的尺度。这里所说的法律，包括国家的法律、行政法规。对于具体房地产纠纷的处理，法律有明文规定的，按照法律的规定，法律无明文规定的，按照法律的精神和有关政策。但是，适用政策绝不允许以行政决定代替政策和法律。

3. 先行调解原则

仲裁机关受理案件后，应在查清事实、分清责任的前提下，首先对当事人进行调解，通过法制宣传教育，促使当事人双方消除思想隔阂并依法达成协议，解决双方争议，只有调解不成，或达成协议后又翻悔的，才能进行裁决。实践证明，调解程序在仲裁中是完全必要和可行的，当事人在分清责任的基础上，完全可能和解或达成协议，还可以避免当事人产生对立情绪，便于迅速、及时解决争议。需要指出的是，贯彻先行调解原则，应坚持当事人自愿的原则，不能强迫当事人接受调解，也不应当用久调不决的办法变相强迫当事人达成协议。如果当事人拒绝调解，应及时裁决。

4. 仲裁人员依法回避的原则

仲裁机关在审理案件时，仲裁员如果与本案有利害关系，可能影响公正审理，当事人可以要求更换仲裁员；仲裁员也应当自行申请回避。当事人提出有关人员的回避申请后，仲裁机构应认真处理。

仲裁工作除应坚持以上法制基本原则和房地产纠纷处理的一般原则外，还应遵循以下原则：

1. 依法独立进行仲裁原则

仲裁依法独立进行，不受行政机关、社会团体和个人的干涉。仲裁委员会和仲裁庭成员，在各自的权限范围内，各尽其职，各司其事，依法办案，保证仲裁裁决合法、公平合理。

2. 当事人自愿协议在先和裁审自择原则

当事人采用仲裁方式解决纠纷，应当双方自愿，达成仲裁协议。如果一方申请仲裁的，不予受理。当事人达成仲裁协议的，如果一方向人民法院起诉，人民法院不予受理，但仲裁无效的除外。当事人处理纠纷可以在仲裁和审判两种方式中自主择一适用。

3. 不实行级别管辖和地域管辖，仲裁委员会由当事人协议选定原则

仲裁委员会是一种民间社团性裁决机构，其正付主任和仲裁员由仲裁委员会从有实际工作经验的专家和作风公道正派的人员中选聘。各仲裁委员会都独立于行政机关，互不存在隶属关系，以平等身份成为中国仲裁协会的会员。故仲裁不适用级别管辖和地域管辖。

4. 实行一裁终局制的原则

仲裁裁决作出后，当事人就同一纠纷再申请仲裁或者向人民法院起诉的，仲裁委员会或人民法院不予受理。一裁终局制意味着当事人协议仲裁的，即视为自动放弃通过诉讼解决纠纷的权利，自愿接受仲裁裁决的约束。

（三）仲裁程序

1. 申请和受理

当事人在达成仲裁协议后，由其中一方提交仲裁申请书和附具有关证件，在 5 日内，认为符合条件的应予受理；不符合条件的，说明理由不予受理。受理案件由被申请人提交答辩书。当事人、法定代理人可以委托律师或其他代理人进行仲裁活动。

2. 组成仲裁庭

仲裁庭可由一名仲裁员或者三名仲裁员组成。由三名仲裁员组成的设首席仲裁员。仲裁员由当事人共同选定或委托。

仲裁员应依法实行回避制度。

3. 开庭和裁决

仲裁一般不公开进行。当事人协议公开的，可以公开进行。仲裁应开庭进行，当事人协议不开庭的，可以根据仲裁申请书、答辩书以及其他有关材料作出裁决。

4. 仲裁裁决的撤销和执行

当事人自收到裁决书之日起 6 个月内发现有下列情形之一的，可向仲裁委员会所在地中级人民法院申请撤销裁决：

（1）没有仲裁协议的；

（2）裁决事项不属仲裁协议范围或仲裁委员会无权裁决的；

（3）仲裁庭的组成或者仲裁程序违反法定程序的；

（4）仲裁根据的证据是伪造的；

（5）对方当事人隐瞒足以影响公正裁决的证据的；

（6）仲裁员在仲裁该案时有索贿、受贿、徇私舞弊、枉法裁决行为的。

人民法院应当在受理撤销裁决申请之日起 2 个月内组成合议庭审查核实作出撤销裁决或者驳回申请的裁定。

仲裁裁决书自作出之日起发生法律效力，当事人应当履行裁决。一方当事人不履行的，另一方当事人可以依照民事诉讼法的有关规定向有管辖权的人民法院申请执行。申请执行的期限，双方或者一方为公民的为一年，双方是法人或者其他组织的为 6 个月。

第四节　房地产民事诉讼

房地产纠纷许多是民事纠纷，如果当事人提起诉讼，人民法院和一切诉讼参与人都必须严格遵照民事诉讼法的规定进行诉讼活动。

一、民事诉讼的概念

所谓民事诉讼，是指人民法院和一切诉讼参与人，在审理民事案件过程中所进行的各种诉讼活动，以及由这些活动中所产生的各种诉讼关系的总和。

这里所说的诉讼参与人，包括原告和被告、第三人，以及证人、鉴定人等。

所谓诉讼活动，是指人民法院的活动，如受理案件，调查，采取强制措施，作出判决等；还有诉讼参与人的活动，如原告起诉，证人出庭作证等。

所谓诉讼关系，是指人民法院和一切诉讼参与人之间，在诉讼过程中所形成的诉讼权利义务关系，如原告有权起诉，符合起诉的条件，人民法院必须受理。

这些诉讼活动和诉讼关系，都是由民事诉讼法所规定的，就是说，都是依法进行的诉讼活动，依法产生的诉讼关系。

二、民事诉讼法的概念

民事诉讼法，就是规定人民法院和一切诉讼参与人，在审理民事案件中所进行的各种诉讼活动，以及由此而产生的各种诉讼关系的法律规范的总和。

《中华人民共和国民事诉讼法》于1991年4月9日颁布并施行。

三、民事诉讼法的任务

民事诉讼法的任务，是指实施民事诉讼法所要达到的目的。根据《民事诉讼法》第2条的规定，民事诉讼法的任务有以下两方面：

（一）保护当事人行使诉讼权利

（二）保证人民法院正确行使民事审判权

这里包含有三方面的内容：

（1）保证人民法院正确、合法、及时地审理案件；

（2）保证人民法院确认民事权利义务关系，制裁民事违法行为，保护当事人的合法权益；

（3）教育公民自觉遵守法律。

四、民事诉讼法的特有原则

我国民事诉讼法规定的基本原则，除与其他诉讼法有共性的原则以外，民事诉讼法的特有原则是：

（一）当事人诉讼权利平等原则

（二）调解原则

调解原则在我国民事诉讼中占有重要地位。调解原则可以归结为如下几个内容：

（1）人民法院审理房地产纠纷案件，对于能够调解的案件，应当采用调解的方式结案；

（2）人民法院应根据自愿和合法的原则进行调解；

（3）调解贯穿于审判程序的各个阶段；

（4）调解和判决都是人民法院解决房地产民事案件的方式，调解不成的，应及时判决。

（三）辩论原则

根据《民事诉讼法》第12条的规定，辩论原则是指当事人在人民法院主持下就案件事实和争议问题，各自陈述主张和根据，互相进行反驳和答辩，以维护自己的合法权益。

（四）处分原则

处分原则，是指当事人在诉讼过程中，对自己所享有的民事权利和诉讼权利在法定范围内有权自由行使。

（五）人民检察院对民事审判活动实行法律监督原则

（六）支持起诉原则

支持起诉原则，又称社会干预原则，是指机关、社会团体、企业事业单位对损害国家、集体或者个人民事权益的行为，可以支持受损害的单位或者个人向人民法院起诉。

（七）人民调解原则

根据《民事诉讼法》第16条的规定，人民调解原则包括以下三方面内容：

（1）人民调解委员会的性质是在基层人民政府和基层人民法院指导下调解一般民间纠纷的群众性组织。对情节严重、情节复杂、影响较大的民间纠纷不能进行调解，应移送人民法院处理。

（2）人民调解委员会的工作原则：一是只根据当事人的自愿进行调解，不得强迫；二是人民调解委员会的调解不是诉讼的必经程序，当事人不愿调解、调解不成或反悔的，可以向人民法院起诉。

（3）人民法院对人民调解委员会实行指导和监督。

五、房地产民事诉讼的管辖

（一）管辖的概念

房地产民事诉讼管辖，是指在人民法院系统内确定各级人民法院之间以及同级人民法院之间受理第一审房地产民事案件的分工和权限。

（二）管辖的种类

根据《民事诉讼法》的规定，管辖分为三类：

1. 级别管辖

房地产民事案件，除法律规定由中级人民法院、高级人民法院和最高人民法院管辖的第一审案件外，其余民事案件均由基层人民法院管辖。

2. 地域管辖

我国民事诉讼法规定的地域管辖，分为普通管辖、特别管辖、协议管辖、专属管辖和共同管辖。

普通管辖的一般规则是原告向被告所在地的人民法院起诉，通常称为"原告就被告"的规则。

《民事诉讼法》对于特别管辖作了明确的规定，涉及房地产民事案件的主要有：因保险合同纠纷提起的诉讼，由被告住所地或者保险标的物所在地人民法院管辖。因侵权行为提起的诉讼，由侵权行为地或者被告住所地人民法院管辖。

专属管辖，是指法律规定某些案件必须由特定的人民法院管辖，其他法院无权管辖，也不准许当事人协议变更管辖。

专属管辖具有强制性和排他性，根据《民事诉讼法》第34条的规定，专属管辖案件有以下三种：（1）因不动产纠纷提起的诉讼，由不动产所在地人民法院管辖；（2）因港口作业中发生纠纷提起的诉讼，由港口所在地人民法院管辖；（3）因继承遗产纠纷提起的诉讼，由被继承人死亡时住所地或者主要遗产所在地人民法院管辖。

3. 指定管辖和移送管辖

指定管辖，是指上级人民法院依照法律规定指定其辖区内的下级人民法院对某一具体案件行使管辖权。

移送管辖分为两种情况：一是案件的移送，二是管辖权的转移。

（三）管辖异议

房地产民事诉讼的当事人认为受诉法院或者受诉法院移送后的法院对案件无权管辖时，可以向受诉法院提出不服管辖的意见或主张。当事人对管辖异议应在提交答辩状期间提出。

六、起诉必须符合的条件

房地产民事诉讼，起诉必须符合下列条件：

（1）原告是与本案有直接利害关系的公民、法人和其他组织；

（2）有明确的被告；

（3）有具体的诉讼请求和事实、理由；

（4）属于人民法院受理房地产民事诉讼的范围和受诉人民法院管辖。

七、起诉状应当记明的事项

起诉状应当记明下列事项：

（1）当事人的姓名、性别、年龄、民族、职业、工作单位和住所，法人或者其他组织的名称、住所和法定代表人或者主要负责人的姓名、职务；

（2）诉讼请求和所根据的事实与理由；

（3）证据和证据来源，证人姓名和住所。

八、房地产民事诉讼的审理和判决

房地产民事诉讼中的审判程序有第一审程序和第二审程序，此外，还有审判监督程序。第一审程序包括普通程序、简易程序。普通程序是第一审程序中最基本的程序，是整个民事审判程序的基础。人民法院审理第一审房地产民事案件，除按简易程序和特别程序审理外，都要按照普通程序进行审理。已经按普通程序审理的案件，在审理过程中无论是否发生了情况变化，都不得改用简易程序审理。

（一）普通程序

1. 普通程序的概念

普通程序是指人民法院审理第一审民事案件通常适用的程序。

2. 起诉和受理

人民法院收到房地产民事起诉状或者口头起诉，经审查，认为符合起诉条件的，应当在7日内立案，并通知当事人；认为不符合起诉条件的，应当在7日内裁定不予受理；原告对裁定不服的，可以提起上诉。

立案后，发现起诉不符合受理条件的，裁定驳回起诉。

裁定不予受理，驳回起诉的案件，原告再次起诉的，如果符合起诉条件，人民法院应予受理。

3. 审理前的准备

（1）发送起诉状副本和答辩状副本。人民法院应当在立案之日起5日内将起诉状副本发送被告；原告口头起诉的案件，也应在立案后5日内将口头笔录抄件发送被告。被告应在收到之日起15日内提出答辩状。人民法院在收到答辩状之日起5日内将答辩状副本发送原告。被告不提出答辩状，不影响人民法院审理。

鉴于当事人有提出回避申请的权利，根据《民事诉讼法》第115条的规定，合议庭组成人员确定后，应当在3日内告知当事人，以便当事人及时决定是否提出回避申请。

（2）审阅诉讼材料，调查收集证据。

（3）更换和追加当事人。人民法院受案后，如果发现起诉人或应诉人不合格，应当将不合格的当事人换成合格的当事人。如果发现必须共同进行诉讼的当事人没有参加诉讼，应当通知其参加诉讼。当事人也可以向人民法院申请追加。

4. 开庭审理

人民法院审理民事案件，应当在开庭3日前通知当事人和其他诉讼参与人；公开审理的案件，应当公告当事人的姓名、案由和开庭的时间、地点。

开庭审理的程序主要有：准备开庭、法庭调查、法庭辩论、法庭调解、合议庭评议和宣判六个步骤。

人民法院适用普通程序审理的房地产民事案件，应当在立案之日起 6 个月内审结。有特殊情况需要延长的，由本院院长批准，可以延长 6 个月；还需要延长的，报请上级人民法院批准。

（二）第二审程序

第二审程序的概念：

第二审程序，是指民事诉讼当事人不服地方各级人民法院的第一审裁判，在法定期限内向上一级人民法院提起上诉，上一级人民法院对案件进行审理所适用的程序。

上诉应当递交上诉状。当事人不服人民法院第一审判决的，上诉期限为 15 日；不服第一审裁定的，上诉期限为 10 日。

第二审人民法院应对上诉请求的有关事实和适用的法律进行审理。如果发现在上诉请求以外原判确有错误的，也应予以纠正。

人民法院审理对判决的上诉案件，应当在第二审立案之日起 3 个月内审结。有特殊情况需要延长的，由本院院长批准；人民法院审理对裁定的上诉案件，应当在第二审立案之日起 30 日内作出终审裁定。

（三）审判监督程序

审判监督程序，即再审程序，是指由有审判监督权的法定机关和人员提起，或者由当事人申请，由人民法院对发生法律效力的判决、裁定、调解书再次审理的程序。

人民法院和人民检察院按照审判监督程序提起再审，不受时间限制。但是，当事人申请再审，必须在判决、裁定、调解协议生效后 2 年内提出。

第五节　房地产行政诉讼

在房地产纠纷中有相当一部分属于行政争议。行政机关是代表国家行使职权。为加强行政机关工作人员依法行政，促进行政机关依法行使职权，保护公民、法人和其他组织的合法权益，我国于 1982 年建立了行政诉讼制度。1982 年颁布的《中华人民共和国民事诉讼法（试行）》第 3 条第 2 款规定："法律规定由人民法院审理的行政案件，适用本法规定"。1989 年 4 月 4 日，第七届全国人民代表大会第二次会议通过并颁布了《中华人民共和国行政诉讼法》，于 1990 年 10 月 1 日起施行。独立的行政诉讼制度在我国正式建立。

一、行政诉讼的概念

行政诉讼就是公民、法人或其他组织认为行政机关和行政机关工作人员的具体行政行为侵犯其合法权益，向人民法院提起诉讼，由人民法院依法作出裁判的法律制度。其特点是：

（1）行政诉讼的被告必须是行政机关。

中国行政诉讼双方当事人的原告和被告，是恒定不变的。原告必是公民、法人或其他组织，被告必是行政机关，不能倒置。主要原因是，行政机关的具体行政行为，一般都具有强制执行力，在公民、法人或其他组织不履行行政法的义务时，行政机关可申请人民法院强制执行，或依法自行强制执行。这就是说，行政机关完全有能力使其所作的具体行政行为落实，无须通过向法院提起诉讼来实现。相反，公民、法人或其他组织对行政机关的具体行政行为只能服从与执行。如认为具体行政行为侵犯其合法权益，就只有向法院提起诉讼，请求保护。因此，中国行政诉讼中的原告，只能是公民、法人或其他组织，行政机关只能是被告。

（2）行政诉讼的客体，是被公民、法人或其他组织认为侵犯其合法权益的行政机关的具体行政行为。

以具体行政行为为诉讼客体，意味着不管行政机关的行为有无书面决定，只要作出行为，公民、法人或其他组织认为侵犯其合法权益就可以起诉。

（3）行政诉讼是向法院提起，由法院依法作出裁判的诉讼制度。

公民、法人或其他组织认为具体行政行为侵犯其合法权益的行政争议，一般有两条解决途径。一是公民、法人或其他组织向作出具体行政行为的行政机关或其上级行政机关提出申诉，进行行政复议；二是向人民法院起诉，这就是行政诉讼，人民法院按照行政诉讼法的规定，对行政案件作出裁判。

二、行政诉讼法与行政法的关系

《中华人民共和国行政诉讼法》于1989年4月4日公布，于1990年10月1日起施行。

从一定意义上说，行政诉讼法是行政法的程序法，但只是一部分，作为与行政实体法相对的程序法，还有行政程序法。行政诉讼法规定的只是人民法院通过何种程序来判定行政行为是否合法。真正的实体标准，还是行政实体法。

房地产行政诉讼所依据的实体法包括：

（一）全国人民代表大会及其常务委员会制定的"法律"。

如《中华人民共和国城市房地产法》、《中华人民共和国土地管理法》等等。

（二）国务院制定的行政法规

如《城市私有房屋管理条例》等等。

国务院各部、委以及省、市、自治区人民政府，自治区人民政府所在地的市和国务院批准的较大市的人民政府制定的规章，是人民法院审理行政案件时的参照。

三、行政诉讼法的基本原则

行政诉讼法的基本原则，是指由行政诉讼法规定的，贯穿于全部行政诉讼具体制度之中的基本行为准则；在没有具体条文规定时，人民法院也可以将此原则作为诉讼准则的基本精神和指导思想作出决定、裁定和判决。

（1）人民法院依法对行政案件独立行使审判权。

在三大诉讼中，对行政诉讼的行政干涉是最广泛、最严重的。因为涉及行政机关的胜诉、败诉问题。所以在行政诉讼中必须特别强调这一原则。

（2）人民法院审理行政案件，以事实为根据，以法律为准绳。

此处所用的"法律"一词，是泛指法律法规。原因是，《行政诉讼法》的此条录自宪法，无法改为"法律、法规"。

（3）人民法院审理行政案件，对具体行政行为是否合法进行审查。

人民法院对具体行政行为的审查，主要是认定该具体行政行为是否合法。这就有一个合法与违法的标准问题。行政诉讼法对具体行政行为的合法与违法的标准作了具体界定。合法的具体行政行为必须"证据确凿、适用法律法规正确、符合法定程序"，三项条件须同时具备。

（4）人民法院审理行政案件，依法实行合议、回避、公开审判和两审终审制度。

人民法院审理行政案件，只能进行合议。即必须组成合议庭，不能由审判员一人独任审判。

（5）当事人在行政诉讼中的法律地位平等。

我国《宪法》规定："中华人民共和国公民在法律面前一律平等。"毫无疑问，无论在行政法律关系中或行政诉讼法律关系中，所有人的法律地位都是平等的。当然，这不等于说法律关系的双方当事人在权利义务方面完全对等。在行政诉讼法律关系中，被告行政机关的义务就多一些。如，被告行政机关没有起诉权，也无反诉权，在诉讼过程中要承担举证责任，还不得自行取证等等。如果把行政法律关系双方权利义务上的不完全对等，说成是法律地位不平等，是不妥当的，不符合我国社会主义的性质和实际情况。

（6）各民族在行政诉讼时有使用本民族语言、文字权利的原则。

（7）当事人在行政诉讼中有权进行辩论。

（8）人民检察院有权对行政诉讼实行法律监督。

四、房地产行政诉讼的受案范围

房地产行政诉讼的受案范围主要有以下几种：

（1）对不服罚款、吊销报废证、照、责令停产停业，没收房地产等；

（2）认为房地产行政机关侵犯法律规定的房地产企业经营自主权的；

（3）认为符合条件申请房地产行政机关颁发产权证、准建证和其他权利，而拒绝颁发或不予答复的；

（4）认为房地产行政机关违法要求履行义务的；

（5）认为房地产行政机关侵犯其他人身权、财产权的。

五、人民法院不受理的案件

（1）房地产行政机关内部的行政工作，如对行政机关工作人员奖惩、任免等决定；

（2）房地产行政机关的"抽象行政行为"，如房地产行政机关发布，制定的具有普遍约束力的决定、命令等。

（3）法律规定由房地产行政机关最终裁决的行政行为。

六、房地产行政诉讼的证据

（一）举证责任的法律规定

《行政诉讼法》规定：被告对作出的具体行政行为负有举证责任，应当提供作出该具体行政行为的证据和所依据的规范性文件。如不举证或举不出证据，将承担败诉后果。

（二）行政诉讼证据的种类

（1）书证；

（2）物证；

（3）视听资料；

（4）证人证言；

（5）当事人的陈述；

（6）鉴定结论；

（7）勘验笔录、现场笔录。

以上证据经人民法院审查属实，才能作为定案的根据。

七、行政诉讼的审理和判决

行政诉讼程序，包括第一审程序和第二审程序。

人民法院审理行政案件不适用调解。

人民法院对房地产行政案件经过审理，根据不同情况分别作出以下判决：

（1）具体行政行为证据确凿，适用法律、法规正确，符合法定程序的，判决维持。

（2）具体行政行为有下列情形之一的，判决撤销或者部分撤销，并可以判决被告重新作出具体行政行为：

1）主要证据不足的；

2）适用法律、法规错误的；

3）违反法定程序的；

4）超越职权的；

5）滥用职权的；

（3）被告不履行或者拖延履行法定职责的，判决其在一定期限内履行。

（4）行政处罚显失公正的，可以判决变更。

当事人不服人民法院第一审判决的，有权自收到判决书之日起15日内向上一级人民法院提起上诉。上一级人民法院经过审理认为原判决认定事实清楚，但适用法律错误的，依法改判；如果认为原判决认定事实不清，证据不足，或者由于违反法定程序可能影响案件正确判决的，裁定撤销原判，发回原审人民法院重审，也可以查清事实后改判。

参 考 书 目

1. 郑立、王作堂主编. 民法学（第二版）. 北京：北京大学出版社，1994
2. 杨紫烜　徐杰主编. 经济法学（新编本）. 北京：北京大学出版社，1994
3. 赵喜臣主编. 中国涉外经济法概论. 北京：中国政法大学出版社，1994
4. 房维廉主编. 中华人民共和国城市房地产管理法实用讲话. 北京：中国商业出版社，1994
5. 杨炳芝主编. 中国房地产业法律指南. 北京：法律出版社，1993
6. 国务院住房制度改革领导小组办公室　编著. 城镇住房制度改革. 北京：改革出版社，1994